新时代乡村振兴路径研究书系

# 乡村振兴中四川民族地区
## 农牧民主体地位实现的机制构建与路径选择研究

郭险峰　等／著

西南财经大学出版社

中国·成都

图书在版编目(CIP)数据

乡村振兴中四川民族地区农牧民主体地位实现的机制构建与路径选择
研究/郭险峰等著.--成都:西南财经大学出版社,2024.10.--ISBN 978
-7-5504-6345-5

Ⅰ.F327.71

中国国家版本馆 CIP 数据核字第 2024N45C59 号

乡村振兴中四川民族地区农牧民主体地位实现的机制构建与路径选择研究
XIANGCUN ZHENXING ZHONG SICHUAN MINZU DIQU NONGMUMIN
ZHUTI DIWEI SHIXIAN DE JIZHI GOUJIAN YU LUJING XUANZE YANJIU
郭险峰 等著

策划编辑:李玉斗
责任编辑:李 琼
责任校对:李思嘉
封面设计:墨创文化
责任印制:朱曼丽

| 出版发行 | 西南财经大学出版社(四川省成都市光华村街55号) |
|---|---|
| 网　　址 | http://cbs.swufe.edu.cn |
| 电子邮件 | bookcj@swufe.edu.cn |
| 邮政编码 | 610074 |
| 电　　话 | 028-87353785 |
| 照　　排 | 四川胜翔数码印务设计有限公司 |
| 印　　刷 | 四川五洲彩印有限责任公司 |
| 成品尺寸 | 170 mm×240 mm |
| 印　　张 | 13 |
| 字　　数 | 222 千字 |
| 版　　次 | 2024 年 10 月第 1 版 |
| 印　　次 | 2024 年 10 月第 1 次印刷 |
| 书　　号 | ISBN 978-7-5504-6345-5 |
| 定　　价 | 68.00 元 |

# 前言

　　完成脱贫攻坚历史重任的民族地区，将乡村振兴提上日程。乡村振兴，确立主体力量是前提条件。中国共产党一贯主张和坚持确立农民主体地位，发挥农民主体作用。历史证明，这是非常富有洞见和实践效能的战略判断。乡村振兴固然要为农民构建丰富的物质生活、建设便捷的交通和创造优美的环境，但这些都是表象特征，乡村振兴的本质和真正目的在于激发和培育农民主体认知和主体能力，重振农民主体地位，发挥农民主体作用，建构起乡村持续发展和繁荣的主体支撑。

　　民族地区有效推进乡村振兴的关键在于确立农牧民主体地位，发挥农牧民主体作用。但是文献调研和田野调查发现，民族地区农牧民主体性问题还在一定程度上停留于宏大叙事背景层面，现实作为群体包括政府、社会组织、农牧民自身等对农牧民主体地位的理性认知尚未全面构建；契合民族地区实际和时代主题的农牧民主体性建设思路、方略、措施和路径尚未系统提出和建构。探其原因，一方面是理论层面的应然逻辑尚未完全架构起来，另一方面是体制和政策也没有对其给出清晰的界定。换句话说，对于相对滞后的民族地区来说，目前农牧民主体性问题还缺乏理论张力和实践贯彻力。但在乡村振兴语境下，确立农牧民主体地位，发挥农牧民主体作用又是应然之义、必然要求。基于此，在民族地区推进乡村振兴过程中，有必要将应然逻辑与实然操作系统相结合，认真梳理农牧民在民族地区乡村振兴中的主体地位现状，找出其制约因素并加以破解，重构提升农牧民主体地位的路径体系，培育农牧民的主体自觉。这样才能将农牧民主体性建设在理论与实践相统一中有效推进，从而以农牧民有效自为的磅礴力量为民族地区全面推进乡村振兴做出主体贡献。

本书致力于探索研究民族地区乡村振兴中农牧民主体地位问题，希冀助推这一问题由宏大叙事背景转化为实践活动，在民族地区乡村场域普遍展开对农牧民主体性的现实关照。由此，本书采用了文献调研、田野调查、模型建构、定性分析等方法对该问题进行研究。在研究框架上，遵循"应然"→"实然"→"使然"，由"道"而"术"的研究逻辑，构建"明道→了势→取经→优术→建路"的框架，通过宏观的理论逻辑分析和微观的民族地区乡村振兴情况调研，聚焦乡村振兴中坚持农牧民主体地位存在的现实困境，重构显化农牧民主体地位的机制，探寻实现农牧民主体地位的有效路径。

在内容上，本书第1章为绪论，呈现研究背景、学术史梳理、研究价值和研究思路。

第2章着力于对农牧民主体地位问题进行理论认知和逻辑剖析。在分层次剖析农牧民主体性内涵和内容的基础上，深度剖析实现农牧民主体地位的价值导向、理论依据、理论逻辑和现实基础。本书认为，实现农牧民主体地位是民族地区实施乡村振兴战略的必然要义；可行能力理论和赋权理论为坚持农牧民主体地位奠定了理论基础。与此同时，本书从哲学、历史、政治、社会四维度建构了实现农牧民主体地位的逻辑架构，认为内因和外因的辩证关系、人民主体性在民族地区乡村场域的显现、人民是历史的创造者、民族地区乡村安则国家稳等支撑起了实现农牧民主体地位的理论逻辑。而从现实性来看，实现农牧民主体地位具有重要的实践价值，是出于民族地区构建持续性内生动力的需要，有利于缩小民族地区和其他地区的发展差距，有利于实现民族地区公共服务均等化，有利于促进民族地区"三农"现代化，有利于建构民族地区科学的乡村振兴力量框架。

本书第3章对民族地区农牧民主体地位进行实然分析。目前理论界对农民主体性研究得较多，而对农牧民主体性的实然研究则相对较少。本书基于对四川阿坝藏族羌族自治州、甘孜藏族自治州、凉山彝族自治州，以及马边彝族自治县、北川羌族自治县等民族县的部分民族村的调研，了解、剖析农牧民主体地位的现实状况。在调查方法上，采用了分层访谈法和问卷调研法。分层访谈就是既对村两委和镇、县乡村管理部门相关人员进行访谈，也对农牧民进行面对面访谈，以保证多角度认知农牧民主体地位状况；调查问卷发放给农牧民，由农牧民填写。本章根据分层访谈和问卷调查结果，设置了评价模型，对民族地区农牧民主体地位进行现实评价，对农牧民主体作用发挥情况进行概括总结。研究发现，当前在乡村振兴战略实施过程中，农牧民主体地位认知与参与意愿呈强烈反差，体现了其一定的认知弱性；农牧民参与度呈领域分化形态。在产业发展、生态建设领域参与度较高，而在乡村治理领域参与度较低；民族地区农牧民产业作为被动化、利益分享边缘化明显；农牧民主动维护生态环境的意识强度不够。

但现实认知只是基础，关键还要进行原因剖析。通过剖析原因来寻找问题的解决之道才是研究的正确方法。因此，本书第 4 章对民族地区农牧民主体地位现状"之所以然"的原因进行了剖析。本书认为，民族地区经济社会发展阶段、社会发育程度和自上而下的乡村振兴推进模式等难以支撑农牧民主体地位的实现和主体作用的发挥；而农牧民主体意识潜藏、主体能力低下、主体权利缺失等难以匹配农牧民主体地位要求。这些属于根本原因。同时，人才资源集群效应缺乏、农牧民人口结构失衡和群体分异等也制约了农牧民主体地位实现。

本书第 5 章力图在实然分析基础上，通过比较借鉴，为"使然"研究奠定理论基础。本书认为在民族地区贯彻落实农牧民主体地位，需要用更高远的视角，以内外对比和历史比较借鉴的方式打开思路。在国内外乡村建设的成功与失败案例中，农民的"剪影"或许能为今天乡村振兴中农牧民主体地位实现和作用发挥提供一定的思考和借鉴。

本书第 6、7 章，就在"应然"和"实然"分析的基础上，在比较、借鉴方法运用的基础上，进行"使然"分析，试图对实现农牧民主体地位的机制进行设计，路径进行构建，以期为民族地区乡村振兴凝聚农牧民主体力量提供一定的理论支持。本章以前文的理论分析为指导，从动力机制、赋权机制和赋能机制三方面构建了机制体系；在路径的构建上，衔接第 3 章的原因分析，从内生性路径、外源性路径和环境支撑路径三方面构建了相应的路径体系。本书认为，乡村振兴中实现农牧民主体地位，需要立足现实，考虑农牧民特征，进行针对性破解。既从农牧民自身出发，也要考虑文化规制、政府意识与作为等。具体路径构建要从"意愿+能力+组织+文化"的四维角度出发，从培育参与意愿、提升参与能力、架构参与组织、建设社群文化支撑等内外路径入手，构建一个长短结合、内外合力的路径体系。但整个课题研究时间相对较短，可能存在一些疏漏，恳请专家和读者指正。

在此，也特别感谢课题组成员的支持。本书是郭堂辉、沈超群、艾静静、罗皓月等课题组成员共同的成果和心血。他们参与了课题调研、资料收集、整理和课题写作。也特别感谢调研地区相关部门提供资料，感谢凉山州委党校、甘孜州委党校、阿坝州委党校等同仁们的支持和帮助。

郭险峰

2023 年 10 月

# 目录

# 1 绪 论

## 1.1 研究背景

### 1.1.1 完成脱贫攻坚历史重任的民族地区，乡村振兴被提上日程

每个时代都面临着不同的任务，并且任务不断更迭衍生。脱贫攻坚取得全面胜利后，我国乡村进入了新的发展时期，工作重心发生了历史性改变，乡村振兴被提上了日程。尽管设置了 5 年过渡期，但长期来看，乡村振兴必然是乡村未来很长一段时间的实践主题。从 2017 年党的十九大开创性地提出实施乡村振兴战略以来，到 2021 年《中华人民共和国乡村振兴促进法》（以下简称《乡村振兴促进法》）出台，已经历时 4 年。4 年来，学术界和政府对乡村振兴战略的理论认知基本达成了共识：现代化新征程已然启航，乡村必须振兴，乡村的现代化关系到国家的整体现代化，关系到中华民族的伟大复兴，关系到全体人民共同富裕。

但这并不意味着乡村振兴实践在全国范围内的同步推进和同步显效。民族地区大多数曾是集中贫困和深度贫困地区，贫困面积大，经济收入差距大，探索在后脱贫攻坚时代如何巩固拓展脱贫攻坚成果需要落脚到民族地区。四川民族地区占了全省总面积的 61.37%；城镇化水平低，农牧民占 65.9%（2020 年数据），曾集中了四川大部分贫困人口。四川省最初确立的 45 个深度贫困县，大多分布于民族地区，其中有 13 个深度贫困县属于阿坝藏族羌族自治州（以下简称"阿坝州"），甘孜藏族自治州（以下简称"甘孜州"）18 个县都是深度贫困县，凉山彝族自治州（以下简称"凉山州"）有 11 个县是深度贫困县，乐山的峨边彝族自治县（以下简称"峨边县"）、马边彝族自治县·（以下简称"马边县"）和金口河区是民

族县，也是深度贫困县。凉山州越西县 2014 年精准识别贫困村达 208 个、贫困人口达 1.94 万户 8.04 万人，贫困发生率高达 24.8%。一直以来民族地区经济基础薄弱，发展条件差，至今传统农牧业仍占绝对主导地位，是集贫困问题、乡村发展滞后问题、生态问题、民族宗教问题、教育问题、人口问题、安全问题等诸多现实问题于一身的"问题集合"区域。这决定了民族地区乡村振兴的艰巨性、复杂性、长期性。

因此，尽管 2017 年党的十九大已提出了乡村振兴战略，但在民族地区任务序列里，乡村振兴彼时是被放在后面的，而完成脱贫攻坚历史性任务是当时的主题。经过艰苦卓绝的努力，四川在 2020 年 11 月 17 日以凉山彝族地区 7 个民族县（普格县、布拖县、昭觉县、金阳县、美姑县、越西县、喜德县）正式退出贫困县序列为标志，全面完成了脱贫攻坚任务，开启了新征程，进入了新发展阶段。习近平总书记在中央民族工作会议上指出："要支持民族地区实现巩固拓展脱贫攻坚成果同乡村振兴有效衔接，促进农牧业高质高效、乡村宜居宜业、农牧民富裕富足。要完善沿边开发开放政策体系，深入推进沿边固边兴边富民行动。"①

### 1.1.2 乡村振兴，确立主体力量是前提条件

四川民族地区乡村也跟全国乡村一道，步入了新的历史发展阶段，面临着乡村振兴的历史性任务。当然，国家设定了巩固拓展脱贫攻坚成果同乡村振兴有效衔接的 5 年过渡期，但从长远的历史视野来看，乡村振兴更是长期的时代性任务。因此，本书在后面的表述中将研究的背景放在乡村振兴上。但需要特别说明的是，这种表述并不意味着我们对过渡期任务的忽略。乡村振兴历史任务的完成是一项系统工程，主体力量确立是前提条件。习近平总书记强调："乡村振兴不是坐享其成，等不来、也送不来，要靠广大农民奋斗。"② 中国共产党一贯坚持和主张确立农民主体地位，发挥农民主体作用。历史证明，这是非常富有洞见和实践效能的战略判断。2021 年，我国城镇化率虽然已经达到 64.72%，但依然还有近 5 亿人生活

---

① 习近平在中央民族工作会议上强调以铸牢中华民族共同体意识为主线推动新时代党的民族工作高质量发展 [EB/OL]. (2021-08-29) [2022-10-21]. https://baijiahao.baidu.com/s? id = 1709414747326493443&wfr = spider&for = pc.

② 习近平在湖北考察时强调坚持新发展理念打好"三大攻坚战"奋力谱写新时代湖北发展新篇章 [N]. 人民日报, 2018-04-29 (1).

在乡村。邓小平同志曾指出，中国社会的安定和发展，要看农村。习近平总书记强调，要坚持把解决"三农"问题作为全党工作的重中之重，举全党全社会之力推动乡村振兴。农村的发展进步，农民是主要推动力量。乡村生产生活的主体是农民，乡村发展成果的享受者、维护者是农民。农民主体地位是否确立，主体作用能否发挥，是检验乡村发展的重要指标。历史已经证明，历来的社会变革，只有顺应农民意愿，激发农民意识才能取得成功；缺乏农民参与，最终会以失败收场。

现实也显示，中国农民已开始自主地思考乡村的生产生活。这首先表现在农业生产中，经济理性逐渐从潜藏走向显性，从模糊走向明晰，全面迸发出来。经济理性也引发了政治理性，乡村治理的农民参与度逐渐提升，农民主体性逐渐凸显。现实在逐渐地贴近党的理论认知和顶层设计。党的十九大报告从坚持人民主体地位出发，淋漓尽致地在治国理政中贯彻人民性；习近平总书记多次在重要场合的讲话中提出坚持农民主体性的重要性，指出"要充分发挥亿万农民群众的主体作用和首创精神，不断解放和发展农村社会生产力"①。2018 年印发的《乡村振兴战略规划（2018—2022 年）》和 2021 年通过的《乡村振兴促进法》，都鲜明地提出"坚持农民主体地位"的原则，体现了国家对农民主体的认知一贯性。从习近平总书记的讲话到历年来的中央文件等都可以看出，国家对农民主体地位的认知和实践推进已经到了相当的高度。乡村振兴应当始终坚持农民主体地位，以增进农民福祉为主旨。实际上，乡村振兴固然要为农民构建丰富的物质生活、建设便捷的交通和创造优美的环境，但这些都是表象特征，其本质和真正目的在于激发和培育农民的主体认知和主体能力，重振农民主体地位，发挥农民主体作用，建构起乡村持续发展和繁荣的主体支撑。

### 1.1.3 民族地区乡村振兴的关键是凸显农牧民主体性

落脚到民族地区乡村振兴，关键在于确立农牧民主体地位，发挥农牧民主体作用。学者们研究提出，民族地区首先需要理顺工农关系和城乡关系，改变脱贫攻坚中的"政府依赖""国家在场"路径，激发农村内生动

---

① 坚持党的领导　尊重农民的主体地位和首创精神［EB/OL］.（2021-08-24）［2022-10-21］http://www.npc.gov.cn/npc/wgggkf40nlfcjgs/202108/aae244f9fffc4ecdabf03427b61e67aa.shtml.

能，全面推进农业农村农牧民现代化；根本途径在于"带回农民主体性"①，发挥农牧民主体力量，激活农牧民在乡村振兴中的积极性、主动性和创造性，让农牧民在乡村振兴中有更多的获得感、幸福感和安全感。本书非常赞同这些看法，同时认为坚持农牧民主体地位原则是民族地区实施乡村振兴战略的必然要义。由此，探寻民族地区如何让农牧民做主而不是代替农牧民做主，如何由农牧民选择而不是代替农牧民选择，如何让农牧民自己前进而不是被"推着跑"，如何让农牧民成为"实施者"而不是"旁观者"，如何为乡村现代化构建造血机制而非输血机制，如何激发农牧民内生力量，体现农牧民参与和农牧民受益等，就无疑重要而现实。那么，当前四川民族地区乡村振兴中农牧民主体地位如何？农牧民有没有切实确立起主体地位，在乡村振兴中发挥出主体作用？在现实实践中存在哪些阻碍农牧民主体作用发挥的因素？如何破解这些阻碍因素，从机制设计和路径选择上重构农牧民主体地位？等等，就是当前我们迫切需要研究的问题。

但是文献梳理发现，现有的文献对农民主体性研究较多，而对民族地区乡村振兴中农牧民主体地位实现和主体作用发挥情况的研究较少，而且现有研究多停留于宏大叙事背景层面，还存在一定的理论假设，未能全面梳理和反映民族地区农牧民主体性的现实面貌和特征，没有深入地结合民族地区实际和时代主题提出具体的、符合实际情况的激活农牧民主体性的建设思路、方略和机制，在破解民族地区农牧民主体性不足这一问题上还尚未找到切实可行的路径。探其原因，一方面是理论上没有对这个问题进行很好的研究和阐释，另一方面是体制和政策没有给出清晰的界定②。但更为重要的是，相关的实践调查和研究较为缺乏。也就是说，对于相对滞后的民族地区研究来说，农牧民主体性问题既缺乏理论张力，也缺乏实践贯彻力。因此，研究探索民族地区乡村振兴中农牧民主体性问题，并且由宏大叙事背景转化为实践活动，在民族地区乡村场域普遍展开对农牧民主体性的"现实关照"③，逐渐消解对"农牧民多重需要的社会性政治性边缘

① 王进文. 带回农民"主体性"：新时代乡村振兴发展的路径转向 [J]. 现代经济探讨，2021（7）：123-132.
② 王春光. 关于乡村振兴中农民主体性问题的思考 [J]. 社会发展研究，2018（7）：5-8.
③ 刘庆乐. 国家建设视域下"三农"战略的主题转换 [J]. 学海，2015（5）：170.

化"①，就具有非常重要的理论和现实意义。

在展开研究前，首先需要确立两个认知：一是农牧民主体性问题体系庞大，涉及面广，辐射理论、历史和现实维度，涵盖政治、经济、文化、社会等各学科领域，需要从系统层面对其进行深入的讨论和研究；二是对农牧民主体性问题的探究最终还是要落实到具体的实践操作中，因此有效的机制构建和具体的实践路径探索是必须思考的问题。于此而言，在民族地区全面推进乡村振兴过程中，只有将应然逻辑与实然操作系统相结合，认真梳理农牧民在民族地区乡村振兴中的主体性现状，发现问题并梳理原因，建设提升农牧民主体地位、发挥农牧民主体作用的机制，系统建设路径体系，才能培育农牧民的主体自觉，在理论与实践相统一中有效推进农牧民主体性建设，实现理论和实践的融合。这也是本书的价值所在。

## 1.2 学术史梳理及国内外研究动态

### 1.2.1 学术史梳理

研究农牧民主体性，起点必然是"主体"概念。主体属于哲学范畴，"主体是以一定的客观存在为对象，主动发出并对客观对象进行认识和实践者"②，其诞生可以追溯至马克思主义哲学。

#### 1.2.1.1 主体概念的提出和内涵的区分与拓展

马克思主义哲学把"主体"具象化为具有认识和实践能力的人或者人的集合（群体）。主体的概念中内含着主体的实践性。马克思在《1844年经济学哲学手稿》里，频繁提到"主体性"，而且指出主体性是人与动物相区别的本质。正是因为人类具有"自由的有意识的活动"③ 这样的主体性，所以从根本上区别于动物。马克思对主体性的研究，还体现在《关于费尔巴哈的提纲》中。他在研究主体性本质的基础上，还思考了主体性的现实条件，提出"人的本质不是单个人所固有的抽象物，在其现实性上，

---

① PUGH R, CHEER B. Rural social work: an international perspective[M]. Cambridge: Polity Press, 2010: 8.

② 刘守和. 关于主客体和主体性的几个问题 [J]. 理论探讨, 1992 (4): 61.

③ 马克思, 恩格斯. 马克思恩格斯选集: 第1卷 [M]. 中共中央马克思恩格斯列宁斯大林著作编译局, 译. 北京: 人民出版社, 2012: 56.

它是一切社会关系的总和"①。这说明研究主体性要放在人所处历史阶段的社会关系中，因为一切实践活动都处于一定的社会关系中，反过来又会促进社会关系的调整与变革。在马克思之前，康德第一个明确区分了认知主体和价值主体。他指出认知主体具有明确的边界，这是区别于价值主体的重要特征，就这两者的地位来说，价值主体优先于认知主体。

1.2.1.2　农民主体地位和作用的提出与发展

国外学者对农民主体地位和其在经济社会发展中的主体作用的研究始于 20 世纪 70 年代中后期，并一直延伸到 80 年代末（Baum and Richard，1975；Parish et al. 1978；Potter and Heins，1983）。20 世纪 80 年代末至 20 世纪 90 年代中期，我国学者在研究中国农村改革和发展中开始关注农民主体性问题（郭书田，1988；周曙光，1990）。

1.2.1.3　国内农民主体研究范畴的拓展

20 世纪 90 年代中期至 2005 年，学术界开始探讨农民成为主体需要具备的要素（杨再义，1994；郭晓鸣和赵昌文，1995），以及农民发挥主体作用的领域（王昀，1998；倪峰，2001；赵聚军，2004；杜旭宇，2005）。

1.2.1.4　关于不同历史时期农民主体的探讨

农民主体显然具有历史实践性，因此，在不同历史时期的内涵和表现存在差异。徐伟新（2006）、蔡晓辉（2007）、耿燕（2009）、王胜（2010）等研究了新农村建设阶段农民主体作用发挥存在的问题及解决方案；陆汉文（2017）、吴玲（2018）、张志胜（2018）等研究了精准脱贫中农民主体作用发挥的困境及对策；孔祥智（2016）、姚凤民（2018）对农业供给侧结构性改革中农民主体作用发挥提出了建议；对于当前的乡村振兴，王春光等（2017）、郑凤田等（2018）从战略定位、关键举措、具体部署、实现路径等方面对农民主体作用发挥进行了深入剖析。

### 1.2.2　国内外研究动态

1.2.2.1　国外研究动态

在国外学者的研究视野里农民居于重要地位。埃弗里特·M. 罗吉斯和拉伯尔·J. 伯德格认为："农民在很多不发达国家中占据绝大多数，国

---

① 马克思，恩格斯. 马克思恩格斯选集：第 1 卷 ［M］. 中共中央马克思恩格斯列宁斯大林著作编译局，译. 北京：人民出版社，2012：135.

家要发展，必须重点研究农民。"① 塞缪尔·P.亨廷顿认为："农村作为发展中国家走向现代化的变数，不是稳定的根源，就是革命的根源。"②

国外学者的研究主要围绕以下问题展开：第一，农民参与乡村建设机制的有效性。经济富裕的农民可以选择提供资金，而其余农民则可以提供劳动力来解决乡村建设中生产要素不足的问题。日本乡村建设案例可作为佐证，农民都能参与进去（Nagamine，1986；Sorensen，2000）。第二，农民参与的关键是重视参与意愿。应当培育适合各国国情的参与模式（Dijk，2007）；政府应该倾听农民的需求和意见，探索优化的乡村建设模式（Lisec，2014）。第三，农民参与的实现路径。应当依据各地经济社会文化环境以及自然禀赋制定相适应的配套政策措施（Sorensen，2000）；在乡村建设中，各参与主体，如农民、政府、社会组织由于存在利益牵连，应当通过沟通协调来满足不同群体的需求（Thapa，2008）。

### 1.2.2.2 国内研究动态

当前，国内对乡村振兴中农民主体性的研究主要集中于以下几个方面：

一是对农民主体性内涵的认知。王春光（2018）认为，农民的主体性表现为各方面各权能的集合，包括在经济、社会、政治、文化等方面都具有主导权、参与权、表达权、受益权和消费权等③。高昕（2018）对农民主体性内涵进行了层次划分，认为其包括利益主体和行为主体两个层次的内涵。李卫朝（2019）基于中国农民的特殊性，从理论、历史、现实三个维度阐述了农民主体性，认为农民主体性是在历史演变中生成的自主性、主动性以及受动性的辩证统一。崔猛（2019）认为，农民主体性主要指农民在生产和生活实践，包括经济、政治、社会、文化、生态多重领域中表现出的自主性（自觉性）、能动性、创造性、选择性等④。

二是农民主体地位的困境及成因。钟曼丽和杨宝强（2021）提出，农民主体性重构是助推乡村振兴的内生动力。农民既是乡村生产价值和社会

① 罗吉斯，伯德格. 乡村社会变迁 [M]. 王晓毅，王地宁，译. 杭州：浙江人民出版社，1988：320-321.
② 亨廷顿. 变动社会的政治秩序 [M]. 张岱云，译. 上海：上海译文出版社，1989：51.
③ 王春光. 关于乡村振兴中农民主体性问题的思考 [J]. 社会发展研究，2018（7）：5-8.
④ 崔猛. 决战脱贫攻坚关键在发挥农民主体作用 [J]. 理论与当代，2019（10）：20-21.

价值的主导者，也是生态环境的保护者，更是文化的传承者①，但能动性、创造性不够（吴得乾，2021）②。农民主体角色与权利认知偏差，主体性能力架构缺失，造成了多维困境（韩明磊，2021）③。困境的直接结果是农民在乡村发展中的主体作用没有发挥出来，并表现为两大失衡：自主性失衡和能动性失衡（高昕 等，2018）。周亮和安会茹（2019）提出了农民主体性缺失的五个方面：政治、经济、社会、文化和生态环境主体性缺失④。周翠等（2019）从两个方面概括了农民主体性缺失：积极性与创新性缺失⑤。石恩碧（2018）对资本下乡中的农民主体性问题进行了研究，指出农民主体缺位陷入"最后一公里"困境以及处于"被治理"状态。

就造成农民主体性缺失的原因来说，王春光（2018）认为是多重的，有人口结构方面的原因，但更为根本的是体制机制问题，社会和文化因素也造成了农民主体性缺失。毕伶俐和赵元笃（2021）认为有三个因素造成民族主体性缺失：人口外流导致结构困境，教育缺失制约认知能力，价值失位限制资源利用⑥。李卫朝和王维（2019）从内外两个方面概括农民主体性缺失的原因：外因包括城乡结构断裂、市场失范、传统乡村共同体的解体等，其中法治保障的缺乏是最主要的原因；内因在于农民的主体性与急速转型的现代社会之间存在不平衡、不协调，大部分农民由于教育和文化的缺失，难以适应快速发展的现代社会，农民的外在行为与内在思想都尚未及时转变⑦。刘碧和王国敏（2019）对农民主体作用弱化的原因进行了分析，提出乡村失序性、农地分散性、农民受动性是主要原因。首先，农民的原子化生产和面向小农分散的农村土地制度改革都面临市场风险，

① 钟曼丽，杨宝强. 再造与重构：基于乡村价值与农民主体性的乡村振兴 [J]. 西北农林科技大学学报（社会科学版），2021，21（6）：1-9.

② 吴得乾. 农民主体在乡村振兴中面临的困境及解决思路 [J]. 南方农机，2021，52（14）：98-100.

③ 韩明磊. 赋权与增能：后脱贫时代社会工作参与农民主体性构建研究 [J]. 山西农经，2021，（13）：20-21.

④ 周亮，安会茹. 确权赋能：激活乡村振兴中农民主体性的路径选择 [J]. 成都行政学院学报，2019（5）：77-83.

⑤ 周翠，崔章国，曹丁，等. 乡村振兴战略背景下农民主体性缺失及提升路径研究 [J]. 开封教育学院学报，2019，39（7）：290-291.

⑥ 毕伶俐，赵元笃. 乡村振兴视域下农民主体性研究 [J]. 当代农村财经，2021（11）：32-35.

⑦ 李卫朝，王维. 依托农民主体性建设，切实推动乡村全面振兴 [J]. 中国农业大学学报（社会科学版），2019，36（3）：72-80.

小农的分散性使之无法有效对接市场；其次，乡村在外力冲击下社会失序，曾经有效的公序良俗逐渐丧失约束力，无法对接国家治理要求；最后，农民的受动性使之不能有效对接城镇化。城镇化意味着乡村劳动力的空间转移，一方面乡村振兴所依赖的行动主体存在空间不在场难题；另一方面城镇化逆向扩张中的返乡人员"身在农村心在城"，造成行动主体精神不在场①。王国敏和邓建华（2010）结合农民主体性的内涵，从经济地位、政治地位和社会地位三方面分析了农民主体性缺失的原因。经济地位方面，农民的土地承包使用权还没有落实到位，农村市场体系不完善、市场信息不灵敏、法治观念不强、交易行为不规范影响了农民市场主体地位的确立，分配体制不健全使得农民处在弱势地位，抑制了其消费行为；政治地位方面，农民的自由迁徙存在一定障碍，农民表达自己意见的平台相对缺乏；社会地位方面，农民的合法劳动权益常受到侵害，农村教育资源偏少，对农民的社会尊重和保障没有落实到位②。李永成（2010）在研究以农民主体性为中心的新农村法治建设的过程中，从体制、政治、制度、农民自身素质这四个方面分析了农民主体性缺失的原因。农民在竞争性的社会体制中，无论是在政治上还是经济上都处于弱势地位，现行的农地制度不能完全保障农民的主体地位，导致农民的一些权利被削弱；农民受制于普遍偏低的受教育水平，各类意识（民主法治意识、主体意识、权利意识）薄弱，大多数农民还不能以法律来保护自己的合法权利③。

三是农民主体作用发挥路径。学者们关于发挥农民主体作用的对策研究还在不断探索中。虽对农民主体性缺失的原因的研究视角不同，但在对策建议方面却较为一致。刘庆斌（2021）提出四条路径：增强工作透明度，满足农民的知情权；广泛听取农民声音，扩大农民的参与权；充分尊重农民意愿，落实农民的表达权；畅通农民反映渠道，保障农民的监督权④。吴重庆等（2018）指出农民组织化是重建其组织性的重要路径。张大维（2018）强调政府主导和农民主体要有机统一，提出优势治理问题。石丹丹（2018）思考了激活农民主体意识的对策，提出了尊重意愿、保障

① 刘碧，王国敏. 新时代乡村振兴中的农民主体性研究 [J]. 探索，2019 (5)：116-123.

② 王国敏，邓建华. 重塑农民主体性是破解"三农"问题的关键 [J]. 现代经济探讨，2010 (9)：64-68.

③ 李永成. 新农村法制建设的进路：以农民主体性与主体地位为中心的分析 [J]. 四川大学学报（哲学社会科学版），2010 (1)：123-131.

④ 刘庆斌. 坚持农民在乡村振兴中的主体地位 [J]. 上海农村经济，2021 (10)：33-34.

权益、回应诉求等方面的对策建议。黄琳（2010）遵循马克思主义哲学原理，基于内外因辩证关系提出了其关于重塑农民主体性的思路。在农民主体性"他构"方面，即改善农民所处的外在环境，黄琳提出要通过建设市民社会来打破城乡二元结构，消解自然经济残余对农民的影响，促进家庭美好和谐民主，为农民主体性培育和发挥营造小环境，通过精神文明建设破除陈旧思想；在农民主体性"自构"方面，提出对农民进行自我教育，提高其自身素质，并鼓励、帮助农民组成新集体[1]。张友琴和李一君（2004）基于城市化政策研究的视角，提出培育和发挥农民主体作用的政策建议：一是充分尊重农民的知情权；二是重视农民的政策参与；三是保持政策的灵活性；四是激发农民自我认识的意识，提高其自我维权的能力[2]。吴重庆和张慧鹏（2018）以乡村振兴战略为背景，强调发挥农民主体作用的重要性和迫切性，并提出了实现路线。首先，要学习日本、韩国等以农民合作构建农民主体性的经验；其次，着力平衡国家、农民与市场的关系；最后，要积极发挥基层党组织的作用[3]。

四是乡村振兴中农民主体作用发挥研究。在学者们看来，坚持农民主体地位、发挥农民主体作用是乡村振兴的必然要求[4]。发挥农民主体作用，一方面要争取广大农民积极参与乡村振兴；另一方面要耐心聆听农民群体的发展诉求[5]，将政府决策与农民的诉求和期盼精准对接，以广大农民群众认同感、归属感和责任感的增强促进其对乡村振兴战略的参与和作用发挥[6]。要重点防范以政府的意志替代农民的主体地位，既不能简单用工业化的思路发展农业，也不能照搬城镇化的要求建设乡村，更不能脱离二者来推进农业和农村现代化[7]。

① 黄琳. 现代性视阈中的农民主体性 [M]. 云南：云南大学出版社，2010.

② 张友琴，李一君. 城市化政策与农民的主体性 [J]. 厦门大学学报（哲学社会科学版），2004（3）：123-128.

③ 吴重庆，张慧鹏. 以农民组织化重建乡村主体性：新时代乡村振兴的基础 [J]. 中国农业大学学报（社会科学版），2018，35（3）：74-81.

④ 许伟. 新时代乡村振兴战略实施中"坚持农民主体地位"探研 [J]. 湖北大学学报，2019（6）：146-153.

⑤ 徐顽强，王文彬. 乡村振兴的主体自觉培育：一个尝试性分析框架 [J]. 改革，2018（8）：73-79.

⑥ 蒲实，袁威. 乡村振兴视阈下农村居民民生保障、收入增长与幸福感：水平测度及其优化 [J]. 农村经济，2019（11）：60-68.

⑦ 叶敬忠，张明皓，豆书龙. 乡村振兴：谁在谈，谈什么？[J]. 中国农业大学学报，2018（3）：5-14.

五是民族地区农牧民主体地位相关研究。庄天慧（2008）构建了四川民族地区新农村发展战略及评价指标体系。沈茂英（2012）、王健（2015）、李东（2016）、达潭枫（2017）等对民族地区农牧民增收问题进行了研究。刘宥延（2014）、万国威（2016）、赵欣（2018）等对民族地区贫困问题进行了研究。李竹青（2002）、孙晓明（2010）、赵烁（2012）、李会嫱（2015）等对民族地区农业产业化和专业合作社发展情况进行了调查研究。刘荣（2010）、申喜莲（2015）、刘若盈等（2015）、李卫平（2016）等对民族地区农牧民参加新农合、新农保的情况进行了调研和分析。王国勇（2000）对民族地区农民参与民主政治建设的情况进行了研究，发现农民主体意识、参政能力较弱，民族乡村的自治能力还需提高①。邓磊（2019）认为，西部民族地区乡村振兴的核心是人，要引能干人、留年轻人、聚有钱人。张姗姗（2019）对贵州省民族贫困地区的典型村寨进行农民主体性调研时，将农业实践活动细分为六类，分别建立了农民主体性指标体系，并对农民进行了问卷调查，结果显示在自主创业和外出务工中，农民主体作用发挥相对较好，而其他方面，比如科普知识的掌握、合作社的加入、政策的运用，以及参加培训方面，农民主体性体现较差②。

关于如何发挥民族地区农牧民主体作用，学者们认为需要以文化教育、法治建设为切入口。这是基于农牧民普遍文化水平不高、宗族宗法观念强烈、法治意识相对淡薄而提出的有效建议。周渝津（2014）提出要培养作为民族地区发展主要力量的"文化农民"，通过加大对民族地区人、财、物等方面的教育投入力度来着力培养有经验和懂经济规律的经济能人，培养本地科技精英，培养传承民族文化和民间艺术的能手③。卜桂花和郭建甲（2009）认为加强民主法治建设是民族地区农村建设的主要任务，通过加强民族地区农村基层民主法治建设，提高农牧民的民主意识和法治意识，调动农牧民的积极性，促使农牧民参与乡村建设，提高农牧民乡村事务参与度，让农牧民在实践中发挥主体作用④。

---

① 王国勇. 论民族地区的民主政治建设 [J]. 贵州民族研究, 2000 (4): 13-16.

② 张姗姗. 民族贫困地区农民主体性发挥现状研究 [J]. 兴义民族师范学院学报, 2019 (4): 56-60.

③ 周渝津. 文化农民: 重庆民族地区乡村振兴建设主体 [J]. 铜仁学院学报, 2014, 16 (2): 67-69.

④ 卜桂花, 郭建甲. 民族地区新农村政治文化建设探析 [J]. 经济与社会发展, 2009, 7 (4): 33-38.

总体来看，对乡村振兴中农民主体地位的研究呈现出三大特点：一是丰富了乡村振兴中"农民主体"的内涵。中国乡村建设历经不同发展时期，发展背景和时代任务存在差别，"农民主体"的内涵也相应存在着差异。在乡村振兴战略实施背景下，重新思考农民主体性具有理论和现实的必要。二是提出了乡村振兴中农民主体性需要关注和研究的重点。在乡村振兴宏大叙事背景下，需要深入思考农民主体地位的现实体现，需要深入剖析乡村振兴中农民主体性存在的问题，需要重新探索符合乡村振兴要求的农民主体性路径。三是对农民主体地位实现和主体作用发挥中的困境进行了剖析，并且提供了相应的解决思路。总之，当前的一些思考为本书的研究提供了丰富的思想启迪。不过，由于"三农"问题的复杂性和乡村振兴的全面性，农民主体性问题研究仍有较大空间。特别是"把乡村振兴战略作为新时代'三农'工作总抓手"①之后，农民主体性研究更需要在理论阐释之外，着眼于在实践中如何落实，需要进一步深入思考如何激发农民主体活力以及发挥其主体作用，从而提出切实可行的农民主体性提升机制及路径。

但很显然，当前关于民族地区农牧民主体性的研究相对偏少。现有研究主要集中于一般性的农民主体地位和主体作用问题，而针对民族地区农牧民主体地位和主体作用的研究却是极度缺乏的。民族地区地理区位和经济社会发展情况独特，嵌入式发展方式明显，政策波尾效应大，宗教文化和经济发展交织程度深，农牧民返贫的可能性大，决定了农牧民主体地位实现的复杂性。乡村振兴中农牧民主体性如何体现？怎样评价？农牧民参与乡村振兴的意愿、能力、程度如何？这些问题尚缺乏理论诠释和实证研究，更缺乏具有针对性、系统性的实现机制和路径。这为本书研究提供了空间，也彰显了本书的研究价值。

## 1.3 研究价值

本书希冀实现以下三个方面的研究价值：

一是将追踪考察发现和效能评价作为夯实农牧民主体地位的重要依

---

① 习近平. 把乡村振兴战略作为新时代"三农"工作总抓手 [J]. 求是，2019（11）：4-10.

据，突破已有研究范式，具有一定的理论价值。研究民族地区乡村振兴中的农牧民主体性问题，不仅在于要不要确立农牧民主体地位，更在于要如何基于民族特性和发展阶段特性来确立和体现农牧民主体地位，发挥农牧民主体作用。本书将追踪考察发现和效能评价纳入分析框架，可提供一种新的解释视角，丰富构建农牧民主体地位的理论依据。

二是将民族学、经济学、社会学等理论融合，明晰实现民族地区农牧民主体地位的逻辑框架，具有一定的理论价值。本书主要运用民族学、经济学、社会学等相关理论，围绕"为什么""是什么"论题来构建民族地区农牧民主体地位理论逻辑框架，揭示激发农牧民内生动力、发挥农牧民主体作用的内在规律。

三是将机制嵌入性作为构建农牧民主体地位路径的前置条件，从农牧民发展视角探讨农牧民主体地位路径选择，具有一定的实践价值。本书从民族社群文化、经济理性、情感环境等层面出发，将农牧民在乡村振兴中的主体地位设定为"意愿表达+权益保障+决策参与+行动创造"，搭建了一个"动力源泉+组织模式+外推力量+制度载体"的实现框架，或可为激发农牧民主体性、能动性、参与性提供一条可行路径，同时为解决民族地区乡村振兴中"缺人"的现实难题提供工具性框架，具有一定的应用价值。

## 1.4 研究思路与框架设计

本书的研究目的在于认知民族地区脱贫攻坚历史性任务完成后，乡村振兴中如何规避脱贫攻坚中农牧民主体性缺失的问题，以切实发挥农牧民主体作用，为迈入现代化新征程提供支撑。在民族乡村，农牧民占了人口的大多数，是乡村振兴的主体力量，无论是从理论应然，还是实践使然，其主体都应该是农牧民。而分析研究农牧民主体性问题，有其逻辑框架。一是必须放在当前大的时代背景和民族地区的现实状况下。二是分析研究民族地区农牧民的主体性问题，不单单需要经济学分析框架，也需要社会学视野。正如汪丁丁所言，中国问题具有复杂性，尤其是转型期社会，面临着文化、政治、经济三重转型①。民族地区乡村振兴中农牧民受民族文化的影响，其价值观和行为模式具有独特性，那么乡村振兴中确立农牧民主体地位、发挥农牧民主体作用要具有独特性。

　　本书遵循"应然"→"实然"→"使然"，由"道"而"术"的研究逻辑，构建"明道→了势→取经→优术→建路"的框架，通过宏观的理论分析和微观的民族地区乡村振兴情况调研，聚焦乡村振兴中坚持农牧民主体地位存在的现实困境，重构显化农牧民主体地位的机制，探寻农牧民主体作用发挥的有效路径。就机制而言，本书就动力机制、赋权机制、赋能机制进行设计；就路径而言，本书主要从内生路径、外源力量、环境支持等方面构建围合体系。在研究过程中，本课题组还根据调研情况，撰写决策咨询件，为四川省委省政府提供建议，以期为四川民族地区的乡村振兴贡献力量。

---

　　① 澎湃新闻. 周濂访谈汪丁丁之一：中国问题的复杂性 [EB/OL]. (2014-08-03) [2021-07-20]. https：//m. thepaper. cn/newsDetail_ forward_ 1259501.

# 2 实现农牧民主体地位的理论认知和现实基础

民族地区的乡村建设面临着时代机遇，也在大变局下接受着各种挑战。当下，在巩固脱贫攻坚成果的基础上快速有效地全面推进乡村振兴，是民族地区的时代任务。这个任务不可谓不艰巨，不可谓不长期。而任务的完成，已经不能再延续脱贫攻坚中"政府主导，三倾（倾力、倾钱、倾人）投入"的模式，而要充分凸显农牧民的主体地位，"去依附、显价值"，充分依靠农牧民主体力量，充分发挥农牧民主体作用，让民族地区乡村的事、乡村的建设、乡村的发展，由乡村人自己做主、自我发展、自我更新，靠农牧民的主动性、能动性和有为性，确保脱贫攻坚成果的巩固和乡村振兴的有序推进。也就是说，"坚持农民主体地位"要在民族地区乡村场域中，在全面推进乡村振兴的时代任务中显化。与此同时，我们还必须认识到民族地区乡村的特殊性，民族地区乡村不仅是各民族农牧民生产生活的地域空间，也是各民族传统民俗、文化、风情传承的空间和载体，民族地区的乡村产业发展、社会治理等也渗透着各民族的文化、风俗习惯。换句话说，必须放在特定的时代背景、时代任务和区域特征下来思考民族地区农牧民主体地位。农牧民主体地位的内涵、确立等也就具有显著的时代特征和地域特色。

## 2.1 认知基础：相关概念界定

深刻理解乡村振兴中农牧民主体性问题，首先要界定和理解农牧民主体地位的内涵，了解农牧民主体地位的现实体现。不同的乡村发展阶段，农牧民主体地位的内涵是不同的。而要理解农牧民主体地位的内涵，有必要以理解"主体"的内涵作为起点。

### 2.1.1 关于"主体"的认知

在《新华字典》中，主体被解释为："①事物的主要部分；②哲学范畴，与客体相对，指有意识的人，是认识者和实践者。"

关于主体的理解，主要是从哲学层面进行的。在哲学范畴中，主体是和客体相对应的概念，是两者相互作用中居于主导地位的那一方。从形态上讲，主体可以是实物，也可以是某种精神。马克思从实践认知论的角度出发，对主体进行了科学阐释。在马克思看来，主体是具有认知和实践能力的人或者人的集合体。他指出，"作为认识世界和改造世界的主体，是现实的人和现实的人类"①，换句话说，马克思主义哲学中的主体是单个的人或者人的集合，是从事认知世界、改变世界、推动社会朝前发展的能动力量。作为主体的人必须有一个前提，就是从事认知和实践活动。马克思主义特别强调实践主体自身的全面发展。因此主体可以界定为同客观世界发生相互作用的实践力量。

### 2.1.2 关于"主体性"的认知

作为主体的人，并不时时刻刻都具有主体性。马克思认为，"只有当他去能动地认识和改造客体时才能说是主体，才会具有主体性"②。从这句话中可以看出，人的主体性的展现是具有前提的，也即人需要在社会实践中发挥自主性和能动性，自主、能动地参与社会实践，使得自我得到发展，同时创造历史，改造世界，推动社会进步。马克思在《德意志意识形态》中指出，"感性世界绝不是某种开天辟地以来就直接存在的、始终如一的东西，而是工业和社会状况的产物，是历史的产物，是世世代代活动的结果"③。换句话说，人类实践是现实世界形成的本源，现实世界正是在各个人类群体的能动作用发挥下才呈现出现实的样子，人的活动就是主体性的体现。

---

① 马克思，恩格斯. 马克思恩格斯全集：第1卷 [M]. 中共中央马克思恩格斯列宁斯大林著作编译局，译. 北京：人民出版社，1957：117.
② 岳博闻. 论社会主义新农村建设中的农民主体性：农民主体性的政治社会学分析 [D]. 长春：吉林大学，2007：12.
③ 马克思，恩格斯. 马克思恩格斯选集：第1卷 [M]. 中共中央马克思恩格斯列宁斯大林著作编译局，译. 北京：人民出版社，2012：155.

在马克思看来，对主体性的理解，要从三个层面去把握：一是社会实践是群体性活动，主体性通常是某个群体的特征；二是对主体性的把握必须放在特定的历史阶段下，不同历史时期主体性的表现存在不同；三是要辩证地理解主体性，要放在主体与客体，以及主体之间的相互关系中去理解。

基于此，我国有学者认为主体性产生于主客体相互作用的实践，具体表现为目的性、自主性、创造性、能动性等方面质的规定性①。由此，从具体内容上看，主体性包含主体精神、主体行为、主体能力和主体价值等内容；从特征上看，主体性表现为作为主体的群体在认知、改造社会的过程中体现出的能动性、自主性、创造性和自为性等特征，伴随着实践产生，也伴随着实践而发展。

### 2.1.3 关于"农牧民主体性"的认知

从对主体、主体性的认知，可以推演到对农牧民主体性的认知。农牧民主体性是农民主体性在民族地区的扩展。民族地区由于区域的特殊性，地理环境同非民族地区存在差异，既存在以农耕为主的农民，也存在以放牧为主的牧民，我们把他们合称为农牧民。农牧民构成了民族地区乡村的生产、生活群体，也用他们的行动作用于民族地区的经济、社会面貌，推动着民族地区经济社会的发展。

根据上文对主体性的认知可明确知道，农牧民主体性在民族地区不同历史发展阶段，其内涵和内容存在着不同。农牧民主体性认知的变迁，反映了人们对乡村建设力量认知的变迁。

在脱贫攻坚时期，农牧民主体性主要指脱贫攻坚意识的自发性、脱贫行为的自为性和脱贫产业发展的自主性。也就是说，农牧民自我具有脱贫的意识，自发参与"造血"机制的构建和完善，最形象的说法是"我要脱贫""我能脱贫""我会（利用产业）脱贫"。

在农村土地制度改革和农地流转中，农牧民主体性体现为农牧民土地权益的实现程度和实现方式。发挥农牧民主体性，就是要确保农牧民在土地流转中的各项权能，包括定价权、谈判权、保障权以及发展权等，并通过完整权能的赋予，为农牧民主体性奠定基础②。

---

① 陈海平. 从主体性的内在困境到交往实践观的历史超越：社会和谐的哲学底蕴探析 [J]. 云南社会科学，2006（4）：28-32.

② 田国强，陈旭东. 中国改革：历史、逻辑和未来 [M]. 北京：中信出版社，2016.

### 2.1.3.1 乡村振兴中农牧民主体性内涵

当前，民族地区正处于巩固拓展脱贫攻坚成果同乡村振兴有效衔接阶段，但最终要全面推进乡村振兴。对农牧民主体性的认识，必须放在这个大背景之下，必须要深刻认识到，农牧民作为民族地区乡村发展的主体，是乡村生活生产必不可缺的要素，也是乡村发展的原动力；实现民族地区农牧民主体地位，持续脱贫和经济进步是底色，尊重民族社群文化是前提。在这个过程中，农牧民主体性体现为乡村发展中的自主参与。

有学者从马克思主义主体性内涵出发，对农民主体性概念进行了如下界定："农民为了满足、维护自身和群体的利益，参与乡村发展，运行和使用权利，传承乡村文化、乡村思想，制定规范和约束村民行为规章的自觉性、自主性、能动性和创造性。"[1] 王春光则从主体性的领域和内容两方面出发对农民主体性进行界定，认为农民主体性就是在经济、社会、政治、文化等领域都具备主导权、参与权、表达权、受益权和消费权等[2]。高昕和庄少峰从利益和行为两个角度阐述农民主体性的内涵，指出农民主体性是指农民发挥自己的主观能动性，从而实现利益，享受发展成果[3]。也有学者从乡村振兴整体来看，从乡村振兴的承载者、成果受益者和效果衡量者三方面界定农民主体地位（陈文胜，2018）[4]。结合学者们的观点，本书认为，民族地区乡村振兴中农牧民主体性，主要内含主体地位实现和主体作用发挥两个层次，具体指农牧民在民族地区产业发展、生态环境建设、乡风构建、乡村治理、生活状况改善等领域构成主体力量，发挥主体作用，享受自为结果，助力乡村振兴。

### 2.1.3.2 农牧民主体性内容

农牧民主体性，应该是农牧民主体意识、主体作用、主体能力、成果主要享受者的综合体，是农牧民激发主体意识，发挥主体作用，匹配主体能力，共同享受乡村发展，迈向共同富裕，逐步实现民族地区现代化的过程。为深刻理解这个问题，我们对主体意识、主体能力、主体作用进行分别阐述。

---

① 庞超. 当代中国农民政治参与中的主体性特征及其优化 [J]. 求实，2014（7）：73.
② 王春光. 关于乡村振兴中农民主体性问题的思考 [J]. 社会科学文摘，2018（7）：5-8.
③ 高昕，庄少峰. 发挥农民主体作用服务乡村振兴战略 [J]. 决策探索（下），2018（10）：70-72.
④ 陈文胜. 实现农民在乡村振兴中的主体地位 [N]. 湖南日报，2018-10-09（8）.

1. 农牧民主体意识

所谓主体意识，是作为认识和实践活动的主体对于自身的一种自觉行为，包括主体地位、主体价值、主体能力和主体观念，也是其发挥主观能动性的重要根据。学者们研究提出，主体意识可以划分为自主意识和自由意识。前者是指人作为一个独立的个体，具有独立的行为、独立的意识以及独立的人格，在与客观世界相互作用的过程中，居于主导地位，拥有主动权。后者是指主体通过自立自为，克服主客体之间的冲突和矛盾，实现行为和意识的自由。这种自由是主体的最高理想和最终目的。落脚到农牧民主体意识，就是指农牧民主动建构其对自身主体地位和主体能力等方面的观念和价值认知，并在认知基础上自觉主动融入乡村发展，包括社会政治、经济和文化生活等各个方面。具体而言，乡村振兴中农牧民的主体意识主要表现为三个方面：一是要具有市场竞争意识。农牧民作为农村现代化建设的主体，是社会主义市场经济不可或缺的重要组成部分，应当积极主动去参与市场竞争，学习新知识，形成核心竞争力。二是要具有现代化意识。现代化是社会长期发展的一个趋势，也必然会引起农牧民生产生活结构的转变。农牧民要适应这种转变，就必须与时俱进，拓宽眼界，将大数据、人工智能等新技术与生产系统结合，促进产业纵向发展和横向交流合作，跟上快速发展的现代化社会的步伐。三是具有开拓创新意识。这种意识是农牧民能够成为时代弄潮儿的必备条件。乡村振兴为广大农牧民提供了更多的机会，提供了过去难以想象的政策、人力、资金支持，但乡村发展同时也面临着困境，农牧民作为乡村振兴的主体也应参与进来，发挥创造精神，贡献自己的一份力量。因此，激发和培养农牧民的主体意识，是凸显农牧民主体地位的前提，可以保障农牧民在乡村振兴中发挥主体作用。

2. 农牧民主体能力

主体能力是指人在与客观世界互动和互相作用的过程中，发挥主观能动性去实现自身需求的能力，也是其确立主体地位和实现自我利益的前提条件。主体能力相对主体地位而存在，是实现主体地位的能力匹配。缺乏相应的能力供给，主体地位的实现也是虚无的。当前民族地区农牧民的主体能力体现在三个方面：一是助推民族地区乡村产业振兴的能力（生产、经营、管理能力）。当前农牧民要有认清当地产业资源要素基础、找准产业发展方向、助推产业发展的各项能力，特别是推动完整产业链条上从产到销各环节顺利循环周转的能力。二是有效参与乡村治理的能力。乡村振兴战略对治理有效提出了要求，这个目标的实现要以农牧民在现代性基础上的自我回归和发展为基础。民族地区要实现治理有效，必须依赖农牧民治理能力的提升。农牧民的治理能力包括处理民族地区乡村日常事务、运营乡村集体资产、有效处理乡村发展中的纠纷和矛盾、促进乡村社会良性发展、有力促进乡风文明化等方面的能力，具体体现为乡村自治、法治和德治三治融合的水平和程度。三是传承乡村文化的能力。民族地区具有特殊性，拥有的文化资源特别是非遗文化资源丰富，在发展过程中不能忽视对其的保护与发扬。民族地区传统文化形态如何契合新时代发展需求，如何焕发蓬勃的生命力，如何在推进民族地区乡村现代化进程中发挥作用，有赖于农牧民自身能力体系的构建。

### 3. 农牧民主体作用

主体作用是主体能动性发挥的现实体现，用于考察事物发展过程中群体作用发挥情况。农牧民主体作用就是指农牧民在乡村建设中构成主体力量，承担主体责任，主导乡村发展的作用。换句话说，农牧民要在民族地区"五位一体"发展中担当重任，不能等待观望，不能被动组织，不能被动行动，而是要积极组织行动起来，清晰意识到自己需要干什么，能够干什么，怎么达到乡村发展和文明进步的目标。

参照习近平总书记关于乡村振兴的重要论述，本书认为民族地区乡村振兴中农牧民主体作用的发挥，体现以下五个方面：

（1）农牧民要成为乡村产业发展的主体。

民族地区乡村的兴盛必须依赖产业发展，离开了产业发展的乡村，将是"无本之木、无源之水"。习近平总书记指出，"产业是经济之本"。中国社科院杨虎涛也提出"发展乡村产业是乡村振兴的战略支点"①。民族地区普遍存在经济基础薄弱问题。调研发现，凉山州部分民族村的集体经济甚至负债运行。乡村振兴要扭转这种局面，就要以发展产业作为发力点，有效解决乡村发展不平衡不充分的问题，促进农牧民增收。

民族地区乡村产业发展，农牧民理应成为主体。从农牧民自身来看，广大农牧民对民族地区的乡村振兴有着极大的期盼和高度的热情，他们向往着富裕、健康、文明的生活方式，同时也有着巨大的积极性和创造性等待挖掘，这是推进民族地区乡村发展的不竭动力。从乡村产业发展的路径

---

① 杨虎涛. 发展乡村产业是乡村振兴的战略支点 [N]. 中华读书报，2020-03-18 (8).

来看：其一，产业资金筹措主体应该是农牧民。民族地区乡村经济活动的发起、组织、推进主体不能是政府，只能是产业组织和个体农民。产业发展所需的资金只能由农牧民自己筹措，不能完全依赖政府提供。政府提供的是引导资金，而且主要集中在公共基础设施（包括农田、交通、水利等）方面，主要是在乡村振兴中起支撑和引导作用，促进公共服务均等化，而不是包揽代办，忽视农牧民的投入主体地位，让农牧民坐等收益。其二，乡村产业发展的活动主体应该是农牧民。民族地区产业发展的决策、生产、运营、销售等，政府可以引导，但没有过多力量参与其中，特别是支农财力仍很弱小，难以满足乡村振兴中各方面的巨大需求，在今后相当长的时期内，乡村产业发展仍然主要依靠农牧民发挥主体力量，奋进创业。

（2）农牧民要成为乡村发展的主要人力资本供给者。

人是产业发展的根本。产业全链运行，从决策、生产到运输、销售，及至产业兴盛，都有赖于丰富的人力资本供给。对于民族地区来说，这种人力资本的供给，依靠外来输入是不太现实的。受制于民族地区相对偏远的地理区位、相对恶劣的自然条件和气候条件，相对落后的经济文化等，外来人才的输入总量有限。尽管国家和民族地区为吸引人才流入，出台了各方面的优惠政策，比如子女高考可以加分、工资高于非民族地区等。但总体来说，民族地区的人才吸引力有限。基于此，民族地区产业要发展，必须将人力资本供给视线放在生于斯、长于斯的本地农牧民身上。本地农牧民熟悉、了解自己生活的这片土地，他们知道产业发展的资源条件和环境状况如何，产业发展的阻点和痛点在哪儿，产业该如何发展等。反过来说，民族地区的农牧民必须担当起乡村发展的主力军责任，通过学习、培训等提升自身素质，以满足乡村发展的需求，成为民族地区乡村发展的主要人力资本供给者。

（3）农牧民要成为民族地区优秀传统文化传承的主体。

民族地区乡村的兴盛繁荣，内含了优秀传统文化的兴盛繁荣。实际上，民族地区的优秀传统文化是民族地区的突出优势，而且日益成为民族地区发展乡村文化旅游的内生载体和主要资源。比如四川省阿坝州的壤塘县，民族风情浓郁、文化厚重，安多、嘉绒、康巴三个藏族支系在这里和谐共生，形成了以财神文化、觉囊文化为核心，以觉囊梵音古乐为非遗代表（该县有梵音古乐、川西北民歌、藏族挑花刺绣三项国家级非遗项目），谱系繁多、门类齐全、交相辉映的壤巴拉文化。有茸木达乡棒托寺、中壤塘镇确尔基寺、宗科乡日斯满巴碉房三处国家级重点文物保护单位，有省州级文化资源上百个；有唐卡、石刻、藏戏、陶艺、雕刻等艺术瑰宝，有壤巴拉节、赛马节、插箭节等丰富的民俗文化活动，有国家级传统保护村落，是藏羌民族风情走廊上的一颗璀璨明珠。再比如凉山州布拖县，也有银饰、口弦两种国家级非遗项目。但现在民族地区乡村年轻一代流出，其他多元文化融入，传统优秀原生乡村文化在逐渐泯灭。由此，优秀传统民族乡村文化的传承、发展迫切而重要，需要农牧民担当起传承乡村优秀文化的主体责任。农牧民从小在传统文化的浸润中成长，耳濡目染，口口相传，更了解乡村优秀传统文化的本源，理解乡村优秀传统文化的精髓，语言的相通性也让他们更具有传播乡村优秀传统文化的条件，在传承上更具有便利性和可能性。要激发农牧民对生存于斯的土地的热爱，将民族地区乡村优秀传统文化重植于新时代土壤，做好活化和创新性利用工作，以乡村优秀传统文化凝聚人心，提升民族地区乡村活力，也增强民族地区人民的文化自信。

（4）农牧民要成为民族地区乡村生态环境治理的主体。

乡村振兴战略是"生产、生活、生态"三生融合发展的战略，而生态是能有效联动生产和生活的节点。乡村生态建设使得乡村生态资源得以优化，为乡村生态产品提供、农文旅产业发展等奠定资源基础；创造美丽乡村，营造优美怡人的生产生活环境，能够强力牵引乡村人才注入；彰显乡村宁静恬淡的文化底蕴，伴生乡村文化振兴。因此，推进乡村生态环境治理，建设美丽乡村是乡村振兴快速展开的有效切入点，能够由点及面，发挥带动和吸附作用，促进乡村产业活化、人才聚集化、生态文明显化，吸聚乡村发展各项要素。

农牧民是民族地区乡村生态环境的实际感知者、享受者，也可能是生态环境的破坏者和维护者。他们的各种行为切实地影响着乡村生态环境质量，构成了乡村生态环境结果。因此，作为乡村主人的农牧民，也必然需要承担起维护良好乡村生态环境的主体责任，以觉醒的生态文明意识作为支撑，保护民族地区生态环境。实际上，民族地区良好的生态也是地区发展的优势资源，这种优势资源的维护和向资本的转化，都有赖于当地农牧民的良好作为。

（5）农牧民要成为民族地区基层党组织的构成主体。

构建一个具有领导力、决策力、凝聚力的基层党组织是乡村振兴的关键。民族地区地广人稀，多民族聚居，各类文化交融，更需要加强党组织建设和党的领导，为乡村振兴奠定坚实的组织基础。

农牧民在民族地区乡村中占据了绝大多数，他们是党组织的有机构成者。他们的文化素质、思想观念、行为能力，对党组织的支持、配合情况，以及对乡村工作的参与度和支持度，很大程度上影响着基层党组织推进乡村振兴工作的效能，最终影响着乡村振兴的成色。因此，要充分挖掘乡村农牧民的潜力，提升他们的文化素质、精神修养、能力水平，变革他们的思想观念。只有农牧民素质提升、理念革新，才能充分发挥基层党组织的堡垒作用，才能为乡村党建引领经济社会建设提供动力和基础，才能使农牧民自觉投身到乡村产业发展、生态环境治理和保护、乡村优秀传统文化传承等中去。

### 2.1.4 关于"坚持农牧民主体地位"的延伸理解

深入理解民族地区坚持农牧民主体地位，除了一般意义上的内涵理解之外，还必须从民族地区区域特色、发展特性上来理解。

2.1.4.1 坚持农牧民主体地位，要建立在经济发展的基础上

民族地区历来是深度贫困地区，是现代化社会的边缘地区、短板地区。发挥农牧民主体作用，实现农牧民主体地位，要放在巩固拓展脱贫攻坚成果和推进经济持续发展的底色下。实际上，无论是重点推进脱贫攻坚，还是全面推进乡村振兴，以及未来的乡村现代化，都内含着经济的发展，都要求农牧民持续增收。经济发展放在任何时候、任何地方都是基础，都是前提。人的能动性发挥，主动性创造，必须以经济发展作为底色。亚当·斯密早在 18 世纪就提出理性经济人假设，马克思早就说过，"经济基础决定上层建筑"。如果农牧民没有实现增收，民族地区经济缺乏长足发展，农牧民主体地位实现也就缺乏基础。

2.1.4.2 坚持农牧民主体地位，要建立在尊重民族地区社群文化的基础上

民族地区具有不同于其他地区的独特的社群文化，比如更具有集群性，民族文化的约束力和规范性更强。凉山彝族强大的家支观念，一方面造成了不同家支之间的互相攀比和争斗；另一方面，家支内强大的凝聚力

和互帮互助，也成为提供社会保障的基层力量。在发挥农牧民主体性作用之时，可以利用民族文化和社群文化进行引导和规范。

2.1.4.3 坚持农牧民主体地位，要建立在多元主体"和合共生，协同共促"的基础上

在乡村振兴和全面现代化的宏大叙事背景下，任何单一主体都难以单独发挥作用。实现农牧民主体地位，也要求农牧民必须在党的领导下，同其他社会主体，比如进乡人员、入乡企业主等通力合作，"和合共生，协同共促"。尤其是当前民族地区农牧民参与意愿弱和能力不足，只有在"有效政府"的充分引导下，尊重农牧民意愿，培育农牧民能力，对农牧民"还权赋能"，才能保证实现农牧民主体地位。

## 2.2 实现农牧民主体地位的价值导向：乡村振兴战略的应然之义

研究农牧民主体性问题，必须放在乡村振兴战略的价值追求和目标要义下。相对于脱贫攻坚战役，乡村振兴任务更艰巨，时间更长，涉及面更广，目标更宏伟，系统更复杂，需要持续不懈的巨大努力。党中央、国务院实施乡村振兴战略，其目标在于同步城镇实现农业农村的现代化，城市和乡村共迈现代化新征程；其内涵要义包括农民的觉醒和全面发展。农民的全面发展是现代化的必然要义，是实现城乡联动，缩小城乡差距，填平城乡鸿沟，实现全面现代化的必然要求。农民的现代化既是现代化强国的内涵要义之一，也是实现"两个一百年"奋斗目标和全体人民共同富裕目标的必然要求，更是践行以人民为中心的发展思想的重要体现①。

在完成这个时代任务的过程中，不仅需要"工业反哺农业，城市支持农村"，关键和起决定性作用的还是农民主体作用的发挥。农民能否发挥主体作用，决定了乡村内外的资源能否高效合理地配置和使用，乡村的资源潜力能否被合理挖掘，决定了能否把乡村的资源转化为现实的生产力。

对于民族地区的乡村来说，确立农牧民主体地位更是乡村能否构建起向现代化新征程迈进的长效运行机制的关键，通过确立农牧民主体地位，

---

① 罗明新. 深刻理解农民全面发展 [N]. 学习时报，2019-2-20.

推动之前"要我做"的外力推进更迭演进为"我要做"的内生动能。这两者在效能上是存在巨大差异的，农牧民被推着走和农牧民"主动向前"的根本区别在于广大农牧民的创造性、能动性、积极性是否在现实中被激发、被调动，改善生活、获得更多收入的愿望是否被激活。农牧民只有在乡村振兴中积极参与、有效参与、提高收入，幸福感、获得感和安全感才能增强。实现农牧民主体地位的关键是在各项制度的改革中、各项事务的推进中把农牧民利益放在首位。

### 2.2.1　实现农牧民主体地位是民族地区实施乡村振兴战略的根本原则

习近平总书记指出，"小康不小康，关键看老乡"①，"任何时候都不能忽视农业、不能忘记农民、不能淡漠农村"②。乡村振兴战略实施总目标中，农民现代化是核心、是基础。只有农民的现代化，才能为农业生产技术的现代化、农业经营管理的现代化、农村基础设施的现代化等提供相匹配的实施者、运行者。换句话说，乡村战略目标确立，必须遵循坚持农民主体地位的根本原则，以农民现代化牵引农业农村现代化，实现乡村振兴。在民族地区推进乡村振兴战略，必须遵循坚持农牧民主体地位的根本原则，凸显农牧民主体地位，以切实提升农牧民的获得感、幸福感、安全感为指引，以充分满足农牧民对美好生活的期待为根本方向，全面确立起符合农牧民需要、体现农牧民利益的目标、举措和行动体系，从而保证新时代乡村振兴战略实施中人民中心立场得以实现。

### 2.2.2　实现农牧民主体地位是民族地区谋划乡村振兴战略布局的基本立场

乡村振兴战略是一场体系庞大的变革，要求跳出"乡土中国"的视角，从"城乡中国"的视角来进行战略谋划和布局。统筹考量政治、经济、文化、生态、治理，涵盖产业、人才、政策，在城乡统筹和城市化进

---

① 习近平在海南考察时强调：加快国际旅游岛建设谱写美丽中国海南篇 [N]. 人民日报，2013-04-11.

② 韩长赋. 任何时候都不能忽视农业忘记农民淡漠农村（深入学习贯彻习近平同志系列重要讲话精神）：深入学习习近平同志在吉林调研时的重要讲话 [J]. 休闲农业与美丽乡村，2015（9）：4-5.

程中同步实现乡村的现代化。因此，乡村振兴需要政府提供高屋建瓴的战略规划，提供坚实可靠的政策支持，进行系统有效的战略布局。这就涉及战略实施中如何判断主次矛盾，如何把握重难点，如何进行轻重缓急的排序，如何选择战略推进路径等问题。种种问题的解决，必须坚持的价值导向是始终以农牧民为主体。党的十九大报告对其进行了总体布局和展现。党的十九大报告对乡村振兴战略，提出了20字总要求。这个总要求鲜明地体现了坚持农民主体地位的根本立场。放在民族地区视域下，就是要坚持农牧民主体地位。民族地区发展产业，是为农牧民获得全面进步提供坚实的物质基础；树立文明乡风，反映了农牧民精神面貌的进步；建设生态宜居的环境，能够提升农牧民居住的幸福感；有效治理，能够为民族地区乡村发展提供持续的内生力。当然，最终还是要实现农牧民生活富裕。总之，乡村振兴战略20字总要求，凸显了农民主体性，其现实实践也依赖于农民主体作用的发挥。

### 2.2.3 实现农牧民主体地位是民族地区乡村振兴战略实效评价的重要标准

评价乡村振兴战略实施成效，不应简单停留于乡村面貌的改善，应着眼于农牧民内生能力是否被激发，农牧民是否在自我努力下，实现了区域发展、自我进步。正如马克思指出的，人的"活动和享受，无论就其内容或就其存在方式来说，都是社会的活动和社会的享受"①，"我们的需要和享受是由社会产生的；因此，我们在衡量需要和享受时是以社会为尺度，而不是以满足它们的物品为尺度的"②。这两段话说明，人们需要的满足程度和自我发展水平与社会的发展程度具有内在的一致性。这为我们评价社会发展提供了尺度和方向，即必须从人民群众需要的满足程度和自我发展水平出发，来衡量社会发展的状态和水平。具体到对民族地区乡村振兴战略实施成效的评价，就不能单纯看乡村面貌是否得到改变，而要从农牧民观念、意识是否得到了改变，乡村事务的参与度是否得到了提升，权益是否得到了保障，美好生活需要是否得到了满足，发展能力是否得到了提升

---

① 马克思，恩格斯. 马克思恩格斯全集：第42卷 [M]. 中共中央马克思恩格斯列宁斯大林著作编译局，译. 北京：人民出版社，1979：121-122.

② 马克思，恩格斯. 马克思恩格斯全集：第1卷 [M]. 中共中央马克思恩格斯列宁斯大林著作编译局，译. 北京：人民出版社，1995：350.

等方面进行评价。这才是乡村振兴战略实施评价的内核和根本。

## 2.3 实现农牧民主体地位的理论依据：可行能力理论和赋权理论

民族地区乡村振兴是时间跨度大、所需力量强，涉及经济社会方方面面的系统性工程。其全面推进需要内外合力，一方面需要政策、资金、人力的外在支持，另一方面需要农牧民内生动力的培育。进一步来说，农牧民应当担当起整合各项内外资源、促进乡村发展的主体任务。阿玛蒂亚·森的可行能力理论和赋权理论已经充分论证了这一点：农民蕴含着巨大的发展能力和潜力，必须在乡村社会发展中担当起主体角色。

纵观国外社会理论的发展历程，特别是结构功能主义、结构主义、系统理论等理论流派界普遍认为，个体受到集体规范或结构的约束。但随着研究的进一步深入，特别是 1960 年以后，这个结论受到了社会学、人类学，以及现象学等学科学者的质疑。此后，人们开始意识到个体是具有主观能动性和行动能力的主体，而并非被动消极的客体，并且纷纷开始对个体能动行为理论进行总结和发展。其中，阿玛蒂亚·森的可行能力理论和赋权理论得到了广泛认可，获得了众多拥趸，并且被广泛运用于现实实践。可行能力理论和赋权理论认为，每个个体都具有潜在的发展能力，拥有各自的特质，即可行能力。但这种发展能力和特质，需要在自由环境、平等权利和社会机会的支持下展现，而且这种支持较之资金和物质支持更为重要。也就是说政府要对具有可行能力的个体赋权，以赋权实现社会发展政策的落地落实，并间接促进政府政治目标的实现。以此理论为基础，阿玛蒂亚·森对个体优势进行了细分，将其概括为成就、福利、自由、主体性，并且认为赋予个体自由能促进个体发展，赋予个体主体性能挖掘个体潜藏的能力，这些是促进个体优势得以发挥的重点。换句话说，福利自由和主体性自由是描述个体可行能力的主要标识。

在某种程度上，可行能力理论同赋权理论存在着紧密的联系，前者为后者提供了一定的支撑。赋权理论认为，个体能力可行，需要实现向有权状态的转化，以克服外在困难，获取资源。这种转化的关键有赖于正向自我意识的激发、强大自信的构建和开放性自我表达体系的建设。意识激发促推现实实践。而不断的实践发展过程，会促使个体因为外在推动和内在提升而意识到自身所富有的能动性、建构性和主体性品格，认知到自我改变、自我发展和自我实现的高度可能性，最终不断进化，从而摆脱消极、被动和外力拉动。这就是以赋权来促使可行能力实践化。

中国扶贫的实践，构建了"扶贫先扶智"的认知，着力于提升贫困户的"智""志""知"等方面，以提升其自我改变的意愿、动力和能力，从而在脱贫中激发内生力，最终通过主体性的塑造，贫困者从"大众角色"转变成"公众角色"。具体到当前的乡村振兴，也必须坚持农民主体地位，着眼于农民内生动力激发，内生潜能挖掘。这也是本书研究的立意所在。

## 2.4 实现农牧民主体地位的理论逻辑：哲学、政治、历史、社会四维逻辑

厘清理论逻辑，才能为实践推进建构前提、奠定基础。民族地区乡村振兴中坚持农牧民主体地位的理论逻辑，需要从多维度构建。从方法论角度出发，哲学和历史是主要的认知维度；从民族地区乡村振兴的本质出发，政治和社会是主要的认知维度。因此，本书构建了认知坚持农牧民主体地位的四维理论逻辑。具体见图2-1。

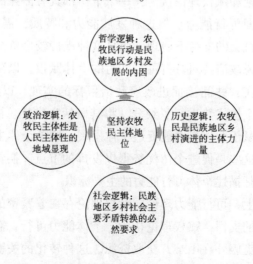

**图2-1 农牧民主体地位理论逻辑认知体系**

### 2.4.1　实现农牧民主体地位的哲学逻辑：内因和外因的辩证关系

唯物辩证法认为，任何事物的发展不能依靠单一因素，需要内外因共同发力和作用。事物发展在根本上依赖于内因，外因是不可或缺的条件。外因作用于内因，产生效果。具体到乡村振兴，外因包括政府的政策扶持和引领，社会组织的参与和推动；内因则是农民的主体能动力。两者彼此作用，相互促进，相辅相成，事半功倍。

民族地区乡村振兴也需要政府的政策引导和扶持作为外因，作用于内因，通过农牧民的主动参与、积极创造形成磅礴力量。众所周知，从2004年开始，我国中央政府每年的一号文件都关注"三农"领域，立足不同时期的"三农"问题，提出相应的破解之道。党的十九大提出乡村振兴战略，二十大提出全面推进乡村振兴，更是着眼于农业农村农民现代化目标，从系统论角度出发，从乡村发展内生性建构着眼，力图内外合力，推动乡村在保持传统特质的基础上重新焕发生机和活力，让乡村该有的"颜值"要有，该有的特质要保持，该有的乡村文化记忆符号要重刻。对于民族地区来说，政府更是进行资金、政策的倾斜和支持，构建了较为完善的外因体系。但政策和资金的倾斜要发生效能，归根到底还是取决于其有没有跟农牧民的意识和能力发生交融，产生"化学作用"，能否助推农牧民积极作为。换句话说，政策再好，也要看能否落地落实。落地落实的关键就在于作为内因的农牧民的主动参与性、创造性和能动性能够被激发。

长久以来，民族地区自然资源禀赋差，自然条件较为恶劣，医疗、教育、交通等基本公共服务设施少、服务水平低，财政收入困难等，发展更为艰辛，富裕之路更为漫长。破解的路径，除了要靠政府作为外因拉动外，更需要民族地区农牧民作为内因发力，不"等、靠、要"，而是积极作为、奋力创新，开拓乡村振兴发展新境界，实现共同富裕。

### 2.4.2　实现农牧民主体地位的政治逻辑：人民主体性的民族地区乡村场域显现

农牧民是农民群体在民族地区的特殊称谓，是人民的重要构成部分。从这个逻辑出发，理解农牧民主体性，必须从人民主体性出发。

#### 2.4.2.1　坚持人民主体地位是中国共产党的根本立场

自古到今，人民群众都是社会的主体，是推动社会进步的根本力量，不仅在数量上占据绝对优势，也是社会生产的承担者、生活的承受者，社会物质和精神财富的创造者、社会变革的推动者。中国共产党历来坚持人民主体地位，"以人民为中心"已经镌刻进中国共产党人的灵魂。中国共产党的理论渊源是马克思主义。马克思主义理论的重要组成部分和历史唯物主义的核心内容是人民主体性思想。马克思主义认为，历史是由人民群众创造的，经济社会发展是由人民推动的，社会变革取决于人民主体。人民是历史的物质承担者，是人类社会物质和精神财富的创造者。人民主观能动性的发挥，人民群众内生力量的激发，有效推动了历史前进。

1. 历史车轮滚滚朝前，是由人民推动的

马克思主义对此做了经典论述。马克思在《资本论》中写道："人类史同自然史的区别在于，人类史是我们自己创造的，而自然史不是我们自己创造的"[①]；"历史活动是群众的事业，随着历史活动的深入，必将是群众队伍的扩大"[②]。列宁对农民的重要作用从社会主义革命的角度做了论述，他认为"只有农民群众加入无产阶级的革命斗争，无产阶级才能成为战无不胜的民主战士"[③]。这些经典论述说明，人民群众主体意识觉醒后，将迸发出磅礴的力量，推促其积极主动地认识世界、改造世界，用社会实践活动成果实现自身需求；也通过不断的实践活动，推动社会历史朝前演进和发展，担当起创造历史的责任，扮演社会实践主体角色。马克思唯物史观显示，社会主义高级文明形态的诞生，就是无产阶级和资产阶级对立矛盾演化的结果。无产阶级作为先进生产力的代表，不断掀起反抗资产阶级剥削的革命斗争和运动，争取自身的权益，推动社会变革。因此，充分尊重人民群众的创造性和能动性，认知和肯定人民群众的主体力量，并采取措施激发人民群众创造社会实践的活动，这是马克思主义者的必然作为。

2. 人民是物质财富和精神财富的缔造者

马克思推翻了"绝对精神"的统治地位，从物质生产的角度明确了"现实的人"，即人在社会生产生活的实践过程中，不断发挥主观能动性。这为唯物史观奠定了重要的理论基础。人民作为历史的主体，缔造了每个

① 马克思, 恩格斯. 马克思恩格斯文集: 第5卷 [M]. 中共中央马克思恩格斯列宁斯大林著作编译局, 译. 北京: 人民出版社, 2009: 429.

② 马克思, 恩格斯. 马克思恩格斯文集: 第1卷 [M]. 中共中央马克思恩格斯列宁斯大林著作编译局, 译. 北京: 人民出版社, 2009. 287.

③ 列宁. 列宁选集: 第1卷 [M]. 中共中央马克思恩格斯列宁斯大林著作编译局, 译. 北京: 人民出版社. 1972: 551-552.

历史时期的物质财富和精神财富。

中国共产党作为用马克思主义武装起来的政党，从创立之初到艰难困苦的革命历程，再到新中国成立后的建设发展过程，一直坚持马克思主义唯物史观，充分尊重人民群众的主体地位，着重发挥人民群众的主体作用。新时代下的中国共产党人更是坚持人民主体性的思想，把人民的需求作为发展的中心，努力践行为人民谋幸福的初衷。习近平总书记在若干重要场合都强调坚持人民主体地位的原则和"以人民为中心"的根本立场，并以此指引新时代中国特色社会主义建设。正是在中国人民的不懈努力下，中国实现了伟大的发展飞跃①。这些思想是对马克思主义人民主体性思想的继承和当代实践，深刻认知了社会发展的动力源泉，强调了社会发展同人民力量的鱼水关系②。

2.4.2.2　实现农牧民主体地位是人民主体性在民族地区的具体实践

我国14亿多人民中，近5亿是农民。农民是人民的重要组成部分。马克思主义者非常重视农民的作用，认为农民是社会生产和政治体系中不可或缺的重要力量。1894年恩格斯在《法德农民问题》中提出，"从爱尔兰到西西里，从安达卢西亚到俄罗斯和保加利亚，农民到处都是人口、生产和政治力量的非常重要的因素"③，鲜明指出了农民的重要地位和作用。在这本书里，恩格斯也指出，农村居民中的小农是最重要的，小农问题是法德农民问题的中心问题。

我国历代领导人继承和发展了马克思主义，并基于中国具体国情，阐述了农民在中国革命和现代化进程中的推动作用。比如毛泽东在中华人民共和国成立初期指出："中国的主要人口是农民，革命靠了农民的援助才能成功"④，"中国这个国家，离开农民休想干出什么事情来"⑤。可见，革命的成功与农民的支持是密不可分的，必须要依靠农民。中国革命取得成功，建设完整国家工业体系也取得成功的重要前提就是获得了农民的支

---

① 习近平. 在第十三届全国人民代表大会第一次会议上的讲话［N］. 人民日报，2018-03-21（2）.

② 王丽丽. 创造性地运用人民主体性思想［J］. 刊授党校，2018（5）：16-17.

③ 马克思，恩格斯. 马克思恩格斯文集：第4卷［M］. 中共中央马克思恩格斯列宁斯大林著作编译局，译. 北京：人民出版社，2009：509.

④ 董边，镡德山，曾自. 毛泽东和他的秘书田家英：第一卷［M］. 北京：中央文献出版社，1989：63.

⑤ 董边，镡德山，曾自. 毛泽东和他的秘书田家英：第一卷［M］. 北京：中央文献出版社，1989：63.

持。习近平总书记更是在多个场合深刻阐释农民在乡村发展中的主体作用。比如在2017年召开的中央农村工作会议上，习近平总书记指出："实施乡村振兴战略，要坚持党管农村工作，坚持农业农村优先发展，坚持农民主体地位。"[①] 2018年习近平总书记在"两会"期间参加山东代表团审议时同样强调对农民积极性、主动性、创造性的调动，强调对农民意愿的尊重，指出实施乡村振兴战略必须坚持农民主体性原则。这种思想深刻地体现在了乡村振兴战略实施的各项顶层设计中，比如《乡村振兴战略规划（2018—2022年）》和《乡村振兴促进法》都提出必须坚持以人民为中心、坚持农民主体地位的根本原则。

民族地区总人口的组成结构中，农牧民占据了绝大多数。目前，民族地区城镇化率普遍不高，大多数人口还生活在乡村，比如2020年数据显示，凉山州喜德县农业人口占比91.1%，彝族人口占比90.5%。总体来看，2020年四川民族地区城镇化率基本在40%以下，也就意味着民族地区人口结构中60%是农牧民（如表2-1所示）。因此，对人民主体性原则的坚持，在民族地区场域下就体现为对农牧民主体原则的坚持，要求确立和凸显农牧民主体地位，承担主体角色，发挥主体作用，通过农牧民能动性、主动性和创造性的发挥，推动民族地区乡村产业兴旺、生态宜居、乡风文明、治理有效，从而实现农牧民富裕和乡村现代化目标。

表2-1　2020年四川部分民族地区城镇化率　　　　　单位:%

| 地区 | 城镇化率 | 地区 | 城镇化率 | 地区 | 城镇化率 |
|------|---------|------|---------|------|---------|
| 阿坝州 | 42 | 甘孜州 | 32.94 | 越西县 | 31.64 |
| 北川县 | 30.3 | 马边县 | 36.76 | 壤塘县 | 25.81 |

数据来源：根据2021年各州县政府工作报告和各县调研数据整理。

### 2.4.3　实现农牧民主体地位的历史逻辑：农民是乡村革命和改革成功的关键

历史证明，中国乡村每一次振荡和涤新、每一次繁荣和失败，与能否发挥农民的主体作用、能否激发农民内生动能有莫大的关系。坚持以农民为主体，乡村改革就能获得成功，乡村经济社会就能实现进步。农民是乡村劳动力的要素主体，是乡村生产力中最活跃的因素，是乡村改革的自变

---

① 中央农村工作会议在北京举行［N］. 人民日报，2017-12-30（01）.

量。乡村社会进步和农业经济发展都是以农民为核心的，农民作为乡村建设和发展的主体是客观决定的。

梳理历史进程可以发现，历次农民起义给予了朝代更迭、抹平阶级差异的动力，农民构成了中国革命的主要力量。20世纪中国革命的实质就是农民革命。新民主主义革命时期，农民是无产阶级最可靠的同盟军；土地革命时期，中国共产党人之所以取得成功，就是因为以打土豪、分田地的举措，激发了农民革命的积极性，释放出了农民的磅礴力量，探索出了一条农村包围城市的有效道路，成功建立了新中国；社会主义建设时期，农民作为人民的重要组成部分，是国家的主人，以主人翁的豪情参与国家建设。我国的完整的工业体系，也是靠千万农民进入城市和工厂支撑起来的。正如毛泽东所说，"农民——这是中国工人的前身。将来还要有几千万农民进入城市、进入工厂。如果中国需要建设强大的民族工业，建设很多的近代大城市，就要有一个变农村人口为城市人口的长过程"[①]。改革开放以来，农民更是乡村改革的发起者、参与者，乡村改革成果的享受者。改革开放初期，农民推动乡村进行家庭联产承包责任制改革，潜藏的生产积极性得到释放，积极主动参与农业生产，解决贫困问题，推动乡村社会生产力发展。除此以外，我国农民还首创了很多重要改革措施，乡村成为多项制度改革的策源地，比如乡镇企业的发展，土地流转，"三权分置"制度改革等。这些改革有效激发了农村动能，盘活了农村资源潜力，推动了乡村面貌逐步改变。以上这些都是正面证明。从另一方面来看，一些运动和革命，比如鸦片战争后的洋务运动、戊戌变法、辛亥革命等的失败，原因当然是综合性的，但缺乏对农民的动员、缺乏农民的参与是其中重要的一个原因。就乡村来说，20世纪二三十年代的乡村建设运动以失败告终，也在于那场运动的主体力量是知识精英。他们希冀通过教育改变乡村面貌，救乡村于贫穷落后，但没有认识到人民群众的主体地位，没有动员农民主动参与，农民被动接受各项培训和教育，内生动能被抑制和忽略，其磅礴力量没有被释放出来，乡村建设运动最终失败。

因此，新时代民族地区实施乡村振兴战略，必须遵从历史发展规律，始终坚持农牧民主体地位，注重激发农牧民主体意识和主观能动性，从而构建振兴和发展乡村的内生动力体系，让民族地区乡村真正成为农牧民的

---

① 毛泽东. 论联合政府 [M]. 北京：人民出版社，1953.

乡村，继续发挥他们的首创精神，在乡村振兴中延续历史规律。

### 2.4.4 实现农牧民主体地位的社会逻辑：乡村社会矛盾转换的必然要求

在国家区域版图和发展位势中，民族地区的社会属性更重于经济属性，对国家的社会和谐、安宁稳定具有相当重要的作用。民族地区乡村安，则国家安。坚持农牧民主体地位，符合我国国情，契合乡村社会发展实际，吻合社会主要矛盾破解要求。党的十九大报告指出，中国当下解决发展不平衡不充分问题是社会主要矛盾破解的要点。民族地区乡村是发展不平衡不充分的典型地域。比如四川省凉山州"一步跨千年"，在实现跨越的同时，也蓄积了巨大的发展不平衡不充分问题。但民族地区人民对美好生活的追求并不能打折扣，必须给予满足。正如习近平总书记强调的，要"把广大农民对美好生活的向往化为推动乡村振兴的动力，把维护广大农民根本利益、促进广大农民共同富裕作为出发点和落脚点"[1]。因此，民族地区实施乡村振兴战略的过程中，强调农牧民主体地位，关注农牧民需求，实现农牧民的根本利益，以政策撬动农牧民能动力，建构民族地区发展的内生性和持续性，是破解当前矛盾，建设和谐稳定、发展型社会的根本要义和抓手。这就要求各级政府、各级党组织始终要把民族地区的稳定放在中心位置，把民族地区乡村发展作为要务，把农牧民利益放在首位，发展为了农牧民，发展依靠农牧民，激发以农牧民自己之力创造美好生活，谋划民族地区新未来，拓展民族地区发展新境界。

## 2.5 实现农牧民主体地位的现实基础：民族地区乡村发展实践要求

2021年4月出台、6月1日开始实施的《乡村振兴促进法》已经从法律层面确定了乡村振兴必须遵循的原则之一，就是坚持农民主体地位。这充分说明坚持农民主体地位的战略要义，也明确显示对农民主体地位的认知和实践推进到了与现代化进程相匹配的高度。确立农民，包括农牧民主体地位，

---

① 顺应亿万农民对美好生活的向往[EB/OL]. (2018-10-11)[2020-03-20]. https://epaper. gmw.cn/gmrb/html/2018-10/11/nw. D110000gmrb_20181011_5-01.htm.

已不仅仅是理论层面的研究结论，更是民族地区乡村发展的现实呼唤。

### 2.5.1　实现农牧民主体地位是民族地区构建内生动力的需要

乡村振兴本身就是一个长期的历史过程，在民族地区乡村振兴更"路漫漫其修远"。艰辛、长期的奋斗不能延续脱贫攻坚中靠政府主力、主推、拉动的模式，必须通过激发农牧民主体意识，构建持续内生能力，破解脱贫攻坚中曾经出现过的"等、靠、要"困境，改变民族地区乡村农牧业发展落后、乡村建设缺乏活力、农牧民内生发展能力弱的问题。换句话说，民族地区乡村发展得好不好，能不能守住脱贫攻坚成果，有没有持续发展的潜力，不能单纯依靠政府投入的多少，关键在于磅礴的民间力量能否在政府引导下被调动、被激发、被挖潜。如果这股磅礴力量没有被调动，农牧民只是"旁站和旁观"，缺乏参与性，乡村振兴也许短期有效果，但长期必然缺乏延展力和持续性。

### 2.5.2　实现农牧民主体地位有利于缩小民族地区和其他地区的发展差距

中国目前存在的最主要问题是发展的不平衡和不充分问题。民族地区存在这两个问题的叠加。首先，民族地区同其他区域之间存在着巨大的发展差距，哪怕是四川内部，民族地区也长期是发展落后区域。2021年，四川地区生产总值排名最末的是两个民族州——阿坝州、甘孜州，这两个州的地区生产总值都仅占排名第一的成都的2.3%。而就民族地区内部来说，还存在着城市和农村地区的收入非均衡性。2021年，阿坝州城镇居民人均可支配收入40 132元，农村居民人均可支配收入17 161元，城乡居民人均可支配收入比值为2.34∶1；凉山州城乡居民人均可支配收入分别为37 452元、16 808元，城乡居民收入比值为2.23∶1；甘孜州城乡居民人均可支配收入分别为39 497元和15 379元，城乡居民收入比值为2.57∶1。这种收入的不平衡和巨大的收入差，影响了现代化进程，阻碍了共同富裕目标的实现。在乡村振兴战略深入推进中，坚持农牧民主体地位，有助于缩小城乡之间、区域之间的收入差距，推进共同富裕。

第一，坚持农牧民主体地位，有利于提高农牧民收入。提高农牧民收入依赖于两大途径：增加农牧业收入和非农收入。首先，农牧业收入是民族地区乡村居民收入的主要部分，也是农牧民收入增长的基础。坚持农牧民主体地位，意味着政策制定、举措实施的出发点都将落脚于维护农牧民的合法权益、促进农牧民增收等方面，比如保证农产品价格的合理性将有助于提升农牧民开发农牧产品的积极性和能动性。其次，以农牧民为主体将有效提高农牧民务工收入。外出务工是民族地区农牧民增收的一个重要渠道和方式。调研显示，三州地区农牧民增收 60% 以上依靠务工收入。当前民族地区着眼于农牧民增收，积极对农牧民开展各项职业培训，提升农牧民外出务工就业的竞争力、适应力，提升就业率，拓展农牧民收入。

第二，以农牧民为主体有利于实现以城带乡、城乡融合的战略目标。长期以来，我国存在区域之间、城乡之间的二元结构，体现了城乡之间的非均衡性。如若聚焦四川民族地区乡村，这种差异和非均衡性更为明显。四川民族地区乡村同其他地区，哪怕是跟其他地区的一些乡村相比，在产业条件、收入状况、教育和基础设施状况、公共服务等方面都存在极大的差距，更不用说四川民族地区同东部地区的差距了。比如 2020 年绵阳市涪城区每 10 万人中受大学及以上教育的人数为 24 074 人，而同期绵阳市北川羌族自治县（以下简称"北川县"）每 10 万人中受大学及以上教育的人数为 7 125 人，不到涪城区的 30%，差距非常大。只有以民族地区农牧民为主体，通过产业发展、人才培育、治理优化等，缩小民族地区和非民族地区、城乡之间的差距，才能实现城乡融合，共同发展。

### 2.5.3　实现农牧民主体地位有利于促进民族地区农业现代化发展

农业现代化是现代化强国的必然要义。民族地区农业现代化基础依然薄弱，是农业现代化和国家现代化的短板。在巩固拓展脱贫攻坚成果乃至后期的乡村振兴过程中，必须致力于研究民族地区农业现代化的路径。农牧民是民族地区农牧业发展的主体，农牧民的作为直接影响了民族地区农业现代化进程。第一，以农牧民为主体，将有助于推进民族地区的产业化和城镇化，加快民族地区农业现代化进程。第二，以农牧民为主体，将增加农业剩余。城镇化的不断推进是以农业剩余作为支撑的。马克思指出，农业生产劳动养活了整个社会，农业生产创造出来的农产品支持着非农业人口以从事非农业生产活动[①]。农业现代化必然要求土地的集中、农业生产的规模化和机械化。这一方面意味着土地产出增加，农业剩余被大量创

---

① 马克思，恩格斯. 马克思恩格斯全集：第 4 卷 [M]. 中共中央马克思恩格斯列宁斯大林著作编译局，译. 北京：人民出版社，1964.

造；另一方面，意味着农业生产人口的城镇化转移，大量的富余劳动力从土地上解放出来，随着城镇化进程涌入城市。一方面农民减少，另一方面产出增加，结果就是农民人均资源占有量增加。第三，农业产业化为城镇化提供动力。农业产业化本质上是农业生产方式和组织方式的前进与革新。农牧民通过延长生产链条，在农业生产、农产品精深加工、农产品国内外销售、农业生产技术和信息服务、农文旅融合等方面拓展经营，拓展增收渠道。比如在凉山州冕宁县，农民通过产业化种植油橄榄和高原水果，平均增收 1 200 元/亩①，农民越来越富裕。第四，随着农业产业化的不断发展，农民同城市商业之间的连接性更强，民族地区乡村因位置偏远造成的同城市之间、同其他地区之间的地域、文化壁垒将被打破，城市文明也会不断向乡村渗透，城乡差别逐渐缩小的同时城镇也在不断扩张。

### 2.5.4　实现农牧民主体地位有利于城乡公共服务均等化目标的实现

多年来中央一号文件和四川省委一号文件都明确要求推进城乡公共服务均等化，并且在"十四五"规划目标里也对其进行了明确谋划。国家和四川省都力图通过构建城乡公共资源均衡配置机制，促使乡村医疗、教育、社会保障、公共文化等领域的设施规模扩大和服务质量提升。以农牧民为主体，有利于这种目标的实现。

首先，坚持农牧民主体地位，将有效引导教育公共服务资源配置，以满足乡村需求，有助于国家和省级的教育政策和资金向民族地区倾斜，不断推动民族地区乡村教育基础设施完善和升级，从而以教育服务设施和服务水平的提高，促推农牧民受教育水平和受教育质量的提升，最终推进区域之间、城乡之间的办学硬件、教育投入状况、教师力量状况、教学质量评估标准等的一体化。

其次，坚持农牧民主体地位，将引导城乡医疗资源均等化，有利于维护农牧民的基本利益，推动民族地区逐渐构建起符合地域特征的乡村卫生服务体系和网络。一方面，不断在民族地区乡村完善医疗卫生服务机构设置和卫生服务人员配置。当前，民族地区镇县医院卫生健康服务已经完全覆盖了乡村。另一方面，民族地区乡村农牧民医疗保障不断健全，覆盖面

---

①　1亩≈667平方米，下同。

扩大，功能和深度拓展，使农牧民和城市居民共享改革发展成果。

最后，以农牧民为主体的城乡就业均等化，有利于构建覆盖乡村、统一规范的劳动力市场体系，为农牧民增收拓展渠道。民族地区在推进城乡就业公共服务均等化上一直不遗余力，通过公布面向城乡的就业信息和渠道，增加提升农牧民素质和技能的短期培训以及长远教育投入，缩小农牧民同城镇居民就业竞争力的差距，制定保障城乡居民就业服务权利公平的制度等，维护社会稳定，逐渐消除城乡差异。

### 2.5.5 实现农牧民主体地位有利于建构起科学的乡村振兴力量支撑

民族地区乡村在脱贫攻坚后要获得更长远、更持续的发展，必须重新认知政府和农牧民的关系，重新架构推进乡村发展的力量支撑。根据前文的理论分析可以知道，其关键就是要从上到下、从各个层面重新梳理和认知乡村发展的主体力量，厘清各种力量的关系定位，特别是将农牧民群体的主体性权利置于乡村社会发展逻辑中，尊重农牧民实际情况，提出针对性措施破解当前乡村发展困境，建构国家与农民、农民与基层政权良性互动的关系。要立足于村民主体，尊重村民创造性，激发村民活力，内化村民行为。

对于民族地区农牧民来说，要让他们充分意识到其在乡村振兴中的主体地位，领会到政府主要起引导作用而非主导作用。要通过切实研究后的制度设计和路径构建，促使农牧民在思想意识上、行动举措上告别对政府的惯性依赖，建构起自我建设、自我服务、主动参与、有效监督的主体体系，也促使乡村振兴在政府职能转换、农牧民主体地位实现下走得更稳，更远，更有效能。比如四川省阿坝州公布的《阿坝州巩固拓展脱贫攻坚成果同乡村振兴有效衔接的实施方案》中就总结了脱贫攻坚中存在的问题，将坚持农牧民主体地位和激发群众内生动力作为工作原则，提出规避可能出现的政策养懒汉和泛福利化倾向，重在塑造农牧民高远志向，建设农牧民参与乡村发展的智力支撑体系，通过树立典范的形式引领农牧民勤劳致富、劳动致富。

有效发挥农牧民主体作用对于农牧民生活技能、知识技能的提高也有很大帮助。作用发挥需要技能筑基，技能提升有助于作用发挥。两者之间存在着互相促进的关系。农牧民越是在生产生活中居于主体地位，发挥主体作用，越有动力和条件去提升各项技能。这种良性循环不仅改变了乡村面貌，也改变了农牧民自身面貌。农牧民不再完全依赖政府的安排，政府也减轻了压力。乡村振兴的主体是农牧民，只有发挥农牧民的主体作用和政府的宏观调控作用，美好乡村才能真正建设成功。与此同时，为有效发挥农牧民主体作用，政府也要适时调整政策方针，认真解决农牧民的切身困难，保障农牧民的切身利益。

# 3 农牧民主体地位评价模型构建
与客观评价

构建农牧民主体地位评价体系并进行定量评价，是进一步进行其他研究的基础。构建评价体系的依据是农牧民主体地位的内涵，评价方法采用熵值法和主成分分析法，以进行互相检验和印证。

## 3.1 模型构建

### 3.1.1 指标选择原则

乡村振兴下的农牧民主体性，在不同领域、不同要求下有不同的表现，总体表现为自主性、自觉性、自为性和创造性。本书在研究农牧民主体性时，以习近平总书记提出的"五大振兴"为方向和基础，考虑到民族地区农牧民参与领域的现状，参照"五大振兴"，但不完全重合于"五大振兴"，认为可以从产业发展、生态建设、文化建设、乡村治理、生活状况等领域考察农牧民主体性。由此出发，本书选取熵值法从这五个领域建立指标来评价乡村振兴战略中农牧民主体地位。整体来看，指标体系构建主要遵循了指标具有系统性、行为导向性强、指标因地制宜和可操作性强四个基本原则。

第一，指标具有系统性原则。农牧民主体地位评价指标体系中，一级指标包含了产业发展、生态建设、文化建设、乡村治理、生活状况五个方面。既考虑到了乡村振兴战略的系统性和复杂性，以及国家对乡村振兴的系统要求；也参考了调研中观察到的民族地区农牧民当前主要的作为领域，以高度呈现农牧民主体地位的复合性。

第二，行为导向性强原则。农牧民主体地位评价指标体系的构建，应该对引导社会各界充分认知农牧民在乡村振兴中的主体地位、激励农牧民发挥主体作用等方面的改革有参考和借鉴意义，为民族地区全面推进乡村振兴、获得更好发展提供方向引导。

第三，因地制宜原则。评价指标选择必须因地制宜，考虑地域特征。这是科学测算和评价对象性状的必然要求。指标体系构建只有适合民族地区地域特色和具体情况，才更有价值，更能反映现实情况。因此农牧民主体地位评价指标体系的构建应当明确农牧民主体地位的内涵以及调研地区的特殊性。

第四，可操作性强原则。考虑基础数据的可获得性是指标体系构建的前提。如果不能获取相应数据，那么即使构建了模型，也无法进行下一步研究。同时，指标体系应确保所选取的指标能够有相应的数据支撑，并且数据齐全，在保证结果客观真实的同时，科学体现农牧民主体地位特征，做到指标可收集和可量化。

### 3.1.2 指标体系框架

从上述原则出发，我们构建了农牧民主体地位评价指标体系，如表 3-1 所示。一级指标基于乡村振兴的总要求出发，涉及五个领域；二级指标按照这五个领域内农牧民的可能和可以作为情况进行构建。

表 3-1　农牧民主体地位评价指标体系

| | 一级指标 | 二级指标 |
|---|---|---|
| 农牧民主体地位 | 产业发展 | $C_1$：参与产业发展程度 |
| | | $C_2$：参与专合社程度 |
| | | $C_3$：土地流转比例 |
| | | $C_4$：家庭参与产业经营比例 |
| | 生态建设 | $C_5$：参与环境治理程度 |
| | | $C_6$：所在村生态环境状况 |
| | | $C_7$：生活垃圾处理状况 |

表3-1(续)

| 一级指标 | | 二级指标 |
|---|---|---|
| 农牧民主体地位 | 文化建设 | $C_8$：参与传统文化保护程度 |
| | | $C_9$：参与乡村文化建设状况 |
| | | $C_{10}$：参与文化娱乐活动频率 |
| | | $C_{11}$：参与乡村社会建设程度 |
| | 乡村治理 | $C_{12}$：村两委在乡村治理方面发挥作用状况 |
| | | $C_{13}$：村上的事务知晓情况 |
| | | $C_{14}$：参与村民会议或代表会议进行民主决策状况 |
| | | $C_{15}$：对《中华人民共和国村民委员会组织法》了解程度 |
| | 生活状况 | $C_{16}$：农民人均纯收入 |
| | | $C_{17}$：在家或者外出打工情况 |
| | | $C_{18}$：农田撂荒情况 |
| | | $C_{19}$：收入渠道 |

### 3.1.3　农牧民主体地位评价方法

#### 3.1.3.1　熵值法

本书选取熵值法作为评价方法。针对多数据样本，熵值可作为判断某一具体指标离散程度的依据。如果该具体指标的离散程度较高，那么这一指标对总体评价结果将产生较大影响。因此，熵值法通过指标所提供的信息，测算各指标的权重，确保结构更客观，避免主观判断的影响。具体计算步骤如下：

#### 1. 数据标准化处理

设定有 $n$ 个农牧民和 $m$ 个指标，$X_{ij}$ 表示第 $i$ 个农牧民、第 $j$ 个指标的值。在各项指标的计量单位以及方向不统一的情况下，需要对数据进行标准化，为了避免求熵值时对数无意义，可以为每个 0 值加上较小数量级的实数，如 0.01。

设定 $X_{ij} = |X_{ij}|$，不同性质的指标处理方法不同：

正向指标的标准化公式为

$$u_{ij} = \frac{x_{ij} - \min(x_{ij})}{\max(x_{ij}) - \min(x_{ij})} \qquad (3-1)$$

负向指标的标准化公式为

$$u_{ij} = \frac{\max(x_{ij}) - x_{ij}}{\max(x_{ij}) - \min(x_{ij})} \qquad (3-2)$$

其中，$u_{ij}$ 为第 $i$ 个农牧民、第 $j$ 个评价指标的标准化处理结果，$x_{ij}$ 为第 $i$ 个农牧民、第 $j$ 个评价指标的原始值，$\max(x_{ij})$ 为原始值的最大值，$\min(x_{ij})$ 为原始值的最小值。

2. 计算指标权重

为了构建农牧民主体地位评价的可比数据，本书采用熵值法确定指标权重。每个指标的熵的计算方法如下：

第 $i$ 个农牧民该指标占第 $j$ 项指标总和的比重为

$$p_{ij} = u_{ij} / (\sum_{i=1}^{n} u_{ij}) \qquad (3-3)$$

其中，$p_{ij}$ 为第 $j$ 项指标下第 $i$ 个农牧民占该指标的比重；$u_{ij}$ 为第 $i$ 个农牧民、第 $j$ 个指标的标准化处理结果。

第 $j$ 项指标的熵值为

$$E_j = -\ln(n)^{-1} \sum_{i=1}^{n} p_{ij} \ln p_{ij} \qquad (3-4)$$

其中，$p_{ij} = u_{ij} / (\sum_{i=1}^{n} u_{ij})$ 是第 $i$ 个农牧民、第 $j$ 个评价指标占该指标总和的比重。如果 $p_{ij} = 0$，则定义 $\lim\limits_{p_{ij} \sim 0} p_{ij} \ln p_{ij} = 0$。

编码冗余度为

$$d_j = 1 - E_j \qquad (3-5)$$

其中，$d_j$ 为编码冗余度；$E_j$ 为 $j$ 指标的熵值。

最后，利用熵值法估算各指标的权重，测算出的权重越高，该指标就越重要。指标权重为

$$W_j = \frac{1 - E_i}{K - \sum E_i} \qquad (3-6)$$

3. 计算最终得分

农牧民主体地位最终得分为

$$S_i = \sum_{j=1}^{m} W_j \cdot p_{ij} \qquad (3-7)$$

其中，$S_i$ 是第 $i$ 个农牧民的主体地位的综合得分；$W_j$ 是第 $j$ 个指标的权值；$p_{ij}$ 是第 $i$ 个农牧民、第 $j$ 个评价指标占该指标总和的比重。

### 3.1.3.2 主成分分析法

主成分分析法自 1933 年被提出后，得到了广泛推广和运用。学者们在进行实证研究和数据分析时，经常会遇到变量之间存在相关性和互相关联性的情况，因此，需要运用线性组合方法选择变量，Hotelling 由此构建了主成分分析法。他认为在分析数据的过程中，可以通过提取具有相关性的变量之间的共同信息，从相关变量中选取最具代表性的一个或几个变量，通过线性组合的方式代表其他变量，并通过增加线性组合的个数来提取尽量多的信息。这些综合变量被称为主成分，各主成分彼此不相关，即所代表的信息不重叠。

最经典的做法就是用 $F_1$（$F_1 = a_{11}X_1 + a_{21}X_1 + \cdots + a_{p1}X_p$）的方差来表达，具有最大方差的线性组合为 $F_1$，即第一主成分。一般来说，一个主成分所提取的信息难以满足数据分析的需要，通常需要选取多个线性组合，构造第三、第四……第 $p$ 个主成分。同时要确保不同主成分所提取的信息不会相互重叠。具体公式为

$$
\begin{cases}
F_1 = a_{11}X_1 + a_{12}X_2 + \cdots + a_{1p}X_p \\
F_2 = a_{21}X_1 + a_{22}X_2 + \cdots + a_{2p}X_p \\
\qquad \cdots \\
F_m = a_{m1}X_1 + a_{m2}X_2 + \cdots + a_{mp}X_p
\end{cases}
\qquad (3-8)
$$

其中，$\mathrm{Cov}(F_i, F_J) = 0$；$F_1$ 是 $X_1$，$X_2$，$\cdots$，$X_p$ 的一切线性组合中方差最大的。

主要计算步骤如下：

1. 计算协方差矩阵

协方差矩阵为

$$
\sum = (S_{ij})_{p \times p} \qquad (3-9)
$$

其中，

$$
s_{ij} = \frac{1}{n-1} \sum_{k=1}^{n} (x_{ki} - \overline{x_i})(x_{kj} - \overline{x_j}) \ (i = 1, 2, \cdots, m; j = 1, 2, \cdots, p)
$$

$$(3-10)$$

2. 求出 Σ 的特征值 $\lambda_i$ 及相应的特征向量 $a_i$

Σ 的前 $m$ 个较大的特征值 $\lambda_1 \geq \lambda_2 \geq \lambda_3 \geq \cdots \geq \lambda_m > 0$，就是前 $m$ 个主

成分对应的方差，$\lambda_i$ 对应的单位特征向量 $a_i$ 就是主成分 $F_i$ 关于原变量的系数。则原变量的第 $i$ 个主成分 $F_i = a_i'X$。

主成分的方差（信息）贡献率 $a_i$ 用来反映信息量的大小：

$$a_i = \lambda_i / \sum_{i=1}^{m} \lambda_i \qquad (3-11)$$

3. 选择主成分

最终要选择几个主成分，通过方差累计贡献率 $G(m)$ 来确定：

$$G(m) = \sum_{i=1}^{m} \lambda_i / \sum_{k=1}^{p} \lambda_k \qquad (3-12)$$

一般来说，当 $G(m)$ 大于 70% 时，提取的信息就足够反映其他变量，即抽取前 $m$ 个主成分。

4. 计算主成分载荷

主成分载荷反映了主成分 $F_i$ 与原变量 $X_j$ 之间的相关性。原来变量 $X_j(j = 1, 2, \cdots, p)$ 在各主成分 $F_i(i = 1, 2, \cdots, m)$ 上的荷载为 $l_{ij}(i = 1, 2, \cdots, m; j = 1, 2, \cdots, p)$。

成分荷载公式为

$$l(Z_i, X_j) = \sqrt{\lambda_i} a_{ij} (i = 1, 2, \cdots, m; j = 1, 2, \cdots, p) \qquad (3-13)$$

5. 计算主成分得分

主成分得分为

$$F_l = a_{1l}X_1 + a_{2l}X_2 + \cdots + a_{pl}X_p (i = 1, 2, \cdots, m) \qquad (3-14)$$

原指标相关系数矩阵相应的特征值 $\lambda_i$ 为主成分方差的贡献，方差的贡献率为 $a_i = \lambda_i / \sum_{i=1}^{p} \lambda_i$，$a_i$ 越大，说明相应的主成分反映综合信息的能力越强，可根据 $\lambda_i$ 的大小来提取主成分。

### 3.1.3.3 实证分析方法

实际应用时，由于各指标的量纲具有差异性，不能直接进行计算，因此首先要对指标进行数据无量纲化处理，使得不同属性的各指标具有可比性，即做如下数据变换：

$$x_{ij}^* = \frac{x_{ij} - \overline{x_j}}{s_j} \quad i = 1, 2, \cdots, n; j = 1, 2, \cdots, p \qquad (3-15)$$

其中，$\overline{x_j} = \frac{1}{n} \sum_{i=1}^{n} x_{ij}$，$s_j^2 = \frac{1}{n-1} \sum_{i=1}^{n} (x_{ij} - \overline{x_j})^2$。对变量进行标准化变换后的协

方差就是其相关系数。标准化前后，变量的相关系数矩阵不变化。

在进行主成分分析之前，通常需要对数据的相关程度进行分析和检验。KMO 和 Bartlett 检验可用于检验各变量之间的相关性，如果检验出来的结果不符合要求，就不会再考虑这类方法。KMO 可以衡量变量间简单相关系数和偏相关系数，取值范围为 [0，1]。KMO 越趋近于 1，变量间的相关性越强，表明该数据越适合做主成分分析；KMO 越接趋近于 0，意味着变量间的相关性越弱，原有变量越不适合做因子分析。Bartlett 检验的具体原理是计算不同变量之间的卡方值，再依据卡方值来判断各变量之间的方差是否相等。Bartlett 检验的零假设为相关系数矩阵是一个单位阵，即主对角线上的元素均为 1 的方阵，其余元素全都为零。Bartlett 检验依据相关系数矩阵测算出统计量，如果测算出的对应相伴概率值小于指定的显著性水平，拒绝零假设，则原有变量存在关联，可以进行主成分分析；反之，零假设成立，原有变量不相关，不能进行主成分分析。

## 3.2 典型调研区域概况

课题组分别于 2019 年 8 月、2020 年 11 月、2021 年 7 月和 10 月、2022 年年初对四川省阿坝州马尔康市、九寨沟县、松潘县、红原县、汶川县、理县、茂县、壤塘县；甘孜州康定市、稻城县、九龙县；凉山州西昌市、喜得县、冕宁县、布拖县、昭觉县，以及峨边县、北川县的部分乡村进行了调研。在阿坝州和甘孜州主要对县级领导干部、村两委成员开展座谈，对村民进行个别访谈和问卷调查；在凉山州主要对村两委干部、第一书记工作队和村民进行访谈，对村民进行问卷调查。在座谈中，主要了解调研地区乡村经济社会发展情况和乡村振兴推进情况（包括乡村产业发展、基础设施建设、乡村治理特别是生态环境治理、文化传承等内容）；在访谈中主要了解农牧民就业和收入情况，农牧民参与产业发展和乡村治理情况。另外，课题组充分收集了相关职能部门和村上提供的文件、资料，特别是村庄的人口学统计数据。

考虑到问卷调查数据可分析性和可对照性，本书在做民族地区农牧民主体地位评价定量分析时，主要以凉山州问卷调研数据进行分析。其他州，包括阿坝州和甘孜州的调研数据作为第3章现状呈现的数据支撑。课题组选择了凉山州东北一线的四个村进行调研。这四个村各有特色，处于不同类型区域，其乡村振兴推进情况具有一定的代表性和典型性。其中喜德县红星村是彝族聚居乡村；冕宁县彝海村是多民族聚居乡村；布拖县博作村是一个文化资源比较富集的乡村；昭觉县沐恩邸社区是易地搬迁集中安置点。

下面就这几个调研乡村的经济社会情况进行介绍。

### 3.2.1　喜德县红星村

喜德县红星村是一个以彝族居民为主、以畜牧业为支柱产业的高山贫困村，背邻瓦吉莫梁子，西北与贺波洛基打村接壤，东北与乐武乡里柯惹村接壤，处于高山与二半山中心位置，平均海拔在2 300米左右，气候类型属于雅江温暖带，为西昌、巴塘亚热带气候区的气候过渡区，因此同时具备两种气候类型，但多数为北亚热带气候。平均气温13 ℃左右，温差较大（-9 ℃~35 ℃），降水多（年均降水量1 121毫米），日照长（年均日照2 010个小时）；面积广（14.2平方千米），境内海拔高（250~3 200米）。全村作物种植情况如表3-2所示。

表3-2　红星村作物种植状况　　　　　　　　　　单位：亩

| 种植作物 | 面积 |
| --- | --- |
| 马铃薯 | 3 000 |
| 荞麦 | 1 000 |
| 玉米 | 600 |
| 燕麦 | 400 |
| 核桃 | 2 600 |
| 白及 | 36 |
| 花椒 | 1 000 |

红星村有5个村民小组，有党员31名，人均年收入7 600元。全村已脱贫户58户254人，监测户16户53人，现有524户2 194人，其中劳动力1 036人。全村共有低保户105户298人，残疾户43户50人。60岁以

上老人 129 人，学龄前儿童 253 人，义务教育阶段儿童 397 人。18~49 岁育龄妇女 286 人，达到生育上限妇女 184 人，外出务工人员 123 人，每人每年务工收入平均达到 50 000 元。村集体向广阔农业科技有限公司投资 44 万元，按照第一年 8%、第二年 10% 计算利息；向红星村生猪代养点投资 30 万元，每年利息 1.8 万元；村上养蜂、种植花椒年收入 20 万元。村民原布曲洛种植白及 13 亩，阿西子坡养殖 12 头牛。

### 3.2.2 冕宁县彝海村

冕宁县彝海村地处安宁河谷上游，位于冕宁县城北部 37 千米处，是红色革命老区，"彝海结盟"遗址所在地，属典型的高寒二半山区，系彝族聚居村。村境内属高山湖盆区，相对高度北高南低，地势西高东低，面积 80.8 平方千米，规划保护面积 30 平方千米。主要自然灾害有冰雹、旱涝、风灾、山洪、泥石流、虫灾。种植的经济作物主要为马铃薯、玉米、花椒。畜牧以养殖牛、羊、猪、家禽为主。

全村共有 11 个村民小组，1 105 户 4 626 人，低保户 112 户 396 人，贫困户 181 户 891 人，监测户 25 户，边缘户 20 户。2016—2021 年，彝海村一直得到中国人民解放军战略支援部队基础设施建设、安全住房建设、人畜饮水工程、产业结构调整、教育帮扶激励等方面的全方位帮扶。具体帮扶成效如下：

2016 年 11 月始，在战略支援部队援建 800 万元的支持下，彝海村建设了结盟新寨，改善了农牧民居住条件。

2017 年彝海村利用 200 万元帮扶资金，发展集体经济，种植大红袍花椒 30 亩，改善村庄产业状况和基础设施，硬化阿加巴呷道路等，给全体村民发放价值 20 万元的援助物资。

2018 年彝海村利用 200 万元帮扶资金，种植大红袍花椒 676 亩，追加阿加巴呷道路硬化资金，修建彝海村各组基础设施，开挖彝海村 5 组瓦洛拉达毛路 1.3 千米，修复旧民居，给全体村民发放衣物、军大衣等价值 20 万元，用 30 万元成立村教育基金会，资助成绩较好的学生完成学业。

2019 年彝海村利用 200 万元帮扶资金，开挖 3 组毛路、进行 1、4 组饮水改造、开展移风易俗工作等，给全体村民发放价值 90 万元的粮油、大米等物资，给 3 户贫困户发放 4.5 万元资助金，修建野鸡洞幼儿园。

2020 年，彝海村对 1、3、5 组通组道路进行新建、硬化，总计投入帮扶资金 200 万元。

### 3.2.3 布拖县博作村

布拖县博作村贫困程度曾经非常深，贫困户曾经接近全村户数的一半（总户数239户，贫困户104户，占比43.5%），涉及贫困人口479人。一个原因就是博作村海拔高，地貌复杂，自然条件差。在国家脱贫攻坚政策的有力支持下，博作村已经脱贫。目前，四川省能投集团定点帮扶博作村。

### 3.2.4 昭觉县沐恩邸社区

昭觉县城北镇沐恩邸社区是2019年昭觉县委县政府统一部署、在县城周边建设的5个易地搬迁集中安置点中最大的一个，地处城北镇谷都村，总占地面积207亩，总建筑面积13.34万平方米，房屋建设类单价投入2 619元/平方米。2020年5月安置了来自全县28个乡37个村的易地扶贫搬迁户1 428户6 258人，现有1 426户6 575人，其中随迁户9户21人。社区有党员76名，其中居民党员63名。社区建有1个社区警务室和1个社区卫生室。社区周边有第一初级中学1所，第一小学1所，第三小学1所，特殊教育学校1所。学校总建筑面积9.26万平方米。目前沐恩邸社区在第三小学就读的学生有1 060名。

昭觉县委县政府为解决沐恩邸社区贫困户就业问题，一是为其量身建设5个现代农业园区、新建口罩厂1个、在建服装厂1个、彝绣工坊4个，让更多群众就近务工。二是成立就业创业服务站，专门从事劳务输出工作，解决一批有劳动力、有意愿外出务工搬迁户就业问题。三是开发公益性岗位。

贫困户就业渠道主要有以下几类：第一，外出务工。沐恩邸社区有劳动力的家庭共有1 153户，劳动力人口2 792人。劳动力人口中已外出务工1 636人，其中省外务工1 461人，省内州外务工98人，州内县外务工77人。第二，就近就地就业。县内务工246人，有129人在产业园区务工，其他人员主要从事建筑、餐饮等行业，由于多以打零工为主，无法具体统计。第三，自主创业。自主创业40人，主要从事运输业、做小买卖等。32人申请产业补贴从事养殖业。第四，公益性岗位就业。公益性岗位就业350人，其中楼栋长50人，社区保洁人员250人，河道保洁员30人，巡逻员20人。第五，居家灵活就业。居家灵活就业337人，其中绣娘220人，其他居家灵活就业117人。

## 3.3 农牧民主体地位客观评价

课题组在喜德县红星村、冕宁县彝海村、布拖县博作村、昭觉县沐恩邸社区以乡村振兴中农牧民主体地位实现情况为主题进行了问卷调研。累计发放问卷 393 份，其中有效问卷 388 份，问卷有效率为 98.7%。问卷主要从产业发展、生态治理、乡村建设、文化建设、生活状况五个方面设置问题，目的是调研这些领域中农牧民主体地位实现情况，了解农牧民主体作用发挥情况。

### 3.3.1 样本人口结构特征

有效问卷中，样本农牧民的基本特征为：①男性占比高于女性，其中男性农牧民占比 55.67%，女性农牧民占比 44.33%。这是由于调查问卷分两种方式发放填写，一是利用村上集会时间发放填写，而参与村上集会的多是男性农牧民；二是村委成员带调查人员入户填写。受传统的重男轻女思想影响，凉山州乡村男性受教育水平普遍高于女性，而且外出经历多于女性，懂汉语的男性多于女性，因此村委成员通常将调查人员带到有男性的农牧民家里进行问卷调查，导致样本农牧民男性多于女性。②被调查对象年纪偏大。调查样本显示，18~25 岁农牧民占比为 22.68%，26~35 岁农牧民占比为 14.43%，36~50 岁农牧民占比为 18.56%，50 岁以上农牧民占比为 44.33%。这表明大部分青壮年农牧民选择外出打工。③从整体上看，受访农牧民受教育水平较低。文盲占比 52.58%，小学学历占比 23.71%，初中学历占比 14.43%，高中学历占比 8.25%，大专及本科以上学历占比 1.03%。同时，仅有 15.46% 的农牧民还兼职其他工作。样本基本情况如表 3-3 所示。

表 3-3　样本基本情况

| 变量 | 指标 | 人数/人 | 比例/% |
| --- | --- | --- | --- |
| 性别 | 男 | 216 | 55.67 |
| | 女 | 172 | 44.33 |

表3-3(续)

| 变量 | 指标 | 人数/人 | 比例/% |
|------|------|---------|--------|
| 年龄 | 18~25 岁 | 88 | 22.68 |
| | 26-35 岁 | 56 | 14.43 |
| | 36~50 岁 | 72 | 18.56 |
| | 50 岁以上 | 172 | 44.33 |
| 受教育水平 | 文盲 | 204 | 52.58 |
| | 小学 | 92 | 23.71 |
| | 初中 | 56 | 14.43 |
| | 高中 | 32 | 8.25 |
| | 大专及本科以上 | 4 | 1.03 |
| 政治面貌 | 中共党员 | 12 | 3.09 |
| | 民主党派 | 0 | 0.00 |
| | 共青团员 | 32 | 8.25 |
| | 群众 | 344 | 88.66 |
| 职业 | 农牧民 | 328 | 84.54 |
| | 个体经营者 | 20 | 5.15 |
| | 基层干部 | 8 | 2.06 |
| | 其他 | 32 | 8.25 |

### 3.3.2 农牧民主体性现状特征

问卷调查的目的是对乡村振兴中农牧民主体地位实现情况和主体作用发挥情况进行评价。因此,在调查问卷中,课题组设置了农牧民对乡村振兴战略的了解情况、参与乡村各方面发展的意愿情况、在乡村振兴各项事务中的参与程度以及自己对主体地位的认知情况四个方面的相关问题(调查问卷见附录),以期对当前民族地区乡村振兴中农牧民主体地位现实状况及其特征进行摹画。

3.3.2.1 农牧民对乡村振兴战略的了解程度

本次问卷通过设置"您对乡村振兴战略了解吗?"以及"通过什么渠道了解的?"这两个问题,调查农牧民对乡村振兴战略的了解情况。如图3-1和图3-2所示,有69.09%的农牧民对乡村振兴战略有了解和认知,也就意味着有30.91%的农牧民不了解乡村振兴战略。这主要是由于部分受调查农牧民年龄较大,文化程度较低。在了解乡村振兴战略的农牧民中,有81.58%的农牧民既通过村两委宣传了解,也主动从媒体了解,仅有极少部分农牧民未从村两委宣传了解。这表明民族地区乡村振兴战略宣传和实施的主要力量还是村两委。

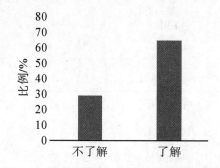

**图3-1　是否了解乡村振兴战略的调查结果**

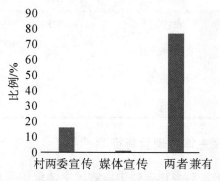

**图3-2　了解渠道的调查结果**

3.3.2.2 农牧民参与乡村振兴战略的意愿

本次问卷通过设置"您是否愿意参与村里的产业发展、社会治理、传统乡村文化的发掘和保护?"这一问题,调查农牧民参与乡村振兴的意愿。如图3-3所示,98.2%的农牧民愿意参与乡村振兴战略。这表明在乡村振兴战略实施过程中,农牧民的参与意愿是非常高的。这与脱贫攻坚中,政府的大力宣传和政策帮扶有很大的关系。

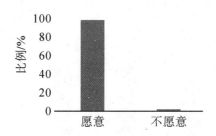

**图 3-3　是否愿意参与乡村振兴战略的调查结果**

### 3.3.2.3　农牧民对乡村振兴各项事务的参与程度

本次问卷通过设置"您当前参与了哪些乡村事务?"这一问题,调查农牧民对乡村振兴各项事务的参与程度。如图 3-4 所示,50.09%的农牧民参与了乡村振兴中的产业发展,90.01%的农牧民参与了环境治理,60.91%的农牧民参与了乡村社会建设,50%的农牧民参与了传统文化保护,同时仍有 8.18%的农牧民并未参与任何乡村事务,可以发现农牧民对乡村振兴战略实施的参与度还有提升的空间,特别是在产业发展和传统文化保护方面。

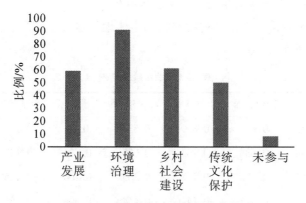

**图 3-4　参与乡村事务的调查结果**

### 3.3.2.4　农牧民对乡村振兴战略实施主体的认知状况

本次问卷通过设置"您认为乡村振兴,谁的作用最关键?"这一问题,调查农牧民对乡村振兴战略实施主体的认知程度。如图 3-5 所示,仅有50%的农牧民认为自身才是乡村振兴战略实施的主体,58.18%的农牧民认为村两委能发挥更关键的作用,59.09%的农牧民认为政府是乡村振兴战略实施的主体,同时也有 4.55%的农牧民认为外来人口对推动乡村振兴起关键作用。这表明农牧民对自身在乡村振兴战略实施中的主体作用认知程度还有待提高。

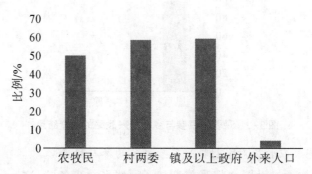

图 3-5　农牧民认为乡村振兴谁更能发挥作用的调查结果

### 3.3.3　农牧民主体地位的评价与分析

本书基于 SPSS AU 软件，采用熵值法和主成分分析法从产业发展、生态建设、文化建设、乡村治理、生活状况五方面对农牧民在乡村振兴中的主体地位进行评价。

#### 3.3.3.1　基于熵值法的农牧民主体地位评价

我们基于熵值法对四个村的农牧民主体地位进行了评价，模型测算结果如表 3-4 所示。

表 3-4　样本基本情况

| | 产业发展 | 生态建设 | 乡村治理 | 文化建设 | 生活状况 | 综合评价 |
|---|---|---|---|---|---|---|
| 喜德县红星村 | 0.939 | 0.829 | 0.534 | 0.53 | 0.175 | 0.503 |
| 冕宁县彝海村 | 0.688 | 0.705 | 0.635 | 0.736 | 0.157 | 0.461 |
| 布拖县博作村 | 0.555 | 0.707 | 0.265 | 0.404 | 0.225 | 0.334 |
| 昭觉县沐恩邸社区 | 0.425 | 0.541 | 0.454 | 0.609 | 0.463 | 0.485 |
| 总体 | 0.694 | 0.688 | 0.461 | 0.563 | 0.27 | 0.446 |

图 3-6 用雷达图对得分结果进行了展示。总的来看，四个乡村总体上存在农牧民主体地位不凸显的情况，但在不同领域，农牧民主体地位存在乡村分异。在产业发展领域，红星村农牧民主体地位展现得更突出。彝海村靠河，生态建设和产业发展同步推进，农牧民享受到了生态建设的红利，在这一板块参与的积极性更高。博作村地理位置相对偏远，乡村发展滞后性更强，因此在各个领域的农牧民主体地位都不显著。

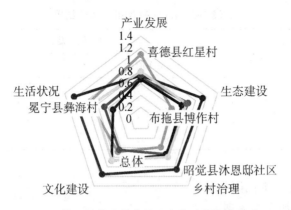

图 3-6　基于熵值法的农牧民主体地位评价得分

#### 3.3.3.2　基于主成分分析法的农牧民主体地位评价

为更加准确地了解乡村振兴战略实施过程中农牧民主体地位实现情况，课题组随机抽取 4 个村进行综合分析，进而得出农牧民在产业发展、生态建设、文化建设、乡村治理、生活状况五个方面主体地位实现情况。只有理清现状才能有针对性地提出改进措施。在评价方法上，本节采用了主成分分析法。

主成分分析法适用的前提是不同指标之间没有相关性。因此首先要对各指标进行相关性检验，确保彼此的独立性，否则评价结果缺乏准确性。因此，在进行评价之前，首先运用 SPSS 22.0 软件对不同指标之间的相关矩阵进行分析，以确保其符合主成分分析法的要求。

1. KMO 检验

KMO 检验的目的是确定变量之间的相关情况。一般来说，KMO 值大于 0.6 才可以进行因子分析。从表 3-5 可以看出，通过 SPSS 22.0 软件分析得到的 KMO 值为 0.821，大于 0.6，可用主成分分析法对农牧民主体地位进行评价。

2. Bartlett 检验

根据统计分析原理，如果 Bartlett 检验近似卡方值较大，且 Sig. 值又小于相伴概率，则拒绝零假设，可以使用主成分分析法。本书假设相伴概率为 0.01，由表 3-5 可知，Sig. 值为 0.000<0.01，所以拒绝零假设，可以使用主成分分析法进行分析。

表 3-5　KMO 和 Bartlett 检验结果

| 检验方法 | | 检验结果 |
|---|---|---|
| KMO | KMO 值 | 0.836 |
| Bartlett 检验 | 近似卡方 | 1208.303 |
| | 自由度 | 171 |
| | Sig. 值 | 0.000 |

3. 确定提取的因子数目

总方差如表 3-6 所示。

表 3-6　总方差

| 成分 | 初始特征值 | | | 提取载荷平方和 | | | 旋转载荷平方和 | | |
|---|---|---|---|---|---|---|---|---|---|
| | 总计 | 方差百分比 | 累积/% | 总计 | 方差百分比 | 累积/% | 总计 | 方差百分比 | 累积/% |
| $C_1$ | 6.218 | 32.727 | 32.727 | 6.218 | 32.727 | 32.727 | 4.823 | 25.382 | 25.382 |
| $C_2$ | 3.064 | 16.129 | 48.856 | 3.064 | 16.129 | 48.856 | 3.354 | 17.651 | 43.033 |
| $C_3$ | 1.766 | 9.295 | 58.150 | 1.766 | 9.295 | 58.150 | 2.565 | 13.502 | 56.535 |
| $C_4$ | 1.436 | 7.559 | 65.710 | 1.436 | 7.559 | 5.710 | 1.528 | 8.042 | 64.577 |
| $C_5$ | 1.069 | 5.624 | 71.333 | 1.069 | 5.624 | 71.333 | 1.284 | 6.756 | 71.333 |
| $C_6$ | 0.883 | 4.647 | 75.981 | | | | | | |
| $C_7$ | 0.716 | 3.770 | 79.751 | | | | | | |
| $C_8$ | 0.622 | 3.275 | 83.026 | | | | | | |
| $C_9$ | 0.570 | 3.001 | 86.028 | | | | | | |
| $C_{10}$ | 0.459 | 2.416 | 88.443 | | | | | | |
| $C_{11}$ | 0.411 | 2.166 | 90.609 | | | | | | |
| $C_{12}$ | 0.347 | 1.826 | 92.435 | | | | | | |
| $C_{13}$ | 0.314 | 1.652 | 94.086 | | | | | | |
| $C_{14}$ | 0.280 | 1.476 | 95.562 | | | | | | |
| $C_{15}$ | 0.244 | 1.284 | 96.846 | | | | | | |
| $C_{16}$ | 0.214 | 1.126 | 97.972 | | | | | | |
| $C_{17}$ | 0.161 | 0.848 | 98.820 | | | | | | |

表3-6（续）

| 成分 | 初始特征值 | | | 提取载荷平方和 | | | 旋转载荷平方和 | | |
|---|---|---|---|---|---|---|---|---|---|
| | 总计 | 方差百分比 | 累积/% | 总计 | 方差百分比 | 累积/% | 总计 | 方差百分比 | 累积/% |
| $C_{18}$ | 0.120 | 0.631 | 99.451 | | | | | | |
| $C_{19}$ | 0.104 | 0.549 | 100.00 | | | | | | |

通常来说，各因子方差贡献率之和达到70%方可提取该因子。由表3-6可以看出，当选取5个特征值作为公共因子时，累积贡献率达到71.333%，大于70%。

图3-7的横坐标是因子序号，纵坐标表示特征值大小，折线陡峭程度为因子的重要程度，折线越陡峭，特征值越大，因子的重要程度越高。由图3-7可以看出，前5个因子的特征值大，图中折线陡峭，从第6个因子开始，折现平缓，因此选择前5个因子，分别记为$F_1$、$F_2$、$F_3$、$F_4$、$F_5$。

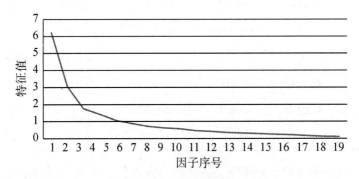

**图3-7 碎石图**

利用SPSS 22.0软件，得出旋转后的主成分荷载矩阵，见表3-7。

**表3-7 旋转后的主成分载荷矩阵**

| | $F_1$ | $F_2$ | $F_3$ | $F_4$ | $F_5$ |
|---|---|---|---|---|---|
| $C_1$ | 0.857 | 0.14 | 0.175 | −0.165 | −0.067 |
| $C_2$ | 0.759 | 0.214 | 0.127 | 0.235 | −0.313 |
| $C_3$ | 0.702 | −0.098 | 0.13 | −0.05 | −0.012 |
| $C_4$ | 0.699 | 0.018 | −0.104 | 0.133 | 0.072 |

表 3-7（续）

| | $F_1$ | $F_2$ | $F_3$ | $F_4$ | $F_5$ |
|---|---|---|---|---|---|
| $C_5$ | -0. 664 | -0. 062 | 0. 041 | 0. 437 | -0. 216 |
| $C_6$ | -0. 028 | 0. 816 | -0. 058 | 0. 081 | -0. 223 |
| $C_7$ | -0. 399 | 0. 769 | 0. 179 | -0. 247 | 0. 083 |
| $C_8$ | 0. 61 | 0. 636 | -0. 053 | -0. 023 | 0. 027 |
| $C_9$ | 0. 494 | 0. 6 | -0. 131 | -0. 27 | -0. 073 |
| $C_{10}$ | 0. 138 | 0. 562 | -0. 179 | -0. 12 | 0. 409 |
| $C_{11}$ | -0. 503 | -0. 538 | -0. 393 | -0. 088 | 0. 059 |
| $C_{12}$ | 0. 49 | 0. 514 | -0. 14 | 0. 216 | 0. 048 |
| $C_{13}$ | -0. 152 | 0. 123 | 0. 833 | 0. 194 | -0. 063 |
| $C_{14}$ | -0. 056 | -0. 175 | 0. 804 | -0. 365 | 0. 167 |
| $C_{15}$ | 0. 345 | -0. 048 | 0. 782 | 0. 268 | -0. 148 |
| $C_{16}$ | 0. 392 | -0. 234 | 0. 584 | 0. 333 | -0. 335 |
| $C_{17}$ | -0. 348 | 0. 005 | 0. 2 | 0. 746 | -0. 05 |
| $C_{18}$ | 0. 201 | -0. 085 | 0. 035 | 0. 679 | 0. 124 |
| $C_{19}$ | -0. 037 | -0. 077 | -0. 038 | 0. 102 | 0. 888 |

在主成分得分系数矩阵中，各数据为标准化的主成分用标准化后的原始变量线性表示的系数矩阵，由此得到各主成分的得分为标准化后的原始变量乘以相应系数，则

$$F_1 = 0.19C_1 - 0.108C_2 + 0.153C_3 + 0.215C_4 + 0.036C_5 + 0.039C_6$$
$$- 0.127C_7 + 0.054C_8 + 0.124C_9 + 0.061C_{10} + 0.109C_{11}$$
$$- 0.012C_{12} - 0.106C_{13} - 0.135C_{14} - 0.216C_{15} - 0.015C_{16}$$
$$+ 0.108C_{17} + 0.091C_{18} - 0.042C_{19} \qquad (3-16)$$

$$F_2 = 0.026C_1 + 0.008C_2 - 0.007C_3 + 0.037C_4 - 0.004C_5 + 0.26C_6$$
$$+ 0.287C_7 - 0.292C_8 + 0.093C_9 + 0.224C_{10} - 0.114C_{11}$$
$$- 0.013C_{12} + 0.073C_{13} + 0.184C_{14} + 0.11C_{15} + 0.043C_{16}$$
$$+ 0.086C_{17} + 0.046C_{18} - 0.022C_{19} \qquad (3-17)$$

$$F_3 = 0.075C_1 - 0.027C_2 + 0.031C_3 + 0.164C_4 + 0.032C_5 + 0.102C_6$$
$$- 0.031C_7 - 0.072C_8 - 0.028C_9 + 0.074C_{10} + 0.019C_{11}$$
$$+ 0.263C_{12} + 0.225C_{13} + 0.153C_{14} + 0.105C_{16}$$
$$+ 0.352C_{17} + 0.366C_{18} + 0.145C_{19} \tag{3-18}$$

$$F_4 = -0.02C_1 + 0.623C_2 + 0.081C_3 - 0.103C_4 - 0.49C_5 - 0.013C_6$$
$$+ 0.004C_7 - 0.046C_8 - 0.136C_9 + 0.036C_{10} + 0.137C_{11}$$
$$+ 0.084C_{12} + 0.13C_{13} + 0.044C_{14} + 0.05C_{15}$$
$$+ 0.047C_{16} - 0.084C_{17} - 0.098C_{18} - 0.108C_{19} \tag{3-19}$$

$$F_5 = -0.024C_1 + 0.071C_2 - 0.008C_3 - 0.116C_4 + 0.005C_5 - 0.094C_6$$
$$- 0.016C_7 - 0.079C_8 + 0.116C_9 + 0.085C_{10} + 0.334C_{11}$$
$$- 0.071C_{12} + 0.269C_{13} + 0.469C_{14} - 0.085C_{15}$$
$$- 0.564C_{16} - 0.117C_{17} - 0.008C_{18} + 0.059C_{19} \tag{3-20}$$

上述公式中，$C_1 - C_{19}$ 为指标标准化后的数据。

4. 计算农牧民主体地位得分

将所选取的 5 个主成分方差贡献率归一化后，可得权重系数 $\omega_1 =$ 0.458 8，$\omega_2 = 0.226 1$，$\omega_3 = 0.130 3$，$\omega_4 = 0.126 0$，$\omega_5 = 0.078 8$，根据各主成分方差贡献率和各主成分荷载系数，则农牧民主体地位得分为

$$F = \omega_1 F_1 + \omega_2 F_2 + \omega_3 F_3 + \omega_4 F_4 + \omega_5 F_5 \tag{3-21}$$

其中，$F_i$ 为第 $i$ 个主成分得分，$\omega$ 为第 $i$ 个主成分对应的权重系数。

农牧民主体地位评价结果如表3-8所示。

表3-8　农牧民主体地位评价结果

| | 产业发展 | 生态建设 | 乡村治理 | 文化建设 | 生活状况 | 综合评价 |
|---|---|---|---|---|---|---|
| 喜德县红星村 | 1.092 | 0.564 | 0.591 | 0.688 | 0.941 | 0.653 |
| 冕宁县彝海村 | 0.7 | 0.865 | 0.738 | 0.645 | 0.671 | 0.654 |
| 布拖县博作村 | 0.671 | 0.75 | 0.758 | 0.871 | 0.512 | 0.616 |
| 昭觉县沐恩邸社区 | 0.736 | 1.129 | 1.057 | 1.156 | 1.228 | 1.137 |
| 总体 | 0.804 | 0.836 | 0.799 | 0.865 | 0.864 | 0.786 |

图3-8为用雷达图展示的农牧民主体地位得分。

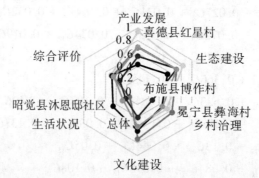

**图 3-8　基于主成分分析法的农牧民主体地位评价得分**

### 3.3.3.3　基本结论与分析

从调查问卷反馈和模型分析结果可以看出:

第一,在民族地区全面推进乡村振兴战略过程中,农牧民主体地位认知与参与意愿呈强烈反差,体现了一定的认知弱性。农牧民一方面认为乡村振兴的主体是政府,但另一方面也表达出了强烈的参与意愿。这表明,当前我们对乡村振兴战略宣传得多,而对于农牧民主体地位的宣传相对较少。造成这种情况的根源还是在于,作为宣传主体的政府对农牧民的主体地位是缺乏认知的。

第二,农牧民主体地位呈领域分化。在产业发展、生态建设领域主体地位较为凸显,参与度相对较高,而在乡村治理领域主体地位弱化,治理参与度较低。究其原因,一是产业发展和生态建设直接关系农牧民生产生活,农牧民主体性意识相对较强,乡村治理与农牧民生产生活的密切性相对较小,农牧民关注度相对较低;二是前两个领域的参与门槛相对较低,比如产业发展方面,农牧民通过流转土地、务工等都能参与进去,而后一领域的参与门槛相对较高。

第三,农牧民生活状况整体水平较低。原因可能是调研区域为凉山州,凉山州自然条件较为恶劣,基础设施薄弱,社会发育程度滞后,是四川省最后摆脱绝对贫困的地区,也是现在发生规模性返贫风险较大的地区,全面推进乡村振兴难度大。

第四,民族地区乡村产业发展中,农牧民产业作为被动化、利益分享边缘化情况明显。这既有农牧民主观意愿不强的问题,也存在客观能力弱的制约,更在于缺乏相应的利益分享机制。调研发现,农牧民生产经营面临着诸多难题。由于历史原因,民族地区存在着贫富分化比较严重的问题。仅有少部分农牧民有足够的资金可以主动投资，用于生产经营，并有足够的资金扩大再生产；大部分农牧民流动资金缺乏，不具备进行规模化生产的条件。在乡村产业发展中，农牧民既缺钱，又缺技术，从而导致其主体作用得不到有效发挥。

第五，农牧民主动维护生态环境的责任意识还较欠缺。此次调研的几个村庄中有两个村成立了"垃圾银行"，意在促进农牧民保护环境。但受制于经济发展水平，农牧民也缺乏关于生态环境治理和保护方面的知识，生态保护意识还比较弱，在生产生活便利性与环境保护之间，基本上都选择了前者。调研发现，民族村除了生猪划区域集中饲养、尽量远离农牧民集中居住点以外，牛羊散养情况依然存在，村路被牛羊粪便覆盖的情况依然突出。甚至有村民将生猪散养在河道边，完全没有认识到这可能造成水污染。村上尽管修建了垃圾集中堆放点，但由于距离家门有一段距离，有些农牧民依然选择在门口倾倒或者焚烧垃圾。

第六，调研村庄中的公共娱乐活动场所较少，村民文化生活匮乏导致其在文化建设中的"失语"现象突出。一是教育滞后的现象还需要很长时间改变。凉山彝族农牧民，特别是居留乡村的中老年农牧民大多数是文盲和半文盲，通过广播、电视、网络等获取乡村发展方面的政策、信息比较困难，学习现代化农业生产技术、获得现代化知识与生活技能的难度更大。二是文化边缘化，表现为彝族农牧民无法通过汉语文或者彝语文获取现代化知识和信息，难以提升文化水平和观念认知水准，难以提升沟通效率和质量，导致其与现代社会出现隔膜和冲突。

# 4 农牧民主体地位的现实认知
# 与原因剖析

    问题发掘和路径设计的前提是对现实状况有深刻的认知和剖析。民族地区农牧民主体性在传统习惯、文化规制、现实地理条件等的影响下，呈现出地域特色。不可否认，滚滚的历史长河中，我国农民特别是民族地区的农牧民长期以来习惯于被统治、被领导、被组织、被扶持，主体意识潜藏，主体能力缺乏，经济社会发展的能动性和参与性弱。恩格斯认为农民具有与生俱来的分散性、闭塞性、隔绝性[1]。比如在脱贫攻坚进程中，一些地区的农民就存在着"等、靠、要"思想，出现了"政府蹲着干，农民抄着手看"的现象，农民不是积极主动作为，而是旁观等待。这也正是习近平总书记提出"扶贫先扶志"的缘由所在[2]。当前，摆脱了绝对贫困，处于同乡村振兴有效衔接过渡期的农牧民主体地位状况如何？政府对农牧民主体地位的认知，农牧民自身对主体地位的认知状况如何？农牧民在乡村振兴中的参与状况如何？等等。需要通过切实的调研进行展示和剖析，从而为机制设计和路径构建奠定坚实的现实基础。只有了解民族地区乡村性状，才能从根本上对农牧民问题有深刻认知。

---

    ① 马克思，恩格斯. 马克思恩格斯文集：第2卷 [M]. 中共中央马克思恩格斯列宁斯大林著作编译局，译. 北京：人民出版社，2009.

    ② 胡光辉. 扶贫先扶志，扶贫必扶智：谈谈如何深入推进脱贫攻坚工作 [J]. 今日海南，2017（2）：8-9.

## 4.1 四川民族地区乡村现状

### 4.1.1 民族地区乡村是党和中央的关注重点

民族地区的经济发展状态、社会发育状况、文化传承情况等关系到国家的和谐稳定和总体发展进程，一直是党和中央关注的重点。党的十八大以来，习近平总书记非常关心民族地区发展，就其全面小康和现代化作出一系列重要指示批示，强调"脱贫、全面小康、现代化，一个民族也不能少"，"中央要进一步把重点放在山区、少数民族地区和西部地区"①。在2019 年全国民族团结进步表彰大会上，习近平总书记再次强调，"确保少数民族和民族地区同全国一道实现全面小康和现代化。没有民族地区的全面小康和现代化，就没有全国的全面小康和现代化"②。2021 年春节前，习近平总书记到贵州考察时同样强调全面建设现代化进程中，不能落下一个民族。民族地区乡村要通过乡村振兴战略同步现代化③。习近平总书记的这些重要论述，铿锵有力地重申了我们党对全国各族人民的铮铮誓言，为推动各民族实现同步现代化指明了前进方向。

党中央的深切关怀并不仅仅体现在言语上，更体现在行动上。8 年脱贫攻坚期间，中央财政对民族 8 省区投入近 3 000 亿元，占全国的 45%④。在党中央坚强领导下，经过 8 年持续努力，我国民族自治地区 420 个国家级贫困县全部脱贫摘帽，民族 8 省区 3 121 万建档立卡贫困人口全部脱贫。这是一份可以载入史册，让中国人民满意、让世界瞩目的历史性光辉成就。

但与此同时我们也要看到，民族地区依然存在经济基础薄弱、基础设施落后、产业层次较低、人才支撑不足、生态保护制约大等问题。与东部

---

① 新华网. 习近平：脱贫、全面小康、现代化，一个民族也不能少[EB/OL]. (2020-06-09) [2021-07-16]. http://www.xinhuanet.com/politics/leaders/2020-06/09/c_1126091063.htm.

② 人民日报评论员：各民族共建美好家园共创美好未来 [N]. 浙江日报，2019-09-30.

③ 织金县人民政府网. 习近平关于民族工作的重要论述[EB/OL]. (2021-06-02) [2021-07-16]. http://www.gzzhijin.gov.cn/ztzl/mztj/202106/t20210602_68375698.html.

④ 光明网. 国家乡村振兴局：中央财政 8 年对民族 8 省区投入近 3000 亿元，占比 45%[EB/OL]. (2021-04-06) [2021-07-16]. https://m.gmw.cn/baijia/2021-04/06/1302213966.html.

发达地区相比，民族地区面临多重任务，既要补齐各方面的短板，又要追赶现代化的步伐。站在迈向第二个百年奋斗目标的历史关口和开启共同富裕新征程的重要时段，民族地区必须平心静气，找到一条符合区域特色、能够补短板扬优势的现代化路径，跟全国一道开拓现代化建设新局面，朝着共同富裕的目标砥砺前行。党中央时刻知道，共同富裕和现代化的完整性最大制约和短板在民族地区。缺乏民族地区的共同富裕和现代化是不被允许的，不是共同富裕和现代化的应有之义。

### 4.1.2 四川民族地区乡村人口状况

四川是多民族聚居的大省，56 个民族中四川有 55 个民族，其中世居少数民族 14 个。四川阿坝州、甘孜州是藏、羌民族聚居地，凉山州是全国最大的彝族聚居区。除了三州地区，四川民族地区还包括峨边县、马边县、木里县、北川县四个自治县，以及 16 个民族待遇县（区）和 98 个民族乡。四川民族地区地广人稀，虽然人口占比不大（2020 年年初民族地区户籍人口为 805.04 万，占全省总户籍人口的 9.6%；2020 年年末少数民族户籍人口 568.8 万，占全省户籍人口的 6.8%[1]），但面积辽阔，总面积32.8 万平方千米，占全省面积的 67.5%。民族地区农村人口为 493.05 万，占民族地区户籍人口的 61.6%。

阿坝州和凉山州的人口结构能够体现民族地区多民族聚居的人口结构状况。2020 年的阿坝州人口统计显示，藏族有 53.50 万人，占全州总人数的 59.4%；羌族有 16.71 万人，占全州总人数的 18.6%；回族有 2.81 万人，占全州总人数的 3.1%；汉族有 16.73 万人，占全州总人数的 18.6%；其他民族有 1.7 万人，占全州总人数的 0.3%。凉山州昭觉县彝族占全县总人数的 98% 以上；喜德县彝族占总人数的 91.1%；越西县少数民族占比为 75%[2]。这些少数民族大多分布于民族地区的乡村。

由于历史原因和自然条件限制，四川民族地区历来是深度贫困地区，曾经是国家集中连片特困地区和"三区三州"深度贫困地区，在脱贫攻坚期间是中央和四川省关注的重点区域。直到 2020 年 11 月 17 日凉山州 7 个县正式退出贫困县后，四川才全面完成脱贫攻坚任务，成为全国第 19 个所有贫困县全部脱贫摘帽的省。

---

① 该数据由课题组根据统计年鉴测算得出。
② 数据由当地县政府提供。

尽管摆脱了绝对贫困，但四川民族地区依然是欠发展地区，而且规模性返贫风险极大。民族县领导直言不讳地说，当前民族地区最大的风险就是规模性返贫，农牧民收入依然较低。2020年凉山州喜德县农村居民人均可支配收入为10 778元，远低于全省2.65万元的平均数①。从这个角度来看，民族地区乡村振兴任重而道远。在这个艰巨的历史任务下，靠政府"拉、扯、扶"无法实现民族地区乡村持续发展、农牧民持续增收，只有构建起内生动能，让农牧民转变思想和观念，真正摆脱"外源式"路径依赖，形成可持续发展路径，提升自我发展能力，才可能让民族地区乡村同步搭上现代化列车，驶向现代化站台。

### 4.1.3 四川民族地区农牧民收入状况

近年来，四川民族地区农牧民收入在达到脱贫攻坚核定线后持续增长，上升态势非常明显。但数据也显示，民族地区农牧民收入状况还存在以下需要关注的特征：一是民族地区农牧民收入同城镇以及非民族地区人民收入差距还比较大。比如2021年，阿坝县毛木初村人均纯收入为15 234元；红原县邛溪镇农牧民人均纯收入为18 246元；凉山州喜德县斯果觉村人均纯收入仅8 700元；布拖县拖觉镇博作村户均年收入约为44 000元②。但同期，四川省居民人均可支配收入为29 080元，城镇居民人均可支配收入为41 444元③。由此可见，民族地区农牧民收入还较低，还需要大幅提高。二是民族地区农牧民收入来源较为单一，财产性收入几乎为零。调研发现，务工收入、农牧业种养收入、财政转移收入占了农牧民收入的绝大部分，其中务工收入占比高达60%。民族地区农牧民的劳务输出，也造成了大量的空心村和土地撂荒现象。凉山州喜德县空心村多达20个。凉山州高二半山土地撂荒率达到了80%；某民族县土地撂荒率达到了40%④。三是农牧民"离乡"不离"省州县"的"近家园性"特征，也制约了农牧民收入提高。受传统生活习惯的影响，民族地区农牧民（特别是阿坝州农牧民）虽然离乡，但不愿离得太远，通常到"县、州或者省会成都"务工。民族县每年都会组织农牧民到东部地区务工，但很多农牧民

---

① 数据由喜德县政府提供。
② 数据由当地村两委提供。
③ 统计局公布数据。
④ 数据来源于当地县上调研。

难以适应当地生活，很快回到原地，"宁愿到县城周围修房子"。农牧民到县、州或者省会成都务工的收入基本上低于到东部地区务工的收入。很显然，这种就业选择制约了农牧民收入更大幅度的提高，难以强力巩固拓展脱贫攻坚成果。

### 4.1.4　四川民族地区农牧民受教育状况

自国家实施脱贫攻坚战略以来，民族地区农牧民越来越意识到教育的重要性，但之前受制于认知不足、教育设施落后、师资短缺等，民族地区农牧民受教育水平普遍偏低。民族地区具有初、高中以上文化水平的人所占比例极小。民族县乡村振兴局的一位领导很形象地说："50 岁以上农牧民文盲居多；40 到 50 岁农牧民小学文化水平居多；20 到 40 岁农牧民初中文化水平居多。"调研结果跟这个说法比较一致。阿坝州茂县赤不苏镇农牧民普遍只有初中文化水平。2020 年凉山州喜德县居民受教育情况调查显示：文盲或半文盲有 3.75 万人，占总人数 21.83 万的 17.2%；高中以下学历人口 6.19 万，占总人数的 28.4%[①]。两者占总人数的 45.6%，接近一半。很显然，居民受教育水平较低。而这些受教育水平低的人集中于乡村地区。喜德县思果觉村全村 927 人，大专以上学历 51 人，占比 5.5%；高中以上学历 75 人，占比为 8.1%；高中在读 32 人，占比 3.5%。布拖县拖觉镇博作村居民受教育水平明显较低。博作村提供的数据显示：文盲或半文盲 314 人，占比达 55.48%；小学学历 168 人，占 29.68%；初中学历 78人，占 13.78%；高中学历 5 人，占比不足 1%，仅 0.88%；全村最高学历为大专，仅 1 人，占 0.18%。

### 4.1.5　四川民族地区农牧民文化状况

四川民族地区民族文化内容丰富、风格迥异、个性鲜明。形成这样的民族文化与民族地区地理环境复杂特殊，多民族聚居，以及一直被国家政策拉扯着"奔跑"，生产生活方式在传统与现代的冲击中寻求和谐，宗教氛围浓厚有莫大的关系。这些民族文化承载了民族地区农牧民的风俗信仰、审美情趣、生活习惯，也反映了民族地区人民对人与自然、人与人、人与社会等方面关系的理解、认知。民族文化具体体现在各民族人民的衣

---

① 数据由喜德县政府提供。

食住行、婚丧嫁娶、生产劳作等各个方面，也制约、影响着民族地区农牧民的思维方式和行为。

比如甘孜州居住着大量的藏族居民，藏族几乎是一个全民信教的民族。目前，甘孜州有藏传佛教寺院 513 座，数量居四川省三州之首，位列全国第二，仅次于全国第一的昌都市（703 座），是阿坝州（252 座）的两倍多，是凉山州（117 座）的 4.4 倍。依托数量庞大的寺庙，宗教信仰仍然被部分藏族群众作为精神生活的主要内容。甘孜州登记在册寺庙教职人员 39 261 人、僧尼 6 万余人，登记在册僧尼数占全州总人数的 5%。其中喇荣寺僧尼有 3 429 人，色达五明佛学院僧尼有 1 500 人，亚青寺僧尼有 6 007 人。特别是原喇荣五明佛学院被称为"天下第一大寺庙"，个别堪布、活佛、堪姆影响力巨大。从他们的实名认证粉丝数可以窥见一斑：索达吉有粉丝 298 万人、慈诚罗珠有粉丝 77 万人、希阿荣博有粉丝 138 万人。"索达吉堪布"微博账号每日互动人次高达 6 500 余人次，每日阅读量 10 万+，还有不计其数的涉及索达吉的微信、微博账号。他们的言行深刻影响着信众的生产生活。涉藏地区的一山一水、一草一木，都在传统文化影响之下，生活在深厚的传统文化中的人对这里的任何物体的占有和使用，都有传统文化的印记。涉藏地区农牧民的思想观念革新性和时代性欠缺。涉藏地区特别是牧区女性群众受生存压力和宗教影响，普遍存在观念陈旧、心理封闭、文化生活匮乏等问题。一是依然存在"等、靠、要"思想。历史上民族地区生存压力大，群众特别是女性群众普遍存在无能为力、听天由命的思想，不努力奋斗，形成"等、靠、要"路径依赖。二是农牧民笃信宗教，将很多资产和时间花费在宗教信仰上，希望宗教能改变自身贫困的命运。这势必挤占农牧民通过生产创造财富的时间和精力。三是部分农牧民存在故步自封、拒绝革新的观念，认为接受新观念会影响自身宗教上的进步和晋阶。四是部分地区特别是牧区农牧民法治意识淡薄。

彝族地区社会发育程度低，"鬼神之说""家支为大""等级贵贱""男尊女卑"等传统伦理道德依然影响着彝区群众的生产生活。以祖灵信仰为主要特征的毕摩仪式是彝区农村生活的一大主题，彝族群众常常不惜钱财、宰羊杀牛，请毕摩占卜算卦、祈祷祖灵、驱鬼除魔，以求平安、消灾、祛病等，每户人家每年至少要举行 2 次毕摩仪式。部分彝区群众"信神不信医"，通过"做迷信"① 等方式解决问题的现象较为普遍，红白事、大小事都要"做迷信"，条件好的家庭做一次"迷信"要花费三五千元，条件差的家庭做一次"迷信"要花费两三百元。

与此同时，我们也看到现代化进程中，民族地区也被席卷其中，民族文化有逐渐消亡的趋势。调研发现，民族地区老一辈人还坚守着少数民族特有的服饰和语言，但年轻一代身上展现的民族文化、民族特征已逐渐减少。传统的少数民族节日习俗、宗教信仰、人生礼仪等程序内容、意义或被遗忘，或被简化，少数民族特有的社会组织也自行解体等②。

## 4.2 四川民族地区乡村振兴面临的难点

今天的四川民族地区，经济发展总体向好，基础设施、生态治理等方面取得了巨大进步，已经完成了脱贫攻坚的历史任务，朝着现代化新征程迈进。当前的时代任务是如何巩固脱贫攻坚成果，接续展开乡村振兴，着力缩小同其他区域的发展差距，提升持续发展的能力。与此同时，我们也应该看到，民族地区乡村振兴还"路艰且远"，民族地区依然存在着经济基础薄弱、产业发展虚弱、生态环境脆弱、人口单向流动大等问题，制约着乡村的全面振兴，让现代化路途充满艰辛。

### 4.2.1 四川民族地区经济基础薄弱，发展依然滞后于其他地区

经济发展，产业是基础。产业发展，完善水、电、气、路、通信、网络等基础设施是条件。在脱贫攻坚中，四川民族地区已经着力于基础设施投入，改善基础设施条件。比如"十三五"期间阿坝州交通建设投资达到625亿元，新（改、扩）建农村公路 6 961 千米，建成省级"四好农村路"示范县 2 个；解决 4.4 万贫困人口饮水安全和 3.9 万人生活用电安全问题，实施涉藏地区新居 15 687 户，易地扶贫搬迁 9 355 人，建成 5G 基站 302 个，行政村光纤宽带和 4G 网络实现全覆盖③。完成 124 个农村连片环境综

---

① 彝族地区所谓的"迷信"不等同于传统意义上的封建迷信，专指宗教活动。
② 吴晓萍. 论乡村振兴战略背景下民族地区的乡村建设与城乡协调发展 [J]. 贵州师范大学学报（社会科学版），2017（6）：54-59.
③ "十三五"期间阿坝州脱贫攻坚工作综述 [N]. 阿坝日报，2021-01-07.

合整治项目，全面完善了贫困地区基础设施。"十三五"期间甘孜州共安排基础设施类建设项目 146 个，开工 123 个、竣工 86 个，累计完成投资 401.05 亿元，极大增强了全州发展的基础①。"十三五"期间凉山州完成了农村危房改造 41 713 套，农村电网供电质量得到极大改善，供电可靠率、电压合格率分别提升至 99.8%、99.6%，改造升级乡道 244.6 千米、村道 17 458.7 千米，教育、医疗、文化、养老等公共服务基础设施实现根本性改善②。

这些成就毋庸置疑，对乡村发展的支撑也效果明显。但在乡村振兴全面推进期间，民族地区基础设施仍然面临着支撑不足的情况。尤其是近几年民族地区的交通、道路灾害频发导致进入性较差，有时仅剩下生命通道，这是制约发展的最大瓶颈和痛点。

一是基础设施还存在极大短缺。在脱贫攻坚中，民族地区的基础设施得到补充、完善，但依然还存在短缺状况。比如截至 2020 年年底，凉山州昭觉县尚有约 800 千米的通村路未硬化，仅有毛路供群众出行。

二是基础设施的维修、管护是难题。调研发现，乡村振兴中的难题就是基础设施的维修、管护问题。众所周知，四川民族州县通常位于海拔高、自然环境恶劣、气候条件较差的地区，基础设施建设难度较大，人少路长路盘旋，资金投入远高于一般区域，民间资本一般不愿涉足，资金投入不够。同时，地质条件不稳定，自然灾害（地震、泥石流、山体垮塌等）经常发生，损害基础设施。一些地区的基础设施年年修、年年毁，甚至一次损毁，经年难以恢复，严重影响区域发展环境，毁损发展根基。而且当初为了决胜脱贫攻坚战，不可否认一些工程存在赶工期问题，导致工程质量存在先天缺陷。加上民族州县地域辽阔，人口密度低（8.54 人/平方千米），地广人稀的人口分布形式给基础设施的建设和维护带来非常大的压力。基础设施谁来维修、管护，资金从哪儿来，这些问题困扰着乡村振兴部门。与此同时，高半山区、边远牧区等特殊困难区域的基础设施基本属于"保生存型"供给，未完全形成方便、快捷的现代交通路网，水利、电力、通信、饮水等基础设施还需要完善。薄弱的基础设施，也延展

———————————

① 甘孜号. 甘孜"十三五"新成就③：基础设施短板加速补齐［EB/OL］.（2021-02-03）［2021-07-16］. https://www.163.com.

② 刘小兵. 夯实高质量发展之基：甘孜州"十三五"期间重大项目建设成就综述［N］. 甘孜日报，2021-01-04.

了当地与外界交流的实际空间距离，难以"走出去"和"引进来"，对经济社会发展形成天然的阻隔。

三是服务性基础设施存在供给短缺、支撑不足的情况。教育、卫生、医疗等公共服务设施一直是民族地区的短缺项。这些短缺项在脱贫攻坚时期得到了部分弥补。但在脱贫攻坚时期，更重视生产性设施，更希冀短期内出成效，导致服务性基础设施存在供给非普遍、供给质量不高、设备设施利用率低、经费短缺等问题。比如凉山州昭觉县有近2万人搬迁进城，昭觉县的教育、卫生、医疗服务机构已不能满足群众的需要，还需要配套中小学、幼儿学、医院等机构。虽然2020年以来，昭觉县从各个渠道筹集资金在县城新建了7所学校、1所医院，且具备基本的运行条件，但学校基础设施建设、仪器设备购置尚缺资金3.5亿元。医疗服务方面还需新建2所大型医院，资金缺口约2亿元。县城的5个集中安置点与城市接轨还有3.5千米连接道路急需建设，缺口资金约1.5亿元。

### 4.2.2　民族地区乡村产业发展水平低，壮大和持续性发展难

从理论上说，民族地区乡村的兴盛必须依赖产业发展，离开了产业发展的乡村，将是"无本之木、无源之水"，正如习近平总书记指出："产业是经济之本。"

发展乡村产业是乡村振兴的战略支点①。产业发展是民族地区走内源式发展道路的根本路径，是巩固脱贫攻坚成果、防止规模性返贫，改善乡村面貌，促进农牧民增收，增进乡村民生福祉，实现乡村振兴的根本保障。

但目前的现实是，民族地区普遍存在产业发展水平低，壮大和可持续发展难的问题。主要表现为六个方面：一是受制于地形地势，民族地区产业存在着布局受限、结构单一的问题。能种植的作物品种有限，产业规模化、机械化程度低，产业竞争力弱。原始的农牧业受自然灾害和市场波动的影响特别大，土地收益相对较低。畜牧业受草原贫瘠、牦牛品种老化等因素影响，基础作用发挥弱。阿坝州红原县邛溪镇畜牧结构单一，产业协调性差，很大程度上仍延续传统的生产方式，生产力水平低下，牧民最大的养殖收入来源牦牛存在比较严重的"夏饱、秋肥、冬瘦、春死亡"现

---

① 杨虎涛. 发展乡村产业是乡村振兴的战略支点 [N]. 中华读书报，2020-03-18 (8).

象。全镇奶制品加工总体规模不大，科技含量低，产品转化率低，奶产品整体层次较低，附加值低，增收空间有限，经济效益较低。农牧产品同质化，科技含量低，产品商品率低，缺乏深加工和龙头企业有效带动，没有形成本土特色品牌，营销手段传统，竞争意识不足，产业链发展不健全，尚未形成良性的利益机制，"小而杂""杂而不全"的现象依然十分突出。二是资源利用和产业发展程度低，缺乏将自然资源优势转为经济优势的能力，资源的产业化利用不足。三是集体经济的认同感低，部分农牧民持观望态度，产业发展带动性弱。四是产业发展质量不高，产业链不完整，发展路径不明晰。一些民族地区尚处于传统的农业种植养殖阶段，尚未形成配套完整的乡村产业链条。同时，由于经济发展水平的制约，产业结构往往呈现出第一产业主导、第二产业缺失、第三产业匮乏的特征①。五是民族地区产业层次不高，以创新技术提升生产效能的水平低，生产效率较为低下。民族地区发展传统农业的自然依赖性较大，科技应用水平不高，粗放型经营特征突出，人工、土地使用效率低下。由于收入、生活环境、创业条件等多种因素的影响，民族地区的人才吸引力较小，专业化投入受到阻碍，技术、知识、管理等发展要素欠缺，制约着产业升级与完善。六是专业合作社规模小，带动性弱。尽管近几年民族地区的农民专业合作社有了一定程度的发展，促进了农民增收，但还处在起步阶段，规模小，规范性弱，"僵尸社"现象突出，发展任重道远。调研发现民族地区较多合作社注册资本为1万~2万元，经济实力薄弱，极少具有市场竞争力的合作社。比如阿坝州某县所有农民专业合作社中，销售收入超过5万元的只有15家，尚未形成完整的合作社发展产业链，水平层次不均。全县51个村中，只有16个村有较高收入或有可持续的收入，35个村存在低收入或收入不可持续的风险。这些产业问题的破解，亟待民族地区乡村振兴战略的深入推进，特别是农牧民主体意识的觉醒和产业参与程度的提高。

### 4.2.3 生态环境脆弱仍然是发展的最大短板

四川民族州县地处四川西部，邻接青藏高原，地貌分高原和高山峡谷两类。平均海拔在3 500米以上，海拔高，气候条件恶劣，空气稀薄，气候严寒，高原高山年平均气温在4℃以下，并有大范围0℃以下低温区。

---

① 朱罗敬，桂胜. 欠发达地区农村经济发展路径选择的三重逻辑：基于中部A省Y县J村和H村的经验调查 [J]. 湖北社会科学，2019（1）：46-55.

独特的地理地貌、气候条件使得这一地区成了我国生态环境最为脆弱的地区之一。特别是 2008 年的汶川大地震，严重破坏了当地的生态环境，加剧了川西北地区生态的脆弱性。沙漠化、草原沙化现象比较严重。例如，2004 年甘孜州、阿坝州有沙化土地 1 117.56 万亩，占全省沙化土地总面积的 80.6%。2020 年四川省阿坝州全州沙漠化年递增率为 5.32%，全州沙化土地面积达 269 万亩，退化草原面积达 4 000 万亩，草原鼠虫害危害面积 1 680 万亩。党的十八大以来，州县着力于生态环境保护和建设，治理沙化土地，防止水土流失，植树造林，森林覆盖率提升到了 34.3%，生态环境有了很大改善。比如阿坝州若尔盖县通过种植高山柳治沙，整治沙地 46 万余亩，恢复干旱半干旱沼泽 2 万余亩，成效非常显著。但这些不能根本解决民族地区生态环境脆弱问题。生态环境脆弱严重制约了该地区资源的开发和经济社会的发展。四川省生态环境厅数据显示，截至 2020 年，四川石漠化土地 1 095 万亩，川西高原沙化土地 79.7 万公顷；干旱半干旱生态脆弱区约 150 万亩土地需整治。这些石漠化、沙化和干旱半干旱区域大多分布在民族地区。

### 4.2.4 宗教和宗族文化对民族地区乡村治理产生了双重影响

民族地区地处偏远，生存环境恶劣，基础设施不完备，农牧民在长期求生存的过程中，因无力同自然抗衡而求诸宗教，产生了浓厚的宗教信仰。农牧民重大的家庭活动、重大节日都会举行宗教活动。宗教信仰深刻影响着民族地区农牧民的生产、生活、文化习俗等。

宗族属于社会组织关系中的一种，是家庭、家族的扩大和延伸，通常被界定为基于同一血缘关系集聚而成的家族群体，有共同的土地、财产、族谱、族规、祠堂和墓地。宗族具有较强的内凝聚性和外排异性特征[①]。宗族文化是指某个宗族以共同的血缘关系和祖先崇拜为纽带而形成的文化体系，表现为思想意识、价值观、行为规范、社会组织和人际关系的趋近性和同一性。宗族文化属于民族传统文化。民族传统文化是民族地区人员共享的并在社会传播的思想、价值和观念，它"包含全部的知识、信仰、艺术、道德、法律、风俗以及作为社会成员的人所掌握和接受的任何其他的才能和习惯的复合体"[②]。

---

① 韩玲梅. 冲突与协调 [M]. 杭州：浙江大学出版社，2007.

② 泰勒. 原始文化 [M]. 连树声，译. 桂林：广西师范大学出版社，2005：1.

宗教信仰和宗族文化的兴盛，对民族地区乡村治理产生了双重影响。从积极影响来看，一是宗族文化传播有利于文明乡风的传播和形成。民族地区宗族文化传播以传承乡村传统文化和礼仪风俗为特征，传播面广，接受度强。宗族文化可以将文明乡风的要求融入唱山歌、寻根祭祖、编制族谱、祠堂祭拜等多种活动形式中，在唤起村民宗族记忆、集体记忆、文化记忆的同时传播文明乡风，扩大现代文明的传播力、影响力、引导力，实现构筑现代文明认同和提高文化获得感的双重意义，有利于乡村振兴战略要求的传播和实现。二是和谐互助的宗族文化有利于民族地区构建和谐社会。这在凉山州体现得尤为明显。长期以来凉山彝族地区形成了"家支"制（有彝族谚语"猴子靠树林，彝人靠家支"），其成为凉山地区社会保障的最后"一堵墙"，维系着农牧民基本的生活保障。比如当某个家庭遭遇变故时，整个家支都会出钱出力，让老人可以得到基本的赡养，小孩可以得到基本的抚养，不至于"老无所依，幼无可靠"，因此凉山州民族地区流浪乞讨者相对较少，对建构和谐稳定的社会发挥了有利作用。三是可以通过影响宗族组织带动农牧民的主体参与性，理顺乡村关系。宗族组织在民族地区影响力非常大，权威性强，能够引导农牧民的行为。比如凉山州就创新性利用"德古"（宗族权威人士）的影响力，聘其为地区法院调解员，处理一些民事纠纷，既维护了社会稳定，也节约了社会资源，效果良好。

从消极影响看，一是一些地方民族文化传播缺失，乡村在一定程度上存在迷信思想，显现出明显的自治弊端。村民对公共事业缺乏关怀，对个人利益得失却很计较，这有悖于国家乡村振兴战略的实施要求①。二是宗族文化在一定程度上助长了不良风俗，增加了移风易俗的难度。民族地区同一区域的多个宗族，会自然地产生攀比之风。比如凉山州某些民族县在婚嫁和丧礼方面就存在攀比现象，增加了群众负担。因相互攀比，彝区婚嫁彩礼高达三四十万元，有的甚至高达五六十万元，数目明确，少有例外。哪怕婚嫁双方都是体制内人员，依然在婚嫁上遵循高额彩礼的风俗，一方面抱怨压力大，另一方面又会根据对方的学历高低、世俗评价的工作单位好坏、容貌状况等确定彩礼，甚至互相攀比，唯恐被人低看。一些地方还存在老人去世时，向人群抛洒香烟、各种面值的人民币，送各种家用

---

① 黄立安，梁建业. 乡村振兴战略视角下民族地区传统文化的传播：基于广西村镇宗族文化的田野调查 [J]. 新闻爱好者，2020（4）：53-56.

电器、猪、羊等乱象；奔丧人员则把"赶礼"的人民币做成钱绳、钱杆、钱树、钱竹和花环，互相展示攀比。这种现象引起了四川省委省政府的高度重视，于 2022 年 3 月底专门出台《凉山彝族自治州移风易俗条例》，以法规的形式对"高额彩礼"进行遏制。四川将移风易俗上升到法规层面，也从侧面体现出了民族地区乡村治理现代化的迫切性。

### 4.2.5 人口单向流动大，外来思想接受度低

民族地区乡村空心化现象明显，特别是高寒山区乡村空心化严重。有些高半山村寨人去房空地抛荒，自发地集体迁移。阿坝茂县某镇现有 9 个行政村，农村空心化程度较高，常年在家人口只有总人口的四分之一。也就是说，全镇共 6 626 人，在家常住人口不足 2 000，外出人员主要是在茂县居住或是外出打工、学习。凉山州昭觉县两河口镇某村有 2 000 多人，近一半人员外出务工或者到周边打工。布拖县乡村振兴局资料显示，该县有 6 万多人外出务工，留在农村的多是老弱残群体。老弱残群体流动相对不频繁，一方面他们接受外来思想的洗礼少，另一方面群体哪怕有外来思想涌入他们也不愿接受，较为执拗，不易改变。比如凉山州某县对口扶贫单位工作人员反映，他们曾在该地区推行双行高厢垄作项目，能够提高农作物产量 30% 以上。哪怕技术人员已经把高厢垄好，手把手教了技术操作，但老百姓转身就把高厢削平，还是沿用传统的耕作方式。这在一定程度上体现了民族地区农牧民对外来思想的接受度相对较低。

### 4.2.6 农牧民收入渠道狭窄，返贫风险较大

调研发现，民族地区农牧民收入渠道较为狭窄，务工收入、种养收入是主要的收入。但这两种收入的可靠性和增长性都不大，农牧民增收困难，有较大返贫风险。究其原因，一是农牧民受教育水平依然较低，二是传统文化习惯的制约。受教育水平偏低，农牧民难以接收新的农牧科技知识和学习新技术，导致生产效率低下，从业模式以散工、杂工、帮工等为主，收入极不稳定。受教育水平低也制约了农牧民乡村发展参与度的提升，抑制了其主体作用的发挥。阿尔蒙德通过对多国的调查统计研究得出结论，"教育层级与政治参与程度成正比"[①]，村民受教育程度越低，参与

---

① 阿尔蒙德. 比较政治学：体系、过程和政策 [M]. 曹沛霖，译. 上海：上海译文出版社，1987.

乡村公共生活，比如参与乡村治理的程度越低。三是部分农牧民受民族文化"不杀生"等观念影响，影响了牦牛等牲畜出栏出售，制约了畜牧业发展和农牧民增收。四是部分农牧民内生动力不足，"等、靠、要"思想依然存在，主体意识淡薄，缺乏必要的致富思路、生产技能和市场适应力，依赖性强，主观能动性未得到充分的激发和利用。脱贫人口中老弱病残灾特殊群体体量大，实现增收难，返贫易。阿坝州脱贫人口中老弱病残等特殊困难群体占比高达 1/3；甘孜州共有 8.2 万因病因残致贫群体，有 9.21 万人需实施低保政策兜底，其中木里县涉及 2 275 户 7 055 人。这部分人依赖于相对稳定的扶贫政策支持，无法在经济上实现自我补给，"无业可扶、无力脱贫"，致富难点突出。如果到户产业、低保兜底、社会帮扶、教育医疗支持等政策突然中断，将对已脱贫群众脱贫质量的巩固和提升产生较大影响，返贫风险较大。边缘贫困户也极易因灾因病因学因故等致贫，成为新增贫困户。

## 4.3　农牧民主体地位实现情况

坚持农牧民主体地位是一个理论上不争的共识，那么民族地区乡村发展中农牧民主体地位实现情况如何呢？坚持农牧民主体地位有没有真正落实和显化？带着这些问题，课题组采取问卷调查和现场访谈两种方式，分别对四川阿坝州映秀镇、川主寺镇、九寨沟县、茂县、理县、壤塘县；甘孜州稻城县、九龙县；北川县、峨边县的部分乡村进行了调研。这部分调研数据主要作为本章的数据支撑。

一是对乡村振兴战略的实施情况进行调研。调研发现，71.1%的民族地区乡村将振兴的主要精力放在推进产业发展上，产业发展是民族地区乡村建设的主要内容；26.6%的乡村着力于推进乡村人才建设；2.3%的民族地区乡村仍然致力于巩固拓展脱贫攻坚成果，乡村振兴战略尚未具体实施。这种现象是切合民族地区发展特征和国家设置的 5 年过渡期的安排。

二是对乡村发展中农牧民主体作用发挥情况进行调研。课题组发现，脱贫攻坚期间和巩固拓展脱贫攻坚成果同乡村振兴有效衔接期间，农牧民的主体地位并未发生巨大变化，但于细微处存在着一些差异。总体来说，民族地区坚持农牧民主体地位的现实和理论存在着一定的差距，"现实实现性"不够，无论是在产业发展、乡村治理方面，还是在环境建设方面，主动性、能动性、参与性都比较欠缺，基本属于"推着走"的状况。但2021年年末和2022年年初调研发现，经过脱贫攻坚期间的努力，农牧民的主动性和参与性有所提升，只不过其乡村治理的参与范围还是取决于当地政府和村两委"开放"的尺度。

### 4.3.1 农牧民主体地位自我认知缺乏，政府"强依赖性"和发展"弱自我性"突出

民族地区历来是国家关注的重点，国家在政策、资金和人力投入上倾斜多。尤其是脱贫攻坚时期，摆脱绝对贫困的时间线、标准量压在各级政府头上，政府倾力倾钱投入，"拽着农牧民跑"，满足各项要求，导致一些农牧民"被惯实了"（四川民族地区方言，意为"被宠坏了"），认为这是政府必须坚持的惯有模式。调研发现，多数农牧民认为乡村振兴主体应该是各级政府，特别是乡镇一级政府，自己在乡村振兴中的角色是被动参与，政府说什么，自己就做什么。民族地区村民问卷调查显示，77.8%的村民认为村两委在乡村振兴中作用最为关键，13%的村民认为"镇及以上政府"作用最为关键，只有8.2%的村民认为农牧民在乡村振兴中的作用最为关键。数据表明，农牧民对乡村振兴主体的认知与理论逻辑呈现出了偏差。有农牧民直言，"我们文化水平低，不懂这些，政府能力强，他们怎么干都是对的"。实际上，民族地区脱贫攻坚也主要依靠政府推动，农牧民已经形成了一定程度的"被推着走"思想，导致接续的乡村振兴存在一定的路径依赖，农牧民对自己在乡村振兴中应该担当起主体责任是缺乏自我认识和认同的，仍然认为政府是主体力量，"不靠政府靠哪个"，"政府就该把事情给我们办好"。时任农业部副部长韩俊同志也曾指出，"现在很多乡村建设项目热火朝天地在搞，但是看不到农民参与的影子。不能政府在干、农民在看，一定要体现农民在乡村建设中的主体地位"[1]。实际上，除了农牧民对自己的主体地位认知缺乏，民族地区政府同样存在着主体认知误区。民族地区的镇、县领导依然习惯于脱贫攻坚时期的自上而下的发展模式，对推动农牧民自我发展，构建内生造血机制并没有清晰、清醒的认识。

---

① 韩俊. 实施乡村振兴战略的目标要求 [J]. 中国乡村发现, 2018 (6)：6-10.

### 4.3.2　农牧民在乡村产业发展中的能动性弱，被动性和等待性强

#### 4.3.2.1　农牧民在产业发展中的角色单一，产业主体性弱化

当前，产业振兴是民族地区乡村振兴的主要抓手和切入点，意在通过产业发展带动组织振兴、文化振兴和人才振兴，重点发展民族文化和乡村旅游、中药材种植、民族特色产品售卖等。民族地区的产业组织主要有两类：一类是外地进入的公司或者企业，另一类是农牧民专业合作社。比如阿坝州建设了 5 662 家农民专业合作社①，进行农牧产品的生产和初、深精加工。调研显示，35.6%的专业合作社由农牧民自己组织成立，64.4%的专业合作社由龙头企业或外来优秀人才牵头成立。在这些产业组织中，家庭农场占比为 11%。

农牧民在这两类产业组织中的主体作用都不太明显。调研发现，企业或者专业合作社通常都不直接跟农牧民打交道，而是跟村两委接洽，由村两委组织农牧民参与。参与的形式主要为务工、提供产品或者流转土地。而产业发展中的决策权、经营管理权在农牧民这一行为主体上体现得不明显。有农牧民反映，通过流转土地可以同时获得租金和务工的收入，若不愿意转让，则无法享有相应权益。有的农牧民确实也不想种地了，对土地的处理由政府说了算，政府统一安排。比如甘孜州某乡镇引入产业资本种植花卉，以每亩每年 3 000 元的流转费用流转了 2 万亩土地。但流转过程中村民参与程度极低，许多村民对土地流转规模、费用、年限等实际情况并不了解。该花卉基地建起来后，企业也雇佣村民帮工，但雇佣费用仅为每人每天 50 元，且只能断续雇佣，村民务工并不持续。

关于"农牧民在专业合作社中具有什么地位？"这一问题，地位和作用发挥的问卷调查中，51.1%的农牧民认为他们在专业合作社中的角色是务工者；28.9%的农牧民认为自己的作用只是流转土地给经营者；2.2%的农牧民认为自己在专业合作社中具有决策权；17.8%的农牧民认为自己在专业合作社中能够参与组织管理。由此可见，在民族地区，农牧民在乡村产业振兴中的角色大多数是务工者或者流转土地者，而真正组织产业生产，并在乡村产业发展中具有决策权和组织管理权的只是少数。这种现实同理论上农牧民在产业发展中应该具有主体地位并发挥主体作用是存在偏

---

① 阿坝州公布第六批农民专业合作社州级示范社名单 [EB/OL]. [2023-03-30]. http://www.abazhou.gov.cn/abazhou/c101955/202203/116d9559b70f4936ac2e7065b5d65762.shtml.

差的。

这种形式固然没有发挥农牧民主体作用，但从乡村治理角度考察也有其存在的合理性。一是有助于打消进入企业的顾虑。外地企业在进入民族地区之前，可能有民族地区民风彪悍、农牧民不好打交道的顾虑。村两委作为媒介，介于农牧民和公司之间，组织农牧民生产产品，满足公司务工需求等，能有效打消企业顾虑。二是有助于提升民族地区乡村治理成效。农牧民能否为企业提供产品或者劳务，能否获取收入，在很大程度上取决于企业和村两委对农牧民的考评。一些民族地区村两委依据农牧民对村规民约的遵守程度、在企业务工的工作情况等对农牧民打分，作为派工、派活、参与分红的依据。以此为介质，农牧民能够普遍遵守村规民约，能够遵守约定，并高质量提供劳务，净化了乡风，提升了乡村治理成效。

与此同时，一些乡村在制度设计中，也考虑到了农牧民的参与性问题。比如甘孜州桑堆镇在产业发展中，引进了社会资本发展乡村旅游，流转村民土地建设了三大乡村旅游体验（松茸采摘、藏文化体验、牧民生活体验）区，吸引对藏文化、藏民生活感兴趣的游客参与体验。在引进产业资本过程中，采取了"支部+企业+农户"的合作模式，农户在产业发展过程中，具有一定的参与性。农户的参与主要体现在两个方面：一是农户在体验区内提供劳务服务，每月收入约为底薪 1 500 元+全勤奖 400 元+绩效（根据当年收入确定）；二是公司提供给游客的藏食，由村民按户轮流供应，月底公司根据农户供应藏食情况，统一结算。2018 年所冲二村 28 户农户，户均增收 2 000 元。

### 4.3.2.2 农牧民产业发展的主动性不够，被动性强

巩固脱贫攻坚成果，推进乡村振兴，关键要发展产业。当前民族地区农牧民在产业发展上主动性不够，产业发展被动性强。传统宗教活动在一定程度上挤占了用于产业发展的时间。民族地区的农牧民，特别是涉藏地区农牧民依然延续"务农+宗教活动""务工+宗教活动"的传统生产生活模式，用于务农、务工的时间短，用于宗教活动的时间长。他们将精力用于发展产业、拓展新事业的能动性弱，被动性强。这非常不利于民族地区通过创新创业巩固拓展脱贫攻坚成果。究其原因，主要是民族地区农牧民容易满足，进一步发展的"主体愿望弱"。民族地区农牧民，特别是偏远地区农牧民长期生活在海拔高、环境恶劣的地区，养成了坚韧的性格，但也造成了不易被改变的问题。固守一些非进步的习惯和想法，比如容易满

足，"被脱贫"后觉得温饱即可，不愿付出更多努力。一旦遇到天灾人祸，极容易再度陷入贫困。民族州县一些领导认为"脱贫人口返贫是民族州县当前最大的风险"。

#### 4.3.2.3 民族地区农牧民"弱家园意识"和"强等待性"并存

农牧民特别是彝族地区农牧民喜欢游牧，"一口锅，牛羊赶着，一两月就搬一次家"，家园意识弱，导致政府修建的集中定居点经常关门闭户，围绕定居点构建的乡村产业无法持续发展。加上载畜量和传统生产方式的制约，红原县本就单一的畜牧产业发展方式更加受限，牦牛"夏饱、秋肥、冬瘦、春死亡"现象严重。畜牧产业产出低，不能满足巨大的市场需求。

### 4.3.3 农牧民在民族地区乡村治理中参与方式有限，参与深度不够

民族地区乡村治理中的农牧民主体地位存在缺失。这种缺失体现在两个方面：一方面农牧民对乡村事务的关注度低。调研发现，56.2%的农牧民表示基本不关注乡村事务，28.4%的农牧民认为村上的事务完全由村两委安排，只有15.4%的农牧民比较关注乡村事务。关于村务公开问题，40%的村民认为村上事务部分公开，村民知道；53.3%的村民表示对村上的事务都知道；6.7%的村民认为村上事务完全没有公开，不知道。而对于"在乡村事务中，农牧民的意见能不能被采纳"的问题，62.2%的农牧民认为，村上的事务，即使反馈了意见，也完全没有被采纳。阿坝州汶川县一位在家青年农妇表示："村里的事情也会公开，但主要是老年人去看的多，年轻人关注得少。年轻人平时干好自己的事情就行了。"另一方面，对乡村事务关注度低直接导致农牧民乡村治理参与程度低。当前，民族地区乡村事务治理主体依然是村两委，村民几乎没有参与乡村各项事务处理，即使参与也只是受村两委委托，提供一些劳务。从农民的参与内容来看，主要是选举等政治性参与以及与自身利益有关的社会参与，而集体公益性活动的参与程度低，这是与城市社区不一样的地方①。甘孜州稻城县某村农民表示，该村很少召开村民大会，基本上一年也就一至两次。而大多数村民在访谈中提出，"村两委班子愿意咋个弄就咋个弄，我们反正也

---

① 梁影，何玲玲. "赋权理论"视角下西部民族地区农民社区参与研究 [J]. 安顺学院学报，2021，23（4）：11-17.

弄不懂，我们把自己家里的事情弄清楚就行了"。农牧民无参与、不愿参与是民族地区乡村治理的普遍现状。没有参与，自然无法体现主体地位，发挥主体作用。

### 4.3.4 农牧民各领域参与度有所提高，但参与范围有限

后脱贫攻坚时期村民能动性的改变，源于脱贫攻坚时期的培育。脱贫攻坚时期，民族地区由于贫困程度深，脱贫难度大，是国家着力最多，资金、项目、人力倾注最多的地区，也是脱贫攻坚成果最显著的地区。特别是涉藏地区和彝区，政府通过易地搬迁、社保兜底等方式，让乡村面貌发生了翻天覆地的变化。课题组在昭觉县沐恩邸社区（易地搬迁集中安置社区）调研发现，村民的居住条件发生了质的改变，原来破败、矮小的土墙木屋置换成为光鲜、宽敞、坚固的小区房，生活方式也发生了质的改变，由村民变为"居民"，由村小组变为"社区"。这个是物质条件的变化，更伴随着村民精神面貌的变化。沐恩邸社区党委书记告知课题组："原来开个会，东喊西喊也来不了多少人。现在开个会，社区高音喇叭一广播，在家村民都来了，而且晓得自己把板凳带上。村里的事情，都愿意关注了。"课题组发现，这不仅仅是沐恩邸社区的现象，在喜德县思果觉村、布拖县石咀村的村两委"三务公开"栏前也不时有村民前去查看。关于这种变化的原因，某驻村第一书记的看法很具有代表性："一是国家往民族地区投了很多钱，应该是用于乡村发展的，村民对这部分钱的分配和用途越来越关注。二是脱贫攻坚期间，民族县政府组织村民朝东部帮扶地区进行大量劳务输出。村民在劳务输出中，眼界、见识开阔了，政策也知晓了。反而因为'离乡'而更关注乡村的事务了。"

在产业发展方面，民族村都在想方设法引进企业，比如布拖县拖觉镇石咀村引进企业投资建设 3 600 亩高原蓝莓产业园，绵阳市涪城区在昭觉县对口帮扶建设 5 100 亩涪昭产业园等。如此大规模的产业投入，需要大量的人力投入，特别是当地人力的投入。"村民都在园区去上班了，原来不想上班的，也找不到人一起喝酒、打牌了，不跟着去园区上班，又干什么呢？"石咀村原村主任如是说。"村民到园区打工，特别是老年人打工，有一个好处，就是纾解了老年人的寂寞、孤独，大家说说笑笑，增强了老年人的幸福感。"冕宁县农业农村局某领导更是看到了村民投入产业运作，

除了实实在在的物质收益外，还获得了无形的精神收益。布拖县博作村一位村民通过养高山绵羊致了富，村民看在眼里，落实在行动上，也跟着饲养，"现在大家都比哪个挣钱多！都在想方设法找门路，整产业！"某驻村第一书记告诉我们。冕宁县在前期开办家庭农场取得成功的村民的带动下，两年多时间，新开设了 4 000 多家家庭农场，种植阳光玫瑰葡萄、烤烟、油橄榄、核桃、蔬菜等，养殖黑绵羊、牦牛等，联农带农，促进了农民增收，也为冕宁家庭农场示范县创建提供了良好的基础。

喜德县红星村通过发展养殖、种植专业合作社，吸收农户参与，带动了农民增收。具体情况见表4-1。

表4-1 喜德县红星村专业合作社联动农户发展情况

| 专业合作社名称 | 注册资本/万元 | 参与农户数量 | 经营范围 | 分红情况 |
| --- | --- | --- | --- | --- |
| 旺天星养殖专业合作社 | 55 | 13 户 | 养牛、养绵羊 | 每年投工投劳的分红 3 000 元；未投工投劳的分红 1 500 元 |
| 兄弟种植专业合作社 | 60 | 8 户 40 人 | 种植花椒、养猪 | 每年投工投劳的分红 3 万元；未投工投劳的分红 2 万元 |
| 依自崛专业合作社 | 100 | 47 户 164 人 | 养殖牛、羊，种植花椒 | 每年每人分红 100 元 |

课题组也看到了一个现象，后脱贫攻坚时期，尽管经过前期培育，民族地区农牧民的能动性有了很大提升，在产业发展、乡村治理等方面的参与性有了极大提高，但农牧民的这种能动性很大程度上是跟当地村两委的作为相关联的，参与的范围也取决于当地村两委在乡村事务上的开放度。换句话说，村民能在哪些方面参与，参与程度如何，依然取决于村两委的看法和做法。村民对乡村事务的自我决策、自我管理有限，能动性有待进一步培育和开发。

## 4.4 原因剖析与制约因素呈现

发现问题→剖析原因→通过原因寻找问题的解决之道是研究的基本路

径。调研发现，农牧民在乡村振兴中的主体地位确立和主体作用发挥存在现实和理论的偏差，主体地位悬空，主体作用未明显发挥。为什么会出现这种情况？主要有外在环境和内在原因两个大的原因和若干细分原因。

### 4.4.1 经济社会发展阶段和社会发育程度不支持

民族地区多是深度贫困地区，经济社会发展滞后。在 2020 年全面建成小康社会以前，解决乡村问题的着眼点和精力集中于脱贫攻坚历史性任务的完成，现阶段乡村工作的重心是在政府政策干预和引导下，避免大规模返贫。尽管乡村振兴战略于 2017 年提出，2018 年开局，2019 年深入推进，但对于四川民族地区来说，迟至 2020 年才正式完成脱贫攻坚任务，比如甘孜州稻城县 2019 年 3 月完成脱贫攻坚任务，凉山州越西县 2020 年 11 月才被四川省批准退出贫困县序列。因此，未来很长一段时间内，如何防止农牧民返贫是政府关注的重心。农牧民自身关注的也是如何在政策引导下奔向共同富裕。乡村发展的主动性、乡村治理的参与度并不在他们考虑的范围之内。这种状态将在很长一段时间内制约农牧民主体地位的确立和主体作用的发挥。尽管按照要求，民族地区政府也确定了乡村振兴示范镇，但只是进行"规定性动作"，比如制定乡村振兴规划。稻城县将某镇确定为乡村振兴示范镇，但截至 2019 年 8 月，该镇的主要工作是通过专业部门，制定了 6 版、共 186 页、重达 4 斤多的一本规划。对于规划内容，镇委书记坦言，一般的镇干部尚不太清楚，也看不懂，更遑论普通的农牧民。普通农牧民，甚至政府相关工作人员对乡村振兴战略何时实施、如何实施，并没有相关概念。笔者在稻城县调研时，某部部长和工作人员对于乡村振兴的具体实施部门、实施时间给出了不同的答案。农牧民有部分知道乡村振兴，有部分甚至完全不知道。在这样的发展阶段，谈乡村振兴中的农牧民主体问题，通常会让调研人员有无奈的感觉。

另外，民族地区社会发育程度低，农牧民主体性潜藏，社会主体意识的觉醒滞后于个体意识，公共精神缺失，集体责任感相对淡薄；个体能动性缺乏，习惯于被领导、被决策、被组织、被推动，主动性、创造性差，参与性弱，甚至有些地方出现了"伸手要"的现象①。农牧民主体地位事实上"空挂"，非常不利于乡村振兴战略的深入推进。比如部分民族州县

---

① 陈方南. 中国农民主体性问题考察与路径构建 [J]. 求索，2010（8）：65-67.

政府"在使力拉"，农牧民却在"慢吞吞应"，特别表现在促进农牧民增收上。在民族地区调研发现，农牧民收入的 60% 以上来源于务工，有所谓"一人务工，全家不穷"的说法。基于此，地方政府在提高农牧民技能方面，想方设法制定各项政策，多措并举促进农牧民增收。比如凉山州昭觉县和布拖县实施了就业帮扶全覆盖政策，通过加强培训增强农民就业本领，搭建劳务平台。但现实状况是农牧民参与培训、提升务工技能的响应度和主动性远远不够。政府还必须配套实施物质激励，比如给予学习补助（凉山州昭觉县补助标准为每人每天 50 元，布拖县补助标准为每人生天 30 元），以及将培训实操成果带回家（比如政府提供食材、农牧民实操完成的菜品可以带回家）等，才能激发农牧民参与厨师、电工、服务员等技能培训。

但与此同时我们也看到，农牧民一旦主体意识被激发，潜能被挖掘，将产生蓬勃力量。比如 2019 年松潘县川主寺漳腊老街进行改造提升，在这个过程中，通过充分宣传，群众意识到街道改造跟自身长远利益的关系，都积极配合。为了让道路更加宽敞和通畅，今后的发展更加顺利，群众自愿让出自家的土地、院坝、房屋，没有要政府 1 分钱，实现了征拆零赔偿，为国家节省了 2 155 万元的赔偿金（根据统计，漳金 1 村 2 村 3 村村道硬化维修项目征地拆迁赔偿资金需要 1 800 万元；2017 年川主寺镇棚户区改造配套基础设施项目征地拆迁赔偿资金需要 200 余万元；文昌宫至雪山梁隧道道路建设项目征地赔偿资金需要 155 万元）。这个案例充分说明了群众主体力量的强大，也充分说明了发挥农牧民主体作用的重要性。

### 4.4.2 自上而下的乡村振兴推进模式不支撑

长期以来中国乡村采取的是自上而下的发展模式，而非自下而上的发展模式。农民处于弱势地位。政府主导农民，替他们做决定，并未考虑他们的主观意愿，限制了他们主体作用的发挥。比如，对国家扶持资金的使用、项目建设类型和建设地点的选择、乡村振兴示范点和示范村的选择等，农民没有主动权，政府掌握了决定权，在一定程度上影响了农民的参与权、自主权和决定权，进而影响农民积极作为。这种模式因循的是斯科特意义上的"国家的视角"①，决策逻辑是从中央政府传递衍生至基层政府，农民基本上是既定作为模式的接受者和实践者。这种模式下所确定的实践策略，常常忽略了乡村社会的复杂多变性，而倾向于对乡村社会生态简单图示，结果就是忽视乡村社会秩序的流变特征，忽视农民内在的发展诉求和行动逻辑②，形成"被动型"乡村社会。落脚到民族地区，政府对农牧民的能力更是缺乏信任，倾向于自上而下地"倾灌"，结果可能是"硬拉着"完成了上级任务，但忽略了农牧民自我需求和主动性的培育，对民族地区经济社会的可持续和良性发展产生不利影响。

具体到乡村振兴，调研发现这种自上而下的模式没有发生根本改变。无论是民族地区领导干部还是农牧民，都认为乡村振兴的主体力量是政府。具体的实施模式是政府出台相关政策，并利用政策撬动社会资本参与乡村产业发展，布局相关力量推动乡村治理（比如实施特派员制度，派驻村工作队等），决策由他们做，组织由他们实施，而农牧民处于被安排、被组织、被动员地位。这种自上而下的模式，在脱贫攻坚战役中发挥了巨大作用，保证了脱贫攻坚战的胜利，但也造成农牧民形成了一定的路径依赖，习惯于被政府"推着走、拉着走"，等待政府发补贴。乡村该发展什么产业、文化该如何传承、乡村社会该如何治理，并不在农牧民的考虑范围内，认为"政府会安排、规划"，自己等待安排即可。

另外，民族地区村干部的管理能力不足，动员农民参与社区公益性事务的控制力和吸引力较弱，使得农牧民的参与停留在"弱参与"阶段，即表面化、层次低的参与。加上西部民族地区信息化建设起步与发展滞后，农村留守老人与儿童多，农牧民获取信息的能力低下，导致其在国家政策方针、村务动态等信息的获取上受阻，严重影响了农牧民参与社区事务的主动性和积极性。

### 4.4.3　农牧民主体意识潜藏，不契合主体地位要求

乡村振兴中的农牧民主体地位源于理论界的外部构想。从政府到学术界都提出要坚持农民主体地位。历史演进也证明了坚持农民主体地位是革命和改革取得成功的决定性因素。但这种主体性的外部显化，必须得到主

---

① 斯科特. 国家的视角 [M]. 王晓毅，译. 北京：社会科学文献出版社，2004：6.
② 沙垚. 乡村文化传播的内生性视角："文化下乡"的困境与出路 [J]. 现代传播，2016 (6)：22.

体自身觉醒意识的支撑。就目前来看，在民族地区的乡村振兴中，农牧民主体意识还处于潜藏阶段，意识觉醒尚需要时间。所谓"意识是行动的先导"，缺乏意识支撑下的农牧民行动，也就表现出被动性，被组织、被领导、被推动，难以自动发起、参与乡村振兴各项产业活动、治理活动。冕宁县政府工作人员认为，民族地区群众，特别是部分脱贫群众"等、靠、要"思想依然存在，就原因来说，他们归结为"受限于文化水平、生活习惯和个人技能"等。

一些农牧民虽然有参与意愿，却在知识和眼界等的限制下，不知道如何切入和参与乡村振兴，特别是对乡村振兴战略同自我生产生活的关联性缺乏清晰认知。比如农牧民有发展产业的意愿，但85%的农牧民对发展什么产业没有切实的想法，认为政府会规划会安排，倾向于等待政府的决策引导。例如木里县某村，当地政府发放核桃苗引导村民种植核桃，农民起初因种植核桃收益低不愿意栽种，在政府承诺成活一棵树补贴50元，而且后续帮忙销售后，农民才愿意栽种。另外，民族地区农牧民对于利用信贷资金发展产业意愿不强，认为风险大。凉山州某县为帮助农民种植花椒脱贫，曾经制定可以无抵押贷款5万元的政策，但只有10%的农民表示感兴趣，愿意贷款。当地农民对课题组表示："既然国家支持农民，那让我们种什么我们就种什么，保证我们挣钱就行，贷款、技术、政策、销售等政府帮我们搞定就成。"

### 4.4.4 农牧民主体能力低下，不匹配主体地位要求

民族地区农牧民要切实履行主体责任，发挥主体作用，前提是要有主体意识，基础是要具有主体能力和相应的知识。农牧民主体意识和主体能力是有效承担主体责任的内因。但农牧民长时间缺乏公共生活体验和公共活动组织经验，没有构建起对公共事务的管理知识体系和管理能力体系。特别是如何参与乡村振兴，如何组织和调动乡村资源和要素，如何有效治理乡村社会等，更是农牧民现有能力无法解决的问题。调查问卷显示，62%的人认为农牧民在乡村振兴中参与程度不高的原因是农牧民的知识体系不完善、能力不强。

调研发现，民族地区农牧民能力体系总体薄弱，亟待有效建构。一是缺乏"前瞻性眼光和理性预判能力"。民族地区农牧民产业发展随意性强，考虑问题的长远性弱，对未来发展的理性预判能力达不到产业发展要求。

比如北川县某镇农牧民依据当时看得见的条件搞"农业嘉年华",投入了大量建设资金,但没预料到水源很快因为气候变化而枯竭,导致项目无法持续下去,前期投入成为沉没成本,并影响农牧民后期跟进和投入。二是缺乏"体系化思维"。民族地区农牧民受教育程度依然较低,思考问题、解决问题思维单一,方法有限。2020 年阿坝州农村居民恩格尔系数为 38.1%,用于教育、旅游等领域的支出相对较低。茂县、红原县农牧民普遍只具有初中文化水平。受教育水平低致使农牧民适应不了发展的系统性要求。茂县某镇引导农牧民种苹果,尽管"手把手教了疏果,但农牧民想法简单,舍不得疏果,长了一长串小苹果,影响了苹果品质,卖相不好",最终没有达到良好的效果。凉山州某县个别乡镇种植葡萄(阳光玫瑰)产生了很好的市场效益,该乡镇户均年收入 30 万元以上。其他乡镇纷纷跟随种植,两年内葡萄种植面积和规模大幅度增加,达到 7 万多亩。葡萄产量随之大幅增长,供给过剩现象严重,农民为销售葡萄互相压价,造成了极大损失。三是民族地区农牧民现代化产业技能和知识缺乏。民族地区教育相对滞后,教育内容集中于通识教育。农牧民关注温饱问题的解决,接受职业教育和现代化教育的意愿低、时间少。尽管政府也在不断组织农牧民接受技能培训,但碎片化和形式化现象较为突出,效果不太显著。乡村振兴视野下的乡村产业发展,必须以现代科学技术为依托。当前农牧民的素质和能力同这种要求的匹配度还较低,不能完全满足发展现代农业的要求。四是对政策的认知和把握能力弱。国家为支持民族地区发展,出台了若干支持性政策。但调研发现,农牧民对政策要么理解不全,要么理解不到位,将政策有效运用于乡村发展的能力弱。绝大多数农牧民对政策的了解来源于村两委的宣传,认知程度也取决于村两委的宣传程度。自我主动认知和了解得少,理解深度也有限,造成了不能主动地运用政策发展生产、参与治理的困境。

### 4.4.5 农牧民主体权利缺失,不相称主体地位要求

主体权利是主体地位得以实现的保障。主体权利是指通过制度建构赋予人们自主行动、确保能动性发挥的各项权利,目的是保障人们的主体地位在社会实践活动中得以确立和展现。马克思认为,"人们为之奋斗的一

切，都同他们的利益有关"①，"任何人如果不同时为了自己的某种需要和为了这种需要的器官而做事，他就什么也不能做"②。换句话说，人们发挥自我能动性和积极性的目的是满足自我需要，实现自我利益。因此，农牧民要实现主体作为，发挥主体作用，前提是主体权利必须以制度形式确立和保障。

在实践中，民族地区农牧民的种种权利虽然随着经济社会的发育不断成熟而强化，但农牧民并没有真正获得主导权，甚至有些权利缺乏实质性。比如在乡村经济建设方面，乡村集体产权由村两委掌握，土地是否流转、土地上种什么、谁来种、收益如何分配并不由农牧民说了算。在乡村治理方面，农牧民虽然获得了法律层面的独立主体地位，但缺乏实际意义上的政治主导权，乡村如何治理、如何发展的决定权并不在农牧民手中，乡村运转规则制定也是由政府或者村两委说了算。在乡村文化传承方面，通常是县级政府制定和引导传承方向，确立传承项目，农牧民一方面受制于普遍偏低的文化水平，另一方面也受到城市中心主义文化心理影响，缺乏文化传承的主动认知和主动作为，甚至忽略了对传统文化的传承。这些权利的缺失制约了农牧民主体作用的发挥。

### 4.4.6 人才资源集群效应缺乏，制约农牧民实现主体地位

乡村发展，主要在人。人的能力成长，需要平台引导，需要集群影响。目前民族地区"留不住本地人"，"引不来外地人"，乡村发展缺乏人力载体支撑，农牧民成长缺乏人才集群效应的正向激励。一是民族村显现出农牧民"离场"态势，产业发展缺人。民族地区土地产出率低，农牧民60%以上的收入来源于务工。《2020年农民工监测调查报告》显示，2020年全国有2.8亿农民工，其中外出农民工将近1.7亿人，占比达到60%③。民族地区的农牧民是这些农民工重要的组成部分。农牧民外出务工，导致民族村农牧民"离场"现象严重，主体作用发挥缺乏载体支撑。民族州县乡村外出人口占75%左右。凉山州一些乡村出现了整村外出的情

---

① 马克思，恩格斯. 马克思恩格斯全集：第1卷 [M]. 中共中央马克思恩格斯列宁斯大林著作编译局，译. 北京：人民出版社，1956：82.

② 马克思，恩格斯. 马克思恩格斯全集：第3卷 [M]. 中共中央马克思恩格斯列宁斯大林著作编译局，译. 北京：人民出版社，1979.

③ 袁绫，陆志锋. 重塑"家园意识"推动乡村振兴路径探讨 [J]. 当代县域经济，2022（1）：50-53.

况，农牧民离家园越来越远。外出农牧民原来一年还回老家好几趟，现在基本上彝族年才回来一趟。跟随农牧民外出的还有毕摩，为外出农牧民实施宗教活动提供了条件，更加剧了农牧民的流出。二是民族地区"引不来外地人"。民族地区多处高寒地带，生产生活条件艰苦，创业氛围也不浓厚，"引人"一直是个难题。阿坝州和甘孜州某些县领导毫不讳言，"民族地区干部最大的愿望就两个：存钱在成都或者周边买个房；把娃娃供到大学"，"引进的人才根本留不住，人才政策成了'跳板政策'"。2015 年某民族县曾经引进 10 个本科生，后来只留下了 1 个。

### 4.4.7　农牧民人口结构失衡，制约农牧民实现主体地位

人口结构失衡是影响农牧民主体地位实现、主体作用发挥的因素。当前民族地区乡村同其他乡村一样，存在青壮年农牧民外流，农村留守的农牧民存在结构失衡问题。一方面，随着城镇化步伐加快，更多的乡村人群流入城市，乡村变老变沉静。2021 年，我国常住人口城镇化率达到64.72%，意味着每年大概有 1 500 万人流入城市，充实着城市，丰富着城市；每年还有大约 2 000 万非户籍的农民工游走于城市。这些人从哪儿来？自然是来源于乡村。那留给了乡村哪些人？妇女、儿童、老人已经是传统的说法了，现在的乡村，留下的是老人、残疾人，连妇女和儿童也已经走出了乡村。妇女和儿童走出乡村，也与当前的乡村教育格局变迁有关。随着自然村人口的缩减，村组和乡镇改革，很多村小消失，儿童到镇小学甚至到城市小学读书，也席卷着有照顾能力的家人到镇、县。因此，留在乡村的多是老人和残疾人。

留在乡村的还有因年龄过大和城市产业结构变迁而不能适应产业发展的部分第一代农民工。他们没能实现乡村和城市户籍的转换，又不能满足现代化进程中城市产业发展对更高技能的需求，只能回到乡村。截至 2020年年底阿坝州某县农牧民外出务工返乡人员仅有 46 名，阿坝州马尔康市某村外出务工返乡人员仅 3 名。在这样的留守农牧民结构中，要农牧民承担起主体责任，发挥主体作用是很不现实的。只有随着乡村振兴战略的推进，变革民族地区乡村人口结构，才能带来根本性的改变。表 4-2 为阿坝州、甘孜州和凉山州 2015—2020 年城镇化率变迁情况。

表 4-2　2015—2020 年阿坝州、甘孜州和凉山州城镇化率变迁情况　　　　单位:%

|  | 2015 年 | 2016 年 | 2017 年 | 2018 年 | 2019 年 | 2020 年 |
|---|---|---|---|---|---|---|
| 阿坝州 | 34.6 | 35.7 | 38.92 | 40 | 41.15 | |
| 甘孜州 | 28.06 | 29.3 | 30.56 | 31.66 | 32.94 | |
| 凉山州 | 36.04 | 未公布 | 未公布 | 未公布 | 37.13 | |
| 凉山州喜德县 | | | | 25.1 | 25.6 | 26.03 |

数据来源:各州县国民经济和社会发展统计公报和各年度政府工作报告。

　　由图 4-1 可以看出,阿坝州和甘孜州城镇化率逐年递增,很显然的结论是农村人口不断流入城镇,乡村人口逐年递减。实际上,除了户籍人口的变化,还存在着城镇流动人口的增加,特别是青壮年流往城市,期待在城市获得更大的发展。民族地区人口结构的变迁,直接引致乡村在发展产业、治理生态环境、振兴文化、社会建设等各方面人才支撑力量的变迁。在总体缺人,尤其是缺少有知识有能力青壮年劳动力的情况下,农牧民主体地位很难得到现实显现。

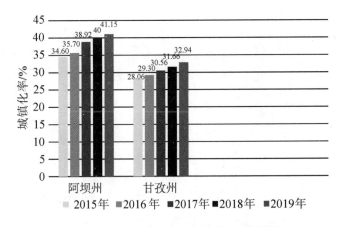

图 4-1　2015—2019 年阿坝州和甘孜州城镇化率变化情况

　　此外,农牧民人口结构分化也导致难以支撑其主体地位实现。主体地位实现和主体作用发挥有三个前提条件,一是拥有权力,二是数量占优,三是具有强大的凝聚力。目前民族地区农牧民在数量上是占优的,但在发展中出现了分化情况,群体多元且利益取向多元。这些群体大致可以分为:村两委干部、真正意义上的农牧民、下乡产业资本经营主体、个体经营者、外出务工人员五类。这些人虽然名义上都是农牧民,但他们却有各自的利益诉求，在某些方面甚至存在利益冲突。在乡村建设和发展过程中，群体利益会引导群体行为。比如真正意义上的农牧民，更关注针对农牧民的政策，如农牧民住房、医疗、教育等公共服务方面的政策；而下乡产业资本经营主体更关注的是水、电、路等基础设施，关注各项产业补贴；个体经营者、外出务工人员对这些都不太关注，他们更关注自身的工作。因此，民族地区建设高标准农田，农牧民对此会更加乐意接受，而其他人则会态度消极甚至出现反对意见。利益分化导致难以形成共识，对主体决策和作用发挥造成阻碍。

# 5 实现农牧民主体地位的历史、国别比较与借鉴

博古是为了通今，览外是为了鉴内。在民族地区贯彻落实农牧民主体地位，需要从更高远的视角，以内外和历史比较借鉴的方式打开思路。就国外来说，一般情况下，当城市化达到50%的时候，发达国家的乡村就会经历由衰落到复兴的过程。与此相对应，就会进行乡村保护、乡村更新、乡村营造，进而实现农业现代化，使乡村与城市的居民收入和生活水平差距不断缩小，基本上形成城乡经济一体化的新格局，乡村焕发生机和活力。中国的城市化不过数十年时间，而农村、农民已存续数千年，农民在乡村经济社会乃至整个国家经济社会发展中都曾起着巨大的作用。在乡村发展的历程中，也曾有波澜壮阔的改革行动，有些成功了，有些失败了。在国内外乡村建设的成功与失败案例中，农民身影和力量的"剪影"，或许能为今天乡村振兴中农牧民主体地位确立和作用发挥提供一定的思考和借鉴。

## 5.1 国外乡村建设中凸显农民主体地位的国别经验

20世纪中期开始，日本、韩国、丹麦、法国、德国等国家陆陆续续进行了乡村建设和改革，比如日本开展的造村运动，自1970年起韩国政府发起的新乡村运动，丹麦实施的乡村民众教育活动，2000—2006年法国实施的乡村发展计划，德国20世纪60年代实施的乡村竞赛发展计划。这些国家的乡村建设取得了良好的成效，结束了城乡二元格局，发展了乡村。法国的乡村被称为"童话世界"，人们认为法国"最美的地方在乡村"；德国的乡村被认为是德国的"灵魂"所在。这些国家的乡村建设活动为我国乡

村建设提供了经验借鉴。

### 5.1.1　日本乡村建设中凸显农民主体地位的做法

日本从 20 世纪 50 年代中期开始，直至 20 世纪 70 年代，分三个阶段即新农村建设构想阶段、乡村社会建设阶段、造村运动阶段进行乡村振兴。第一阶段，从 1956 年至 1962 年，历时 7 年，主要的做法是出台财政、税收等国家政策，比如财政补贴乡村建设 480 亿日元，推动农民创新创业，发展畜牧种植，实施乡村技术改造，提升农业基础设施（基本农田建设、电力、水利）水平，最大限度发挥农民的能动性。第二阶段历时 12 年之久，主要目标是着力缩小城乡差距，推进城乡一体化发展；主要做法是继续利用财政、税收等手段，特别是投入大量财政补贴，提升乡村生产生活基础设施水平，改善生产条件和农民生活条件。第三阶段是从 1970 年开始的造村运动，一方面消除城乡基础设施差异，另一方面着力于乡村地方特色农产品建设，"一村一品"发展区域经济，保存地方特色品牌，传承乡村特色文化。

纵观日本三个阶段的乡村建设，主要做法和经验体现在以下六个方面：

一是坚持激发农民主体意识，坚持自下而上原则。比如三个阶段都是政府出台激励政策，着重引导农民参与。在造村运动中特别提道，一切行动的主体是居民，要以农民的自立自主、民意得到体现和表达为前提，实现一切行动由各社区、村镇自己掌握，政府仅在政策与技术方面对乡村建设予以支持，不直接下达行政命令，不指定乡村生产品种，不拿钱包办乡村产业发展[①]，主要目的是引导农民自主思考，主动参与乡村建设。

二是着力于教育，提高农民治理、发展乡村的能力。日本针对具有高中或同等学力、独立从事家庭农业或农业领域工作的农民专门开办了 52 所农业大学，用于开展农业教育。农业大学的教学内容设置体现了农业领域发展的针对性和实用性，主要开设课程涉及农业生产发展技术、环境建设、农业生产经营和发展需要的经营管理理念和方法等。其意在通过对农民的教育，提升农民发展现代农业的技能，比如具备发展现代农业的观念，思想先进，掌握现代农业经营管理方法，能够操控现代农业设施

---

① 曲文俏，陈磊. 日本的造村运动及其对中国新农村建设的启示 [J]. 世界农业，2006（7）：8-11.

设备。

三是大力建设和完善农业发展相关基础设施。完善基础设施是促进农业健康良性发展的基础条件。日本政府非常重视农业领域基础设施的建设，通过财政补贴完善农田水利、道路、农业设施等。比如在农村发展第二阶段，日本政府加强农业补助，对农业基础设施建设规划范围内的3 100市町村，不仅向每个市町村直接提供9 000万日元补助，而且还给予2 000万日元的金融贷款，用于发展现代农业设备设施①。

四是推进农民组织化建设，应对农业市场发展需求。日本着力于提升农民组织化程度和合作化程度，通过建设社区性合作组织和政府导向性非营利组织，比如"农业协同组合"组织②，武装农民。一方面利用组织力量，提升农民的社会地位，推广现代技术；另一方面，组织系统性培训，提升农民技能，提高农民规避市场风险、有效应对市场需求的能力，提升市场适应性，促进农民增收，同时，借助组织力量，维护农民权益，保障农民利益。

五是完善法律法规体系，保障农业规范化、持续化运行。日本政府除了对农业领域提供资金扶助外，更对其给予法律法规保障。为缩小城乡收入差距，1961年日本政府制定了《农业基本法》，提出持平农民和城市工人之间的生活水平，长期保护农业关税，资助农田基本建设，增加对改良和导入大型农业设施的农户的政府补助等政策。39年后又制定了《粮食、农业、农村基本法》，将其定为新的农业基本法，并确立了两个基本理念：一是农业农村除了供给粮食外还包括多方面的功能、作用和价值；二是强调尊重农业自然规律的可持续发展，不盲目追求经济效益无限制开发农业资源。

六是兴起造村运动，促进农民发展特色农业。资金扶助、财政投资只是外部短期力量，长期来看，还是需要构建乡村内生发展能力。为此日本兴起造村运动，提出建设"一乡一品"。"一乡一品"的内涵和出发点就是充分挖掘、建设每个乡村独具特色的优势产品，包括农特产品、乡村旅游产品、乡村文化产品等，以独特性赢得市场，并通过长期性、持续性建设形成品牌，进而进军国际市场。日本造村运动，还确立了以本乡土为立足点，着眼世界市场，尊重农民意愿，以创新和自立为引领，建构人才支撑

---

① 孙波，白永秀等.日本城市化的演进及启示 [J]. 经济纵横，2010 (12)：84-87.
② 高晓巍，左停. 国外农民合作组织发展及启示 [J]. 世界农业，2008 (5)：7-9.

等原则，极大提升了乡村发展的内生能力，取得巨大成功。

### 5.1.2  韩国乡村建设中凸显农民主体地位的做法

在工业化、城市化进程中，韩国乡村也出现了一系列问题，如急速拉大的城乡居民收入差距，严重不平衡的城乡发展状况等。同时，韩国也存在发展农业适用耕地少、山地多的难题。韩国耕地面积占全国土地面积的22%。而推进乡村现代化建设就是这些问题的破解之道。因此，从20世纪70年代开始，韩国推行新乡村运动。新乡村运动持续了近20年，可以概括为五个阶段：

一是新乡村运动的起步阶段，时间段为1970—1973年。在这一阶段，政府通过免费发放生产资料的形式调动农民建设乡村的积极性。政府提供免费的水泥、钢材、木材等材料并给予技术指导，农民负责实际行动，完成建设乡村的任务，最终提高农民的生活水平。基础设施建设项目有改善村民厨房、升级村民厕所、修建公路、修筑围墙、建立公用洗衣场等。

二是新乡村运动的全面发展阶段，时间段为1974—1976年。主要包括两方面举措：一方面，持续加强基础设施建设；另一方面，着眼于提高农民的收入水平，通过制订增加收入计划、调整传统落后的农业生产结构、提倡集体耕作等方式，实现农民收入的提高。此时，新乡村运动的影响范围迅速向城镇扩张，逐步演进，最终发展为全国性的现代化建设运动。政府也大力鼓励理工类大学和科研所的教师、科技人员进入乡村，开展宣讲培训活动，推广先进的农业技术和农业文化，以技术武装农民。

三是新乡村运动的增收综合开发阶段，时间段为1977—1980年。主要在两方面发力：一方面，持续关注上一阶段发展重点，把农牧业、特色农业、农产品精深加工业作为重点发展领域，以促进农民增收；另一方面，着力推进农村保险事业、农村电气化事业、治山绿化事业、大面积山地开发事业等。在这期间，政治动荡导致新乡村运动受到非议。于是，政府进行了深刻的调整，改变了以前的自上而下的政府主导模式，转向农民自发的、创造性的、多样化的农村建设。

四是新乡村运动的国民自发运动阶段，时间段为1981—1988年。这个阶段政府大幅度调整新乡村运动的政策和措施，推动自身身份逐渐转变，从主导者转化为协助者，利用制订乡村规划、出台政策等手段，在技术、服务、物资等方面提供帮助；重点着眼于调整农业产业结构，大力促进农村金融业、流通业的发展，进一步实现农村生活文化环境的改善。收入和生活水平基本达到城市居民水平，成为当时韩国农村居民的普遍想法。

五是新乡村运动的自我发展阶段，时间段为1988年以后。该阶段着重关注农村社区建设和经济开发，积极推动共同意识教育、法治教育，倡导推动国民伦理道德建设，大力发展城乡流通业。

通过五个阶段的建设和发展，韩国农民的自信心得到增强，农民进行农业生产经营自主决策的习惯得到了培育，极大地提升了农民在生产经营中的积极性，明显地缩小了城乡收入的差距，并促使韩国最终迈进世界经济强国的行列。

回望和总结韩国的新乡村运动，其特征和经验主要集中于以下几个方面：

一是高度重视乡村建设的农民主体地位，全面激发农民潜力。这个特征和经验在韩国新乡村运动中得到了极大展示。韩国政府确立以工补农、城市反哺农村的国家工业化战略，着力于规划引导和建设指导，对新乡村运动进行系统而全面的规划，由领导机构和组织机构自上而下统一推动和实施，围绕总体目标分阶段、分步骤推进。建设的主体是当地农民，政府通过发放实物形式，鼓励农民自发、努力、勤奋、自为建设乡村。在韩国政府看来，这是乡村建设的根本。唯有农民勤奋，才能积极投身于乡村建设和生产；唯有努力，乡村面貌才能得到改善；唯有农民自发，主体地位才能得到显现；唯有农民自为，才能彼此互相协作，把分散的小农力量整合成发展乡村的整体势能。基于这种认知，韩国政府在新乡村运动伊始，即向全国乡村发放水泥和钢筋，支持乡村建设①。政府免费提供水泥，极大改善了乡村的基础环境。以此为撬杠，撬动农民投入资金和劳力，改善居住环境，例如拓宽道路、修河架桥、改造屋顶围墙、建造公用水井和洗衣场等。1970—1978年的数据统计显示，当时每个村平均获得84吨水泥，2.6吨钢筋②。在水泥发放上，除起始年平均每村发放335包水泥外，第二年和第三年均根据各村建设的具体情况进行发放。第二年，根据建筑成效进行调整，成效显著的村庄给予奖励和扶持，相对地，对闲置浪费资源的

① 安虎森，高正伍. 韩国新农村运动对中国新农村建设的启示 [J]. 社会科学辑刊，2010（3）：83-87.

② 袁建岐，王俊怡. 国内外统筹城乡发展的经验及启示 [C]. 陕西统筹城乡发展研究，2011：286-294.

村庄，则不再继续给予建筑材料支持。第三年不再平均化、均等化发放建筑材料，而是根据新村建设的速度以及优劣程度对各乡村进行评比，并依据评比结果择优支持。当时韩国有35 000个村庄，被划分为基础、自助、自立三种类型，在各个村庄中形成了竞争、追赶的良性发展氛围①。至于农民拿到水泥、钢筋后用于何种项目建设，政府则不进行行政干预，而是充分尊重农民意愿，由各村根据实际情况、发展条件、基础设施等，选择和制定符合实际的发展模式。例如，村民自己选举乡村干部，由村民会议决定乡村发展决策，加强监管各类用于发展相关领域的支持资金等，进一步调动农村社区积极性。这种充分尊重农民选择权、促发展的开发式和择优奖励的政策，不是简单的财政物质支持，而是能够激发农民的奋发意识、竞争意识，在深度挖掘农民潜能的基础上，充分调动农民在建设乡村、发展乡村上的积极性、自为性、主动性、创造性。

二是乡村精神建设同物质发展并进，涵养乡村持续发展。韩国政府在推进乡村建设中，并不仅仅着力于乡村面貌改善，更看重乡村精神文化建设，为乡村发展提供持续动能。具体举措包括：一是通过建设各种文化载体，比如修建村民会馆、活动中心、图书馆、体验馆等农村文化设施，弘扬文化传承，推动经济发展和文化建设同步进行。二是举办各种文化活动，例如系列励志故事展演、文艺汇演等，充分激发农民互帮互助、团结一致、艰苦奋斗、热爱国家等精神。同时，由政府提出"创造更美好的生活""只要干，我们也能成功"等积极的宣传口号，影响村民的认知。此外，为使新乡村运动的性质和目的被村民理解、掌握，政府采用了多元化的宣传手段反复宣传、展示和推广，在潜移默化中建构村民投身新乡村建设的自发性。三是建设教育载体，持续培育适应新乡村建设的有效力量。为促进新乡村建设纵向深入，韩国政府设立新乡村研修院，以培养和训练新乡村运动中的指导骨干和中坚农民。四是通过对村庄分类激发农民的荣耻感和参与性。处在末位的村庄的农民会有紧迫感和危机感，从而激发出农民潜藏的合作意识、竞争意识和主人翁意识，并不断刺激他们主动奋发向上、积极作为。1981年，韩国98%的村庄都成了自立村，基础村几乎不存在。这些精神文化建设举措为韩国新乡村运动提供了强劲的动能。

三是完善法律体系，保障新乡村运动有序推进。新乡村运动有序推

---

① 刘清敏. 关键是让农民成为主体：韩国新村运动的启示 [J]. 求是, 2006 (22)：60, 35.

进，还需要完善的法律法规体系进行保障，这是一条重要经验。韩国政府向来重视从法律层面保障农业农村农民的权益，制定了作为农业宪法的《农业基本法》，并陆续制定 100 多部相应的配套法律，对诸如土地改良、农耕经营、农业信贷等进行规范和保障。《农村振兴法》《工业开发法》《农村近代化促进法》等多部法律构成了完善的农业农村发展法律体系，促进了农村各方面的发展，为新乡村运动的开展和农村现代化建设提供了法律保障。

### 5.1.3　法国乡村建设中凸显农民主体地位的做法

法国的乡村被称为是法国最美的地方，是"童话世界"。很显然，这有赖于法国在乡村建设上的努力。

法国的乡村建设重在激活农民主体力量。现代化建设进程中的农民，不是传统农民，而是新型职业农民。基于此，法国政府通过培育、借助组织力量和出台农业政策，激活乡村建设主体力量，发挥农民主体作用。一是开展各类培训，孕育新型职业农民，以适应农业现代化需要。农民的培训工作受到法国政府的高度重视，要求农业经营采取资格准入方式，即农民必须接受职业教育并取得证书。这也是享受国家农业补贴及各项优惠政策的条件①；农场主子女要继承经营农场，有学习培训时间要求，即基础教育之后，还得经过 5 年农校学习时期，3 年学徒期，且须经考核合格。这种完备的职业农民体系建设提升了农民的市场应对力和农业竞争力，促进了农业发展。二是建设农业合作组织，把分散的小农力量联合起来，以团体力量提升农民应对各类风险、掌控市场的能力。个体农场联合起来形成农业合作组织。这种合作组织对个体农场在市场中的竞争地位提升，农民收入增加，以及农民增强抵御自然风险、生活风险的能力起到了重要作用②。三是出台农业政策，引导农民朝着农业现代化方向进行变革。法国出台的农业政策重点着眼于促进农业现代化的六个方面：农业生产结构的调整、小规模农业经营状态的改善、成熟农业市场的形成、农民权益的维护、农业组织间协商与合作的规范以及农业社会服务的加强③。四是提供

---

① 张雅光. 法国农民培训与证书制度 [J]. 中国职业技术教育，2008（3）：27-28.
② 乐波. 法国农业合作组织及其对中国的启示 [J]. 社会主义研究，2005（5）：69-72.
③ 陈锡文. 法国、欧盟的农业政策及其对我国的借鉴作用 [J]. 中南林学院学报，2003（6）：11-14.

优惠贷款，在资金方面支持农业经营者的发展。据统计，20世纪70年代，法国政府提供了总额高达900亿法郎的农业贷款。总之，法国政府通过这几方面的举措，激活了乡村发展中的农民主体力量，使其积极投身于农业发展，改善乡村面貌，建设美丽乡村。

### 5.1.4　德国乡村建设中凸显农民主体地位的做法

德国的乡村被称为承载了德国"灵魂"的地方。德国政府在乡村建设中促进农民发挥主体作用主要采取了三大举措：一是完善关于农业农村农民的法律，通过对农民权益的保护激发农民投身于乡村建设的积极性和能动性。为有效保护农民权益，德国主要出台了《农业法》《农村社会保障法》《农民医疗保险法》等法律，建构起适应现代社会发展的农民社会保障体系，确立独立从事农业经营的农民同雇工和职员一样，也享有养老保险、医疗保险和其他社会保险，解决了农民的后顾之忧，可以义无反顾、自愿地参与到乡村发展和建设中去。例如，德国的《农业法》规定，农业从业人员的福利状况应该跟其他职业人员的福利状况相同。二是德国政府着力于提升农民素质及其发展农业生产的技能。为提升农民素质和技能，德国政府多措并举，比如采取了提高农业职业教育的地位、规范农业职业教育内容、加大农业职业教育资金投入等举措。与此同时，对参与农民培训的社会机构，德国政府还从法律层面进行规范。比如在机构建设、组织模式、经费来源及运营、相关奖励措施等多方面进行了明确规定，通过对权利、义务的界定，激励社会机构投身于农民培训[①]。多方力量的投入使德国农民的面貌在短时间内发生了翻天覆地的变化，一大批适应现代化需求的职业农民被培养出来。三是提供农业经营支持。从20世纪50年代起，德国政府就对落后的农业区域采取了投资补贴、财政拨款补助、提高农产品价格支持等措施，以推进农业发展。

### 5.1.5　印度乡村建设中凸显农民主体地位的做法

印度是世界著名的农业大国，也是世界上最大的大米出口国。印度农村建设中的有些做法也值得我们学习和借鉴。比如1947年印度在政治独立后，开始发展民族经济，在农村建设方面进行了各项改革，包括土地改

---

① 王克，张峭. 国外农民培训的模式及经验启示［J］. 农业展望，2009，5（2）：32-35.

革、乡村合作计划和乡村发展计划等。特别是在乡村实施的"绿色革命"值得称道。所谓"绿色革命",就是提高农业的科技化水平,改善水利设施,投入农业机械设备,推广高产良种,优化农作物布局等,提高农业单位亩产量,提升农业现代化水平。

在激发农村发展动能方面,印度政府主要采取了以下做法:

一是政府充分授权农民实施自治。印度政府理性认知政府和农民的关系,尤其是充分认识权力下放对农民参与乡村治理的激励作用,将政府权力授权给农民自治机构,自治机构进行自下而上决策。政府主要承担的职能是进行行政管理,提供科学的技术指导,针对性提供发展资金支持。农民在自我决策后,通过自治组织向政府申请项目发展基金,自主进行项目发展。

二是政府切实保障农民权益。不可否认,农产品价格低廉将严重影响农民投身农业的积极性。为破解这个难题,印度政府两头施策,确保农民收入。一方面,严格限定农业投入成本。在农资方面,规定农机、化肥、种子等投入品价格;在技术上,低价甚至免费向农民提供最新的农业技术。另一方面,为稳定农民的基本收入,从粮食购销方面入手,制定粮食最低收购价、政府配售制度等。

三是投资乡村基础设施,改善农村面貌,促进农民增收。印度政府致力于改善农村基础设施,比如修筑农村公路、建设农业水利设施、建设农村电力和通信网络、投资农村教育设施、实施农村饮水工程和厕所工程等,改善乡村生活环境,为农业发展奠定基础。同时,政府在建设基础设施的过程中,为农民提供了更多的就业机会,在一定程度上增加了农民收入,激发了农民生产的积极性。

四是实施乡村自我就业计划。印度政府认为,农村发展要靠农民,农民发展要靠自发自觉。基于此,印度实施了自我就业计划。政府鼓励农民获取商业信贷和政府资助贷款,给无房的贫困农民提供建房补贴,给其他农户提供"信贷加补助计划",用于乡村产业发展,促进农民自主创业,特别是使贫困农民在创业中就业,解决贫困问题,形成乡村发展活力。

五是激活乡村各种力量,特别是农村女性力量,参与乡村发展。早在1987年,印度政府就开始实施妇女培训和就业计划,向妇女提供培训和教育,帮助妇女在乡村就业,如参与农业生产、从事小型家畜家禽养殖、进行手工纺织、参与饮水工程和农村厕所工程等乡村基础设施建设。一方面提升乡村生产活力；另一方面促进妇女增收，提高妇女经济地位。印度实施农村厕所工程时规定，该工程中10%的资金将用于建造和维护女性公共厕所。

六是建设农民合作协会，发挥组织力量。印度在农村建立了各种农业协会，联结起农业生产和销售，集聚分散力量，发挥组织作用。产销通过协会直接对接，避免了中间商赚取差价。农民协会的作用在印度奶业发展中尤其明显。奶农协会起到了联结普通奶农和大市场的中介作用，不仅为奶农的收入稳定提供保障，也保证了印度市场牛奶的持续供应。

### 5.1.6 国外的经验启示

日本、韩国、法国、德国、印度等国的乡村建设各有各的举措，但总体来看，共同的一点就是确立了农民的主体地位，激发了农民的主体力量，发挥了农民的主体作用。也正是这个共同举措才使这几个国家的乡村建设取得了成效。很显然，乡村建设如果只有政府单方面投入，作为乡村主要成员的农民主体力量未被激发，则乡村建设最终会流于形式，难以取得成效，更缺乏持续发展的可能。只有认识到农民在乡村建设中的主体地位，并且采取措施激发他们的潜能，乡村建设才能有持续的、强大的活力。基于这种认知，日本、韩国、法国、德国、印度等国采取了先验性举措，也为今天中国乡村振兴如何凸显农民主体地位、发挥农民主体作用提供了可资借鉴的经验。

一是明晰乡村建设的各方地位，厘清政府和农民的关系。乡村建设，任何国家都不能依靠单方面的力量。日本、韩国、法国、德国等国对此都达成了共识，致力于激发多方力量。在具体实践中，厘清乡村建设各方的地位，明晰农民主体性，政府则提供政策引导、资金技术支持、公共服务等。

二是政府着力于出台政策和构建机制，激发农民潜能。农民主体地位的确立与其主体作用的发挥之间没有必然的引致关系。因此，日本、韩国、法国、德国、印度等国都在激励农民主体作用发挥方面着力，构建激励机制。比如韩国在乡村建设中倡导"勤勉、自助、合作"理念，推动农民投身乡村建设活动。

三是注重培育新型农民，为凸显农民主体地位奠要素、强基础。各国乡村建设的目标都是现代化。农民的现代化是乡村现代化的必然之义，这就对农民的素质、能力等各方面提出了要求。基于此，日本、韩国、法国、德国、印度等国都在农民的培训上着力，通过开办职业学校，对从事农业生产经营的农民进行定期培训，提供技术支持等，培育新型职业农民，促使农业生产经营者既有现代化理念，又懂现代技术和设备设施的使用，能够把握市场需求，发展现代农业。

四是建设农业合作组织，以组织聚合分散的力量。发达国家在乡村建设中发现了建设农民合作组织的效能，也建设了成熟的合作组织。农民合作组织能够把分散的农民力量聚合起来。这样的合作组织也能起到传播先进技术和维护农民权益的作用，以组织化方式提高农民技术水平。国外农民合作经济组织按组织方式可划分为农场主合作组织、专业性合作组织和社区性合作组织三类。农场主合作组织主要以美国、加拿大为代表；专业性合作组织以德国、法国为代表；社区性合作组织以日本和以色列为代表。按照制度形式这些合作组织又可被划分为两大类：政府导向型非营利组织，比如日本；以及与之相反的市场导向型营利组织，例如美国和法国①。实际上，无论以何种形式建立和存在的农业合作组织，在其运营过程中，都需要构建和坚持政府扶持、法律保障、协同合作的基本原则。

五是乡村建设要充分尊重农民意愿。农民作为乡村建设的主体，其积极性、创造性和主动性能否发挥关键在于农民意愿是否被尊重、被重视。日本、韩国等国充分认识到了这一点，并在乡村建设实践中将其落实。比如韩国村庄的发展模式完全由农民自主选择。

六是完善法律，构建法律保障体系。法律保障是乡村发展最坚实的保障。日本、韩国等国都在乡村农业发展、农村面貌改善、农民素质提升等方面完善法律体系，消除了农民投身乡村建设的顾虑，激发了农民发展的潜能。

## 5.2 我国乡村发展中农民主体地位实现的历史经验

### 5.2.1 20世纪二三十年代的乡村建设运动

研究中国乡村问题，必然不能忽略 20 世纪二三十年代的乡村建设运

---

① 高晓巍，左停. 国外农民合作组织发展及启示 [J]. 世界农业，2008 (5)：7-9.

动。20世纪二三十年代的中国，发生了一件载入史册的大事——一场大规模、长时间、波及面广的乡村建设运动广泛开展。数百个致力于乡村建设的团体和机构在这一运动中涌现出来，一大批卓越人才投身于乡村建设，致力于改变乡村面貌，其中最具代表性的是晏阳初、梁漱溟、卢作孚等。他们以"兴农村之教育"，投身于乡村建设，力图改变乡村落后的面貌。

### 5.2.1.1 乡村建设运动的社会背景

20世纪上半叶，彼时中国农业受制于落后的生产技术和严重匮乏的基础设施，生产力水平低下，农民基本的温饱需求受到极大挑战，最基本的教育和医疗等得不到保障。农民普遍身体病弱，文化水平低。更为忧伤的是，一连串天灾人祸袭击了中国农村。在天灾方面，水灾旱灾频繁发生，广大地域和众多人口被裹挟、侵袭；而人祸方面，国内政局动荡，军阀混战，匪患遍地，广大农村地区不仅成为内战的战场，同时土匪侵扰也不断；更为严重的是，内部忧患深重的中国也没逃离1929—1933年那场世界经济危机的波及。当时中国在世界产业体系中处于弱势地位，仅出口农产品和工业原材料等低附加值产品，而进口高附加值的工业制成品。因此，这场经济危机猛烈冲击了我国当时脆弱的小农经济。在这样的内忧外患中，20世纪二三十年代，我国农村经济陷入凋敝状态。彼时的乡村可以说是农民真苦，农村真穷，农业真弱。

正是在这样的社会背景下，一些教育学术团体和大中专院校忧乡村之苦难，开始深入农村，开展乡村建设实验。其中，教育学术团体主要以中华职业教育社、中华平民教育促进会、江苏省立教育学院及山东建设研究院等为代表；大中专院校主要以南京金陵大学、山东齐鲁大学为代表。这两类团体到农村建设实验区，开展以流通金融、兴办教育、改良农业、教育农民合作、改善公共卫生、移风易俗等为内容的乡村建设实验，意图实现所谓的"民族再造"或"民族自救"，以复兴日益衰落的农村经济。

### 5.2.1.2 乡村建设运动的主要做法

晏阳初进行了长达11年的"定县实验"，在定县成立了中华平民教育促进会总会①。他在深入调研和思考的基础上，提出农民普遍存在"四大问题"（愚、贫、弱、私），据此从六个方面提出应对之策，即在政治、经济、文化、自卫、卫生、礼俗六个领域实施"四大教育"：通过文艺教育

---

① 刘振，徐永祥. 本土化社会工作还是爱国主义运动?：乡村建设运动的再认识 [J]. 新视野，2020（1）：59-64.

根治愚昧问题，通过生计教育扭转贫困问题，通过卫生教育应对弱化问题，实施公民教育根治农民自私问题。实施以学校、家庭、社会"三位一体"的连环教育，有效实现农民知识力、生产力、强健力与团结力四方面能力提升①。晏阳初把这种认知落到实践，与一批有志之士及其家属到河北定县的农村安家落户，也即"博士下乡"。这些有志之士主要是一些学习农学和教育学的人。他们为建设乡村推行了以启发民主为主要思路的平民教育②。

与此同时，梁漱溟开设山东建设研究院，开展了"邹平实验"。这是一个社会综合发展实验，包括从思想、文化、教育等多维度、多层面对农村建设进行改进，以唤醒农民潜在的自主参与意识。具体实践内容就是因地制宜，发展农业生产，采取措施改进农业生产条件。发展生产仅仅是一方面，梁漱溟还带领团队实施乡村政治改造，达到改变农村面貌、强化农村管理的目的。在他看来，作为农业大国的中国社会形态独特，强调"伦理本位，职业分途"，因此要基于这一视角，先从农村着手，以教育对乡村进行改造，进而实现改造社会的目的。为此，梁漱溟设计了相应的维护社会稳定和乡村秩序、提升乡村文明的建设方案：农民接受安分守法伦理道德的教化，以安定乡村社会，这种教化过程由政教合一的机关和乡农学校实施；成立了维护治安秩序的自卫团队；建立了农村合作社，谋取乡村之发达。总之，要通过种种举措，兴起乡村建设大运动、大改造，进而实现"乡村文明""乡村都市化"。同时，推进全国乡村建设运动大联合，以大联合改造中国③。

在重庆，卢作孚也推行了乡村建设实验。卢作孚除了理论构想，更倾向于实干。他进行乡村建设实验的宗旨十分明确，就是要尽快实现乡村的现代化，以供中国"小至乡村，大至国家的经营参考"④。因此，就乡村教育来说，不能仅仅着眼于如何去改善或推进乡村教育事业；就乡村经济发展来说，不能仅仅着眼于救济乡村的穷困或灾变。换句话说，卢作孚进行乡村建设的最高目标是实现"乡村现代化"。他在重庆北碚的一个乡村开

① 徐宁. 略论晏阳初的平民教育思想及其现实启示 [J]. 西华大学学报（哲学社会科学版），2004（4）：17-19.

② 刘振. 民国时期社会工作领域归国留学生的作用 [J]. 中国社会工作，2013（31）：2.

③ 飞白. 作为教育家的梁漱溟 [J]. 教育科学论坛，2003（12）：1.

④ 刘重来. 论卢作孚"乡村现代化"建设模式 [J]. 重庆社会科学，2004（1）：110-115.

展了大规模的经济建设，把交通运输作为龙头带动，仅用了短短 20 年时间，就将一个穷乡僻壤建设成为一个"具现代化雏形"的城市。

### 5.2.1.3 乡村建设运动中的主体特征

乡村建设运动最终以失败告终，究其原因是号称乡村建设运动但农民不动。缺乏农民参与的运动，最终结果就是失败。中国近代跌宕起伏的乡村变革史，从主体参与角度来看，呈现出两个特点：

一是此次运动的兴起并不是对农民呼声的回应。兴起乡村建设运动的原因是在 20 世纪 20 年代末期，中国乡村在全球经济危机和帝国主义侵略夹击下加速衰落，不少社会精英逐渐感觉到农村问题的严重性，借鉴西方社会发展模式，开始为中国乡村社会的发展奔走呼号，"救济乡村""复兴乡村"的呼声日渐高涨。比如在基督教乡村建设工作发轫的阶段，这项任务基本就由农业传教士和教会大学来承担。再如 1933 年齐鲁大学与胶济铁路之间的合作，由胶济铁路年拨 9 000 元经费合作成立农场，在农场中进行乡村建设，并要求齐鲁大学农学院负责一切技术事宜。这个项目的目的在于改良作物品种①。在这个过程中，农民基本上没有参与进去。

二是乡村建设运动由知识分子、传教士兴发，然后由政府主导，缺乏乡村内生力量的参与。当时乡村建设运动有三种参与力量：一种是社会精英，例如主导"邹平实验"的梁漱溟、主导"定县实验"的晏阳初等；二是传教士和教会大学，如金陵大学农业经济系卜凯等人组织的社会调查及农村农业改良运动②；三是政府，其中，政府推动的乡村建设主要是 20 世纪 30 年代的"救济农村""复兴农村"等运动③。当时，建设以道德规范为主的"伦理本位"仍是农村社会问题的解决途径。1935 年后，由于政府力量的介入和主导，乡村建设路径产生分歧，并逐渐演变为政府主导的农政④。国民政府于 1933 年 5 月成立农村复兴委员会，并由该组织统一协调全国范围内的农村复兴事业。但政府害怕农民组织起来大搞社会运动对其

---

① 王松. 乡村建设运动与农业现代化：以齐鲁大学为例 [J]. 边疆经济与文化，2020（2）：62-66.

② 王先明. 民国乡村建设运动的历史转向及其原因探析 [J]. 史学月刊，2016（1）：106-120.

③ 千家驹，李紫翔. 中国乡村建设批判 [M]. 上海：新知书店，1936：150-152.

④ 卫小将. 本土化与土生化：中国社会工作发展的检视与重构 [M]. 北京：社会科学文献出版社，2015：98.

构成潜在威胁，因此并没有大规模动员农民力量①。这类依靠知识分子觉醒而主导的乡村建设并没有收获很明显的成效。梁漱溟自己也并不满意，曾经总结：研究院的理论成果太过空洞，不够形象；而培养的人才虽不在少数，但除了极少数以外，大多都没达到当初的期望②③。

三是乡村建设运动主要为教育和农业试验，而对于能引起乡村面貌切实变化的乡村产业发展和治理并不在内。比如在晏阳初的定县实验中，农民被动地接受科学，接受帮助，而农民自我改革意识并未觉醒，自助的效能没有得到显化。

### 5.2.2 土地改革时期农民主体地位状况

中华人民共和国成立后，于 1950 年颁布《中华人民共和国土地改革法》。自此土地改革运动在全国农村地区全面铺开，直到 1952 年年底基本完成。如此艰巨的任务，只用两年时间便完成，速度非常快，这与党重视农民主体作用的发挥密切相关。在这期间，整个运动不是简单地通过政府下命令的形式将地主的土地转移给农民，而是通过真正深入到贫苦农民中，找出其中的积极分子，唤醒他们的自主意识，动员他们自立自为④。

及至社会主义过渡时期，我国农业组织形态顺利完成变革，实现了从"互助组"到"初级合作社"再到"高层次合作社"的过渡。这一改革时期，国家坚持"国家帮助""典型示范""自愿互利"三大原则，充分激发和调动了农民的主动性，使得改革顺利完成。这契合了邓小平同志的论断。他曾经说："我们农村改革之所以见效，就是给农民更多的自主权，调动了农民的积极性。"⑤ 除此之外，邓小平同志也对农村相关工作进行了阐释，指出："农村搞家庭联产承包，这个发明权是农民的。农村改革中的好多东西，都是基层创造出来的。"⑥ 邓小平的论断充分说明了广大农民群体的勤劳和智慧是我们党做出重大决策的依托，我们党的重大决策是在充分尊重农民首创精神的基础上不断强化和完善的。可以说，中国共产党

① 杨瑞. 近代中国乡村改造之社会转向 [J]. 中国社会科学，2017 (2)：184-204, 209.
② 梁漱溟. 山东乡村建设研究院工作报告 [J]. 教育与职业，1933 (8)：4.
③ 章元善. 乡村建设实验 [M]. 北京：中华书局，1934：36.
④ 中共中央党史和文献研究院. 毛泽东邓小平江泽民胡锦涛关于中国共产党历史论述摘编 [M]. 北京：中央文献出版社，2021.
⑤ 邓小平. 邓小平文选：第3卷 [M]. 北京：人民出版社，1993：77.
⑥ 邓小平. 邓小平文选：第3卷 [M]. 北京：人民出版社，1994：382.

带领中国农民进行改革开放取得成功的宝贵经验就是"尊重农民首创精神"。

在土地改革时期，农民主体地位呈现出两个特征：

一是农民在生活压迫下的自主行为。1950 年 6 月底，中央人民政府为充分满足广大农民群众的利益诉求，颁布了具有划时代的意义的《中华人民共和国土地改革法》。以此法律为依据，我国轰轰烈烈的土地改革运动拉开了帷幕。改革的主要途径是对地主的土地和除了基本生活资料以外的剩余生产资料进行没收①，然后依据公平合理的原则，将这些没收的土地和生产资料统一分配给无地或者少地的贫民。

及至 1952 年年底，土地改革在全国范围内基本完成，满足了广大农民迫切想要得到土地的愿望，为新生政权获得全国范围内农民的支持提供了事实基础，新生政权得以初步巩固。土地改革以后，土地并未立即变成改善生活的生产资料，原因主要有两个：一是农业发展在极大程度上受到了农户分散经营生产方式的限制。当时农民生活水准普遍处于贫困线以下，很难通过自己的力量购买牲畜和其他农业生产物资。二是农村传统信贷体系的崩溃也迫使农民不得不采取办法实施自救。因此，尽管土地改革后农民获得了土地，但生活并不富裕，在自然灾害比较多的地区甚至会出现农民更加贫困的情况，这就迫使部分农村开始自寻生路，出现换工、搭伙等不同形式的互助。这种以人情关系为基础的农事互助，对分散经营压力起到了一定的作用，但由于这种组织形式软弱涣散，也产生了一些社会问题。为克服这些问题，不少地方的农民开始成立具有初级组织形式的互助合作组，这有利于改善农民生产生活状况。

二是政府对乡村的自发行动进行补充和推动。随着实践的深入，建立在村民完全自愿基础上的互助组织本身难以克服的问题日益暴露出来，比如公共物品供给中的"搭便车"行为、劳动力较少的农户入社难问题，等等。鉴于此，政府改造村民互助合作社的着力点主要在于：一是成立基于农民互助组的独立核算组织；二是实施工分制管理。这样既能保障多劳动者多得食，又能减少"搭便车"的行为，同时还在一定程度上保证了各农户无论劳动力多寡均能入组。为贯彻落实工分制，由政府领导的村管会派专人作为互助组的负责人，主要负责工分记录工作，并按照工分多寡分配

---

① 丁志刚，王杰. 中国乡村治理 70 年：历史演进与逻辑理路 [J]. 中国农村观察，2019（4）：18-34.

劳动任务以及劳动成果。这些改造措施扩大了原来主要基于血缘关系或邻里关系的互助组规模，为建立更大范围的合作社确立了制度基础。在村民内部拉力和政府推力的共同作用下，互助组进一步在农村地区推广开来，制度化的生产生活体系最终建立起来①。

在土地改革时期，农民从被压迫、被剥削中解放出来，翻身做了主人，因此对于参与乡村治理的积极性、主动性空前高涨。在党的领导下，农民协会等一大批农民群众组织建立起来，并在此期间发挥了重要作用。从土地改革的实践中我们可以看出，农民充分发挥自己的主体作用，将极大提升其生产的积极性和创造性，为迅速发展农村经济和农村社会提供磅礴力量，也使农民获得更多好处，进而改善农村经济社会面貌。

### 5.2.3　农村改革时期农民主体地位状况

改革开放之前，我国乡村实行以行政命令为主导，以"三级所有、队为基础"为特征的人民公社体制。长期运转下来发现，这种体制存在明显的问题，即权力过于集中，使得生产队和农民缺乏生产的自主权、积极性和主动性。其结果就是经过二十多年的发展，大多数农村地区仍然没有摆脱贫困，大量农民还挣扎于温饱线上。万里同志 1977 年夏调任中共安徽省委第一书记时发现，全省虽然有 28 万多个生产队，但其中能维持温饱的生产队仅占 10%②。面对这种贫困情况，农民开始自我探索，进行变革，寻求出路。包产到组、包干到组等农业生产责任制开始在安徽部分农村兴起，农民自发开展各种调动积极性的探索，甚至有的地方还偷偷实行了包产到户的生产责任制。其中众所周知的就是 1978 年年底小岗村农民的改革。18 位村民达成共识，集聚起来签订"大包干"协议，约定将生产队土地分给每家每户耕种，在中国乡村改革史上留下浓墨重彩的一笔。2016 年 4 月 25 日，习近平总书记到小岗村考察时，对"大包干"的评价是"中国改革的一声惊雷，成为中国改革的标志"③。

从根本上来说，家庭联产承包责任制是一次真正意义上的自下而上的

---

① 李向振，张博. 国家视野下的百年乡村建设历程 [J]. 武汉大学学报（哲学社会科学版），2019，72（4）：193-200.

② 韩钢，万里. 农村改革是怎么搞起来的 [J]. 党建，2010（2）：2.

③ 习近平考察小岗村，重温中国改革历程 [EB/OL]. (2016-04-25) [2019-11-03]. http://www.xinhuanet.com/politics/2016-04/25/c_ 1118732259.htm.

农民改革。正因为由农民自发兴起，所以力量磅礴，最终促进了中国农村整体的改革和变动。家庭联产承包责任制使广大人民群众冲破人民公社制度的束缚，获取到生产经营自主权，是我国农业和农村经济保持持续稳定增长的根本原因①。1982—1986 年，中央高度重视农业、农村和农民问题，连续发布多个重要文件指导农村工作，具体部署农村改革和农业发展相关工作。在这些文件指引下，农民群众的主动性和积极性高涨，提升了农作物产量，也促进了农民收入的提升。到 1984 年，我国人均粮食产量已接近当时的世界平均水平，基本解决了农民温饱问题。家庭联产承包责任制的实行也促使农民主体意识不断觉醒，民主、平等以及参与意识不断增强，开始关心自身利益、村中事务，并积极参政议政。在这一段时间，他们还创造了"村民自治"的民主形式。这是一种开启政治民主化新篇章的成功形式，不仅有利于建设民主政治，也有利于促进农村地区的社会稳定。

伴随着家庭联产承包责任制和村民自治制度的实施，国家改革开放的好机会被放入广大农民群众手中，他们紧紧抓住机会，靠自己勤劳的双手走上发家致富的道路。各地大量涌现出由农民自主创立的各类经济合作组织，乡村开始构建以村民委员会为组织形式的村民自治组织，并以规范化、法治化为目标不断朝前发展；同时，乡村治理更加开放，活动主体更加多元，各类乡村产业组织、专业组织、社会组织和群团组织积极参与其中，使得乡村治理更加具有活力。

改革开放后，中国经济发展迎来了一个新的开端，农民的主体意识全面觉醒，发生了质的变化，开始成为农村发展的关键推动力量。改革开放后，我国积极鼓励在农村地区推行家庭联产承包责任制，获得两方面效能：一方面，充分激发了农民勤劳致富、积极生产的信心和激情；另一方面，也利用乡村释放出的巨大活力吸引市场目光，促使市场更加关注农村地区。家庭联产承包责任制显著提高了农民的生活水平，使得农民发展的底气越来越足，并且开始逐渐关注乡村公共事务，关注对自身权利的维护。在这样的环境下，一大批乡镇企业也逐渐崛起，乡村开始大力推进农业产业化进程，农民自发组织、参与基层治理。另外，伴随着经济发展，农村社会也不可避免地受到一些现代化思想和文化的影响，农民的自我保护意识被激发。但由于法治思维仍然欠缺，农民日益增长的需求和逐渐暴

---

① 张红宇. 对新时期农民组织化几个问题的思考 [J]. 农业经济问题，2007（3）：4-10，110.

露的农村治理短板之间存在的矛盾开始暴露，一些群体性事件开始发生。因此，当时正确利用农民主体性也成为一个亟待解决的问题。

### 5.2.4　新农村建设时期及新时代确立农民主体地位的顶层设计

党的十六届五中全会提出建设社会主义新农村的重大历史任务。此后每年的中央一号文件都对新农村建设问题做了全面详尽的统筹部署，特别在加快转变农业发展方式，促进农民持续增收，创新乡村社会治理，加快发展乡村社会事业和着力破解城乡二元结构等方面做出了系统安排。在新农村建设时期，乡村治理主要围绕"三农"问题，凸显乡村经济、政治、社会、文化和党的建设多方面协调发展要求，同时要求自治和法治并行。

党的十八大报告指出"中国特色社会主义进入新时代"，中国由此开启新征程。新时代和新征程，呼唤新的顶层设计和新的行动体系。2018年中央一号文件就对释放农民主体势能进行了布局，提出"充分尊重农民意愿，切实发挥农民的积极性、主动性、创造性，把维护农民群众根本利益、促进农民共同富裕作为出发点和落脚点，促进农民持续增收，不断提升农民的获得感、幸福感、安全感"[1]。直到2020年，我国脱贫攻坚战取得全面胜利，解决了我国几千年来绝对贫困的问题，建成了全面小康社会，农民的生活得到了极大的改善。因此，2021年中央一号文件又根据当时实际情况和未来发展目标对如何巩固拓展脱贫攻坚成果同乡村振兴有效衔接进行了谋篇布局，提出四项助力政策，七方面促进农业现代化，八项措施强乡村建设，五项举措强党的领导，在政策上给予农民主体地位充分的肯定。

然而，在实际的乡村振兴过程中也发现了一些问题。一是农民自身缺乏主体意识。从土地革命时期到社会主义建设时期，无论哪一个时期，农民都是乡村经济社会建设发展的重要力量，农民问题都是中国发展的根本问题。落脚到乡村振兴战略的推进，农民本该是主体，是乡村建设的实施者、参与者和受益者，却因主体意识缺乏，而以被动的、旁观者的姿态存在着。农民主体意识的缺失不仅影响他们主观能动性的发挥，也影响他们创新性的发挥，进而最终影响乡村振兴战略的落实。

二是激发农民主体意识的机制建设有效性弱。政府作为乡村振兴战略

---

[1]　中国农业新闻网. 2018年中央一号文件[EB/OL]. (2018-02-04) [2020-11-25]. http://www.farmer.com.cn/zt201]8/1hao/ljwj/201802/t20180205_ 1355158.htm.

的主导者，对农民在乡村振兴中的主体地位已有正确的认知，但是在落实过程中存在"剃头挑子一头热"的问题。对于政府引进的产业项目、宣传的生态环境保护、开展的乡村治理活动，一些农民都不感兴趣，不愿参与或者参与度不高。如果不能激发农民参与的积极性，就不能使其成为农村建设的主体。

三是基层干部未能发挥"带头人"的作用，未能有效地把农民组织起来。有些村干部和基层工作人员积极于乡村振兴，但村民无响应；甚至一小部分村干部自身都没有振兴乡村的意识，那就更无法发挥"带头人"的作用。群众的力量是强大的，一旦组织起来势不可挡。面对农业现代化的趋势，农业进入市场经济是必不可少的，农民应当在其中发挥主体作用。

### 5.2.5  几点启示

纵观中国乡村发展，失败和成功的根源都在于农民的主体地位是否被尊重，农民的主体作用是否合理发挥，农民潜能是否得到有效挖掘。但农民主体作用的发挥，不是一蹴而就的事。一些乡村发展的成功案例表明，需要从根本上尊重农民主体地位、多手段激发农民主体意识、多举措提升农民主体能力等，使农民主体作用有效发挥。

5.2.5.1  尊重农民主体地位，乡村发展才有活力，农民作用才能有效发挥

乡村的建设、发展主体，乡村成果的享有主体，永远都是农民。农民作为有能动性的个体，作用能否发挥，取决于主体地位是否被尊重，发展意愿是否得到重视。如何尊重农民主体地位？至少体现在三个方面：一是各级政府和社会精英，特别是基层政府要有农民是乡村发展、受益主体的认知，在决定乡村相关事务时，要明白成败的根源在于是否重视了农民主体地位，是否发挥了农民主体作用。转变原来的"替农民做主"为"由农民做主"，不包办，不单独发力。自主性是农民发挥作用的前提，有自主性的人才会"成为自己社会结合的主人，从而也就成为自然界的主人，成为自己本身的主人——自由的人"①。二是乡村发展相关决策，必须以尊重农民意愿为根本，切实摸清楚农民想法，找准农民的实际利益所在，了解农民困难，满足农民需要，不臆测、不按照政府单独想法来。马克思说，

① 马克思，恩格斯. 马克思恩格斯选集：第3卷 [M]. 中共中央马克思恩格斯列宁斯大林著作编译局，译. 北京：人民出版社，1995：443.

人的需要是人的本性，如果"没有需要，就没有生产"①。在山东农村合村并居的过程中，强迫农民"上楼硬化"的做法，不仅没有取得应有的效果，而且产生了反作用。三是把维护农民权益放在首要的位置，建构切实关联农民利益的联系机制，把农民包裹在内，而不是排除在外。但凡取得成功的乡村建设，都是跟农民建立了良好沟通机制，切实照顾农民利益，充分倾听农民的意见，充分考虑农民的建议，形成了良好合力。

### 5.2.5.2 农民主体作用发挥需要充分调动农民能动性

能动性是积极性、主动性、创造性、自为性的总称。农民发挥主体作用，是能动性的结果和体现。纵观成功的案例，发现有效调动农民能动性的做法体现在两个方面：一是充分激发了农民的主体意识。无意识也就无行为。只有农民自我认知到了自己的主体性，才能行动起来。一些充满活力的乡村，比如陕西的袁家村，就是通过一些农民常常接触、喜欢接触的载体和形式进行宣传，让他们充分认识到自己是乡村发展的主要建设者、创造者、利益享受者，乡村发展和自我发展息息相关，从而愿意投入，愿意挖掘自身潜力，进行创新。二是通过体制和机制的改革充分激发农民的活力。中国乡村发展历程证明，无论是家庭联产承包责任制，还是土地流转机制改革，以及当前的"三权分置"改革，无一不是激发农民活力的有效措施，促使农民去探索、尝试，进行创新创造，发挥农民潜能。与此同时，也激发了社会资本活力，引导了社会资本向农村投入，让广大农村欣欣向荣。

### 5.2.5.3 农民主体作用发挥需要主体素质提升作为支撑

农民主体作用发挥不能凭意念，也不能凭想象，关键还在于农民的素质和技能能否提供有效支撑，是否契合了农业农村现代化的需求。我国新农村建设取得有效成就，根本原因就是通过教育体系的改革和完善，提升了农民素质。在民族地区，国家通过控辍保学，保证农民子女接受九年义务教育，同时发展职业教育、继续教育、技能培训等，大大提高了民族地区农民的综合素质和技能水平，使他们走出去能适应市场的需求，留在当地能够满足农业发展需要，从而大幅提升收入水平，最终实现了集体脱贫，开启了现代化新征程。我国各地乡村在培育新型职业农民方面都在花

---

① 马克思，恩格斯. 马克思恩格斯全集：第3卷［M］. 中共中央马克思恩格斯列宁斯大林著作编译局，译. 北京：人民出版社，1960：514.

力气，下功夫，比如崇州市规定农业专业合作社的发起人必须获得新型职业农民资格证书，表明其经过了系统培训，在技能、市场应对等方面得到了训练，能够适应现代化发展需求。崇州市乡村振兴取得了良好成效，农民摆脱了贫困，实现了小康。崇州市五星村成为远近闻名的"幸福村"，成为乡村振兴的样板。

5.2.5.4 把农民组织起来，让农民自我管理、自我服务

分散的农民个体力量是有限的，作用的发挥也是有限的。只有把分散的农民组织起来，他们的诉求才能得到重视，他们的能力才能得到提升，他们应对市场风险的基础才能增强。我国多年的农村发展实践在这一点上得到了证明。例如，在新农村建设中，多种形式的农民专业合作经济组织成为农民对接市场、提高现代化生产经营技能、促进收入增长等的有效载体，发挥了促进乡村产业发展的功能。

通过对国内外乡村横向和纵向发展情况的总结发现，不管各个国家或者国内各个时期乡村发展模式有着怎样的不同，但"切实尊重农民主体地位，充分发挥农民主体作用"一直都是毋庸置疑的关键要点。这两点是乡村建设取得实质进展的根本。各个国家都发现，农民主体地位确立和主体作用发挥的前提有四个：一是农民力量强大；二是农民具有主体意识；三是农民主体能力强；四是政府具有推促意识。基于此，不同国家在这些方面做了不同的尝试，侧重于激发农民主体意识，提升农民主体能力。经济激励、组织和法律保障是通常的手段，也取得了相应的效果。落脚到民族地区当前脱贫攻坚成果的巩固，以及其后乡村振兴的衔接，必须吸取国内外建设的经验，并根据民族地区乡村发展实际，构建有效的机制，找到时期举措、地域举措。

# 6  实现农牧民主体地位的机制设计

理论和实践都表明，切实尊重农牧民主体地位，充分发挥农牧民主体作用是当前民族地区建设乡村、发展乡村、推进乡村振兴的必然要求，要以磅礴的群众力量，实现农牧民自我发展，促进共同富裕。梁漱溟认为，只有以乡村为根基，以农民为主体，中国乡村文明才会逐步成长为有高度的乡村文明——乡土中国①。尽管当前中国已经由梁漱溟时期的"乡土中国"发展为"城乡中国"，但农民主体地位变化不大。实现农民主体地位，是中国乡村发展的必然要义。对于民族地区来说，农牧民主体地位的实现不能脱离约束条件的限制，要在特定的社会发展时期、特定的场域、特殊的社会经济水平和主流价值观以及当前普适的伦理规范认同下确立。这不仅是一个技术性问题，也是一个关系到乡村社会伦理和政治发展的问题，更是一个关乎少数民族地区的稳定发展、关系到中国各民族团结的问题，一个关系到共同富裕时代任务的完成和中国特色社会主义现代化强国建设等的战略问题。这很显然是一个系统工程，既需要现实推进，更需要机制设计。机制设计是路径选择的前提和基础。机制是系统有效运转的传动器，起着顺滑问题、激励能动、规范行为的作用。民族地区乡村不仅面临着一般的村民矛盾、干群问题、宗族问题，还面临着族际认同、族群认同和社区认同之间的博弈②。唯有构建起有效能、体系化的机制，通过机制整合好政府、农牧民、社会力量的关系，才能引导问题破解，实现力量联动，推动民族地区乡村有序发展、有效发展。

---

① 梁漱溟. 乡村建设理论 [M]. 上海：上海人民出版社，2006：578-580.
② 谢治菊. 西部民族地区乡村治理的逻辑与实践 [M]. 北京：社会科学文献出版社，2014：9.

## 6.1　设计思路

人的主体性问题，需要经历由自主而自为的过程，自为性是主体性的重要内涵之一，是人的主体性的最高形态。"它表明主体对客体的认识与改造，归根结底是主体的一种自我创造与自我实现。"[①] 在构建民族地区农牧民主体地位实现机制时，必须将民族地区的地域特色、人口特征和现实特性纳入进去统筹考虑。此外，相较于东部地区以及西部非民族地区农村，民族地区的配置性资源相对匮乏，表现为生态的脆弱性以及资源开发的政策性限制。要以这些考量为出发点，构建农牧民主体地位实现的机制，系统回答坚持农牧民主体地位"怎么干"的问题。我们认为机制设计的要点，应"晓之以理，导之以利，动之以情"。司马迁在其以至治为鹄的《史记·货殖列传》中就曾言道："故善者因之，其次利道之，其次教诲之，其次整齐之，最下者与之争。"[②] 故坚持农牧民主体地位的机制构建，应深刻思考农牧民与乡村振兴运行的关系，找到促进农牧民积极作为、有效作为的运转方式和方法。一是应以民族地区农牧民特性为基础，从"民族社群文化""经济理性"和"情感诉求"出发，构建农牧民主体地位实现的动力机制。二是应以短期防返贫和长期振兴为背景，从系统论角度出发，构建农牧民主体地位赋权机制。三是应以农牧民个体、组、村集体为范畴，从匹配乡村振兴需求的角度出发，构建农牧民主体地位赋能机制。具体如图6-1所示。

---

① 刘福森. 主体、主体性及其他 [J]. 哲学研究，1991 (2)：5.
② 司马迁. 史记：卷一百二十九货殖列传第六十九 [M]. 南京：南京大学出版社，2014.

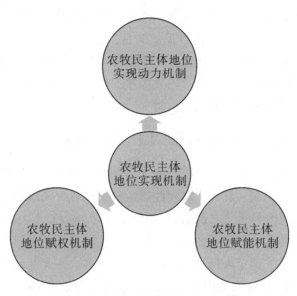

图 6-1　农牧民主体地位实现机制

## 6.2　构建实现农牧民主体地位的动力机制

"动力机制"最开始被运用于自然学科，来源于物理学中的"力"，是物体运转原因和规律的概括。由于各领域的学者所做的研究都会寻找其领域或其研究目标运行规律，于是"动力机制"一词便从自然学科扩展到各个学科。自此，动力机制的内涵被延展，范畴更为宽泛，通常泛指整个运行体制。这种体制能够产生一股足以改变事物某一状态的力量，并引导这股力量推动该事物发生变化；或能够产生引导事物按照既定的目标进行变化的具有规律性的动态规程，这一动态规程强调体系内外各部分间存在的关系以及相互作用的规律。本书将农牧民动力机制定义为：能够引发农牧民在乡村振兴中精神面貌、行为状态变化的推动力及其推动作用运行的整个过程。

农牧民动力机制构建，旨在解决"凭什么能"的问题，这是农牧民主体地位实现的基础和前提。缺乏动力机制，特别是缺乏内生动力机制，必然缺乏行为指向性和行为持续性。动力机制的构建是最有效能的，它能够引导农牧民个体在追逐自我利益的同时，既能相容于巩固脱贫攻坚成果的总体目标，又能有效推进乡村振兴，还能实现由"政府主推"转型为由农牧民"自我推动"的模式。这种模式转变，必须依赖于动力机制的构建。动力机制是驱动农牧民发挥能动性、积极性和创造性的运行方式。但关键是动力机制如何构建？本书结合内外因素，试图从经济理性、民族社群文化、情感诉求等方面来构建动力机制。

### 6.2.1　构建动力机制的理论基础：理性行为理论

动力机制构建是过程，促推行为才是结果。因此，要构建农牧民主体地位实现的动力机制，首先要对理性行为理论进行深入理解。理性行为理论由美国学者菲什拜因（Fishbein）和阿耶兹（Ajzen）于 1975 年提出，主要用于分析个体行为如何受到态度的影响，关注基于认知信息形成行为态度的过程。它首先假定人是可以做出理性选择的，在此基础上分析行为人的态度如何对其行为造成影响。对行为人行为的推断有一个反应逻辑链条，即由行为意向推断出行为方向和行为内容，而行为意向由行为态度和个体准则共同决定。个体准则是基于他人行为参照和在趋同性心理引导下的个人行为主观判断。由此，在理性行为理论下，个体行为受到个人理性、外在环境和组织状况等的影响。而且建立在个人完全能够对自己行为进行理性判断的假设上。个人理性有两种，一是经济理性，二是情感理性。经济理性建立在亚当·斯密的经济人假设之上，强调个人行为的考量基点和出发点是预期的经济利益；情感理性是基于个体情感考量的行为。因此，在研究农牧民乡村振兴动力机制构建时，必须引入外在的变量，即从农牧民的预期经济利益和情感价值取向来进行思考。一方面，要构建符合农牧民经济利益取向的机制；另一方面，也要构建符合农牧民情感价值取向的机制。如果农牧民参与乡村产业发展、社会治理、生态治理、民族文化传承等，既不能带来预期经济利益，也不能符合农牧民的情感要求，那么农牧民就会收敛主动性和积极性，难以参与到乡村发展的各个领域中去，主体性也就受到制约，更谈不上发挥主体作用。

### 6.2.2　构建动力机制的现实基础：尊重农牧民生产生活习惯

驱动民族地区农牧民投身乡村振兴的机制构建，从现实来看，必须基于农牧民的生产生活习惯。调研发现，农牧民的生产生活习惯可以概括为三个方面：一是生活上自给自足，容易满足和封闭，传统观念根深蒂固，对外界的新鲜事物有兴趣但又胆怯于实际接触。在意识上，农牧民将生产经营活动的最终目标定为满足日常生活，而非实质上提高生活质量，对高质量、高标准通常追求不够，满足于现状。这在凉山彝族地区尤为明显。这也导致动力机制构建更为必要和迫切。二是农牧民的小农意识还比较明显，具有"搭便车"、贪图小便宜的思想并做出相应行为，而且考虑短期利益和经济利益较多，缺乏对长远利益、综合利益的考虑，某些时候甚至会为眼前的一点经济利益而违背协议和约定。三是民族地区农牧民大多趋于保守，对风险的接受度低，倾向于沿袭传统生产生活习惯，常常想规避风险甚至害怕风险。面对新鲜事物，农牧民需要较长一段时间才能接受，同时抵触任何造成眼前利益受损的活动。因此，在构建动力机制时，必须考虑到民族地区农牧民的生产生活习惯，在尊重的基础上引导农牧民逐渐转变和突破。

### 6.2.3 构建动力机制的环境基础：基于民族地区社群文化的情感认同

情感认同极大地影响着人们的行为，也影响人们行为参与的态度和看法。个体情感认同并不独立发生，而是在一定的文化氛围、群体价值观引导下产生的。这种文化氛围和价值观在一定范围内的趋同性就构成了社群或者"族群"。处于同一社群或者"族群"下的个体，文化、语言、宗教信仰、信念和态度等具有一致性。人们怎么进行生产生活，怎么参与公共事务，会受到社群文化的影响。比如如果民族地区农牧民的社群文化认为对政府的依赖、自身的懒惰是可耻的，自力更生是值得赞扬、推崇的，则农牧民会拒绝来自政府的各种帮扶；如果农牧民所处的社群文化推崇保护大自然，则会尊重自然，拒绝对自然资源的开发和破坏等。总之，农牧民行为会受到社群情感认同的影响。比如调研发现，民族地区特别是涉藏地区的女性僧尼数量较多（甘孜州有26座尼姑寺），实际上就是情感认同的现实反映。其中，喇荣寺中的觉姆（女性僧尼）高达99.9%，亚青寺占比为56.1%。这是因为当地的宗教信仰影响深重。历史上涉藏地区对宗教无条件崇拜、无条件服从，认为质疑宗教思想，怀疑活佛、上师或堪布言论将折福损功，极大影响修行；认为女性出家为尼，是家族的荣光，能够提升家族地位。这些价值观和社会认同，引导着涉藏地区女性投身宗教。彝族地区20世纪90年代曾经深受海洛因危害，毒品交易泛滥，"海洛因在利姆盆地泛滥，只有少数家庭未染指"①，有一个原因是社会变迁引致彝族青年认为吸食海洛因是与现代社会接轨的必然媒介，"他们开始用药主要是因为追随流行、凸显社会经济地位、迫于同侪压力或舒缓身心压力"②。

落脚到农牧民对乡村振兴的参与和农牧民主体作用的发挥，在动力机制构建上，就必须考虑民族地区的文化特质，考虑社群文化对农牧民行为的影响，从情感和价值认同两方面来构建相应的动力机制。

### 6.2.4　构建动力机制的因子剖析

动力因子是影响、引导农牧民行为的各种能动性因素。就动力因子的来源和作用类型来说，我们认为其可以分为两类：一是内生动力因子，二是外生动力因子。

6.2.4.1　内生动力因子：农牧民现实利益诉求和情感诉求

1. 农牧民现实利益追求

四川省民族地区大多地理条件差，自然环境恶劣，高寒缺氧缺水，生存环境艰苦，生产劳动艰辛，历来是贫穷落后的地区，农牧民过了很长时间的苦日子、穷日子。在国家脱贫攻坚战略的大力实施下，民族地区战胜了绝对贫困，朝着现代化新征程前进。但长时期同苦寒的自然条件斗争而无力改变的状况，练就了农牧民坚韧包容的特性，也养成了农牧民容易满足的性格。在外力作用下农牧民脱贫，生活环境得到翻天覆地的改善，要让他们进一步行动，追求更高生活质量，追求更大乡村发展，必须要触动他们的关注点，特别要触及他们对自身利益的关注点。"人们的奋斗所争取的一切，都同他们的利益有关"③，人类关注的核心是利益，而追求利益则是人类会参与一切社会活动的根本原因，是人类社会向前发展的深层动力。利益对人类思想的形成和行为的选择起决定性作用，脱离现实的纯粹的思想和意识是不存在的，任何思想和意识都有其存在的现实根源。物质决定意识，而实际的物质生活、生产方式又制约着社会生活、政治生活以及精神生活。也就是说，人类意识活动的核心一直都是与个人利益相关的

---

① 刘绍华. 我的凉山兄弟 [M]. 北京：中央编译出版社，2015：143.

② 刘绍华. 我的凉山兄弟 [M]. 北京：中央编译出版社，2015：82.

③ 马克思，恩格斯. 马克思恩格斯全集：第1卷 [M]. 中共中央马克思恩格斯列宁斯大林著作编译局，译. 北京：人民出版社，1956：82.

物质生产活动①。民族地区在主动和被动的现代化过程中，也受到了市场经济的洗礼，农牧民开始逐渐关注物质利益。因此，农牧民动力机制的构建，必须以农牧民的利益为出发点，满足农牧民的利益追求，让农牧民切切实实意识到乡村振兴的有效推进能够带来收入的增加，生活环境的改善，物质生活水平的提高，精神追求的满足，能够提升他们的安全感、获得感和幸福感。比如在产业发展中，要构建农牧民利益共享机制；在生态环境建设中，要构建农牧民话语表达机制；在乡村治理中，要构建农牧民自主参与机制；等等。这些机制是对农牧民现实利益（经济和精神）的关注，以及在现实中的反馈。

2. 农牧民情感诉求

情感诉求是个体内在需要的表达，是人类进化的结果，也是人类同动物的本质区别之一。对情感诉求的满足，能够激发人的愉悦心理，从而使其更愿投身被引导的领域。相对来说，民族地区农牧民情感更为丰富，重情重义是农牧民的特征之一，经济理性反而相对要弱一些。比如民族地区家支、宗亲观念和彼此连接紧密度，到现在为止，也相对其他地区要强烈得多。凉山彝族地区发生民间纠纷一般求助"德古"进行调解，从本质上来说也是基于农牧民的情感诉求。因此，构建农牧民情感诉求满足机制能够激发农牧民积极作为。一是要切实通过座谈、交流了解农牧民在乡村振兴中的情感诉求，比如被尊重、被重视的情感需求。二是在产业发展中、乡村治理中，多用同理心。特别是一些驻村干部，要摒弃高高在上的优越感，要同农牧民吃在一处，住在一处，想在一处，让农牧民有"自己人"的感受，才能融合在一起，力量用在一起。三是充分重视农牧民更信任家族领头人的情感倾向，注重对民族地区家族权威的积极引导，借助他们的力量带动农牧民行动。

6.2.4.2 外生动力因子：组织体系和社群文化

完善的组织体系和优良的社群文化，能够产生巨大的行动促推力。

1. 完善的组织体系

在管理学中，组织是资源增效、目标实现的有效依托。组织通过对各种资源进行有效整合，进而产生比这些资源本身单纯加总更大的效能。面对纷繁复杂、变化多端的世界，个体力量终归是有限的，而合理地将个体

---

① 孟鑫. 马克思主义利益观在新时代的指导意义 [J]. 人民论坛，2018（27）：3.

组织起来，能取长补短、彼此互补，共同出智出力，能产生磅礴的力量。组织的存在，能够更有效更宽广地收集信息，更好地决策，更好地制订目标和有效地实施目标。个体在组织之下，也具有安全感，具有更大的作为空间。个体能够凭借组织，创造相互激励、相互借鉴、相互促进的环境；能够在组织提供的资源下，更好地发挥个体才能。在乡村振兴中，农牧民力量要得到发挥，能动性得到释放，就需要在健全的组织体系推动下，通过组织感召，组织内成员互相示范引导，积极作为，向上奋进。

组织体系对农牧民作用发挥的促推有两个前提条件：一是组织体系要健全、完善。农牧民在组织中能够找到合适的位置，能够感受到组织良性运转效能。二是组织职能能够正常发挥，组织运转有序、规范，目标明确，否则农牧民不仅不愿意发挥才能，还有可能因为对组织失望，而隐匿自己的能动性和积极性，甚至产生负面导向。乡村振兴中完善的组织体系，包括各种类型的产业组织、乡村治理组织、乡村运转监督组织等。

2. 积极的社群文化

社群是聚居于一定范围内的人群。由于群体之间相互影响，社群会逐渐形成具有内群体趋同、外群体相异的社群文化。社群文化让社群人群感受到生活的温度，也引导着社群人群的行为。科学的社群文化助推社群内人群奋发勇为、积极向上。受历史传统的影响，民族地区的社群文化更为外显，凝聚力和导向性更强。

民族地区乡村振兴必须构建科学的社群文化，历史上民族地区生存压力大，群众普遍存在无能为力、听天由命的思想，不努力奋斗，形成"等、靠、要"路径依赖。一是藏传佛教修来世不修今生的宗教信仰在一定程度上制约了农牧民推进乡村振兴的积极性。二是一些农牧民笃信宗教，不仅占用了创造财富的时间和精力，而且将自己的很多资产花费在宗教信仰上，希望宗教能改变自身贫困的命运。三是一些农牧民存在故步自封、拒绝革新的观念，认为接受新观念会影响自身宗教上的进步和晋阶。四是部分地区特别是牧区法治意识淡薄，出现了婚姻和生育乱象，崇尚野蛮械斗、仇杀和家族势力。

科学的社群文化有助于引导农牧民在乡村振兴中积极作为。社群文化能够通过模范带动、心理暗示、口碑相传等方式，让农牧民意识到不等不靠不要是乡村振兴中的应然状态；乡村振兴要靠农牧民自身的力量，积极参与，才能取得良好效果。

### 6.2.5 农牧民动力机制类型

构建动力机制的核心是利益和情感,因此,在构建路径上要基于前文的因子剖析,从利益分享、话语表达、自主参与等方面构建动力机制。

#### 6.2.5.1 产业发展中的农牧民利益共享机制

民族地区乡村振兴,产业发展是前提和关键。利益的形成和分配也主要体现在产业发展过程中。构建乡村产业发展的利益共享机制基于两个基本逻辑:一是农牧民只有紧密融入乡村社会发展,特别是乡村产业发展,在乡村中形成利益集体,才能实现个体利益;二是农牧民作为利益主体,在乡村发展中付出了努力,必须分享成果,才能有持续参与的动力。在这一逻辑下,民族地区乡村经济社会发展就必须牢记一点:农牧民不能被排除在外,特别是在利益和成果分享上。当前,一些地方引入社会资本发展产业,但在很大程度上把农牧民排除在外。调研发现,农牧民在产业发展过程中,通常只是承包地的出租者和劳务供给者,而作为决策者和组织者的较少,很难分享产业发展的利益和成果。哪怕是作为劳务供给者,有时候都不能完全保证务工收入,存在被"抽头"的现象。因此,农牧民感受到相对剥夺感,对于推动农村产业发展没有动力和激励。在凉山州调研时,有农民主动询问课题组成员,资本下乡后土地大规模流转集中,农民的收益就只有平均每年1 000元左右的土地流转费用,加上时不时给业主打工挣的务工费用。但这个务工费用比较低,大概就是每天70~100元,农牧民认为是远低于城镇务工收入的。"乡村振兴是不是就是把农村土地重新划给企业老板,廉价出让给老板?"另外,农民认为与业主建立的利益联结机制并未真正发挥作用,"风险有共担、利益未共享"。甘孜州某乡镇农民以地入股成立种植合作社,每亩地保底收益设计为1 000元左右,但年终分红却不到100元。农民认为这笔钱就是形式,"做给上边看的"。此外,农民通常只能在生产环节获得土地租金和务工收入,在加工和流通环节的收益分享中被排挤在外。这种状况也阻滞了农民主体作用的发挥。

未来深入推进乡村振兴,要扭转这种状况,要在构建农牧民共同出资、共担风险、共享利益的利益联合体基础上,完善关于利益表达、整合、分配和补偿的多种良性机制。例如,阿坝州松潘县某村构建了一个村两委、村民、企业紧密连接的利益共同体,村两委、村民、企业三者基于利益机制而有效协作。村两委将分散在单个农户手中的土地集中起来,在整合之后流转给企业，获取土地流转费用，再按面积分配给村民。这种方式一方面解决了土地闲置问题，另一方面实现了农田规模化经营，提高了生产技术的专业化程度，更让乡村管理实现了集约化。此外，村两委通过对村民进行集中培训，实际指导企业与村民形成雇佣关系，既解决了部分村民就业难的问题，也为企业提供优质劳动力。企业利用村两委提供的土地和劳动力，能够更有效率地在乡村进行生产。村民通过将土地承包给村两委获得土地出租收益。村两委作为桥梁将村民、企业紧密地联结在一起。

甘孜州稻城桑堆镇在发展乡村旅游时同样设置了一个科学的利益共享机制，既能充分动员农牧民主体能动性，也考虑到了公正、公平问题，运行效率非常高。具体做法是由村两委成立乡村旅游集体经济社，全村入社。集体经济社作为运营实体，跟引入的工商资本就土地流转、劳务用工、产业合作等进行对接。集体经济社根据农牧民在参与乡村发展、日常生活等方面的表现进行综合考量，轮流安排农牧民务工，统筹安排外来游客的住宿。集体经济社制定食品供给和游客住宿供给的标准，并进行定期检查。质量不合格的将被取消接待游客的资格。每季度末，公示集体经济社收入；年度末，进行分红。这种模式一是避免了村民之间的恶性竞争；二是保证了外来游客的食宿质量，提高了游客的旅游体验感，通过标准化、高质化实现村旅游品牌的打造和提升；三是统筹分配游客食宿，既保证了农牧民充分参与乡村旅游产业活动，也保证了农牧民充分享有发展乡村旅游的收益。这种利益共享机制促进了桑堆镇乡村旅游产业的发展，提升了农牧民收入。

### 6.2.5.2 生态建设中的农牧民话语表达机制

四川民族地区也是重要的生态功能保护区，而且生态功能保护区大多分布在广袤的乡村地区。民族地区乡村振兴必然内含乡村生态振兴，农牧民在乡村生态建设、保护过程中的话语表达机制构建也最具代表性。如何妥善处理生态保护与经济发展的关系，是新时代国土空间治理和以国家公园为主体建设自然保护地体系必然会面临而且必须去破解应对的问题。比如四川阿坝州和甘孜州担负着建设长江和黄河上游生态屏障的历史重任。

很显然，如若缺乏农牧民的参与、建设和保护，民族地区的生态振兴是难以有成效的。农牧民祖祖辈辈生于斯、长于斯，最懂得那方水土，最知道如何保护和利用当地资源。构建促进农牧民在生态振兴中意见表达的话语机制是必然之义。一是构建农牧民参与生态建设和保护的各项渠道，比如参与生态公益岗、生态维修养护；二是构建充分征求农牧民意见和充分重视、采纳农牧民意见的机制，比如建立生态保护微信群等专项微信群和意见入户收集机制；三是构建农牧民生态保护建议意见的反馈机制；四是构建农牧民生态保护的横向补偿机制等。这些意见表达机制的构建，让农牧民意识到生态保护同可持续发展紧密相关，意识到自我意见表达能够被吸收、采纳，不同的意见能够得到及时回应和反馈；意识到主动的生态保护，能够换来积极的经济补偿，从而激发农牧民保护生态的意识，实施有能力保护生态的作为。生态建设中农牧民话语表达机制如图6-2所示。

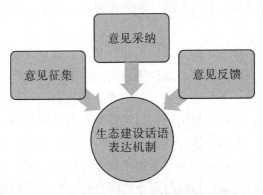

**图 6-2　生态建设中的农牧民话语表达机制**

### 6.2.5.3　乡村治理中的农牧民自主参与机制

2022年中央一号文件提出要"突出实效改进乡村治理"。乡村治理是乡村振兴的重要板块，是治理概念同乡村空间领域的叠加。自20世纪80年代，治理概念被提出，在"透明、有效、多元参与"的治理理念同不同地理尺度和空间单元叠加后，产生了国家治理、城市治理、大都市区治理、乡村治理等概念。乡村治理就是村级自治组织、非正式组织、产业组织、村民等进行关系协调，彼此互动，从而有效实现集体目标的过程。在这个过程中，自治和村民参与是关键。缺乏农牧民参与的乡村治理，难以体现治理要义，更远离了治理现代化目标。

农牧民参与乡村治理，一是基于治理架构的完善，二是基于农牧民自我意愿。这种自我意愿依赖于农牧民内生动力状况。反过来说，乡村治理领域农牧民内生动力状况取决于自主参与机制的构建。这也是民族地区乡村实现"善治"目标的必由之路。发挥农牧民的自主性，既有法律渊源，又是现实要求。一方面，村作为乡镇以下的行政区划，是实现基层群众自治的重要单位，并在《中华人民共和国村民委员会组织法》的指导下，设立村民委员会对乡村事务和发展运转进行自治活动。因此，发挥农牧民自主性从法律意义上成为村民自治的基本遵循。另一方面，乡村作为城乡二元结构下的社会组成部分，其治理水平的提升影响着国家治理体系和治理能力现代化的整体进程。在这之中，农牧民自主性是否得以充分发挥又是影响民族地区乡村治理水平高低的关键因素。此外，在社会主义市场经济条件下，政府失灵和市场失灵在理论上都可能发生，群众自主性此时就显得尤为重要。注重在乡村治理中发挥群众自主性，不是为民主而民主，而是要坚持"政府搭台，群众唱戏"的政策导向，在乡村"善治"之路上行稳致远。

比如四川阿坝州八十沟村和凉山州红星村，建立了村两委、企业主和村民共同参与的治理共同体。这种治理共同体的现实载体是乡风文明委员会。该委员会吸纳了下乡企业主、村两委班子成员、村民；工作内容是协商出台乡规民约，依据乡规民约对村民行为进行考评打分，依据打分对村民进行务工推荐、集体经济分红等；根本的作用机制是理性经济人假设下的村民自我动力机制建构。下乡企业主在土地流转、劳务用工方面并不愿直接同单个村民打交道，村民与企业之间也存在信息不对称等问题。为了避免这些问题，村两委搭建起企业、商户与村民之间的平台，同时制定积分制度，考评村里的家庭、个体。积分高的村民将多分得一部分村集体分红作为奖励，并优先获得劳务用工的推荐资格；相反，积分低的村民将在年终被扣除部分集体分红，而且被限制在村企业的务工次数，从而损失务工收入。换句话说，村民的行为同自己的收益直接挂钩。在理性经济人假设下，村民必然自觉地规范、约束自己的行为，并在日积月累中由被动变主动，积极参与乡村建设，输出文明乡风，从而最终促进乡村治理效能提升。

总之，民族地区要构建促进农牧民主体地位确立的动力机制，需要在考虑内外部动力因子的基础上，在产业发展中构建利益共享机制，在生态建设中构建话语表达机制，在乡村治理中构建自主参与机制。归结起来如图6-3所示。

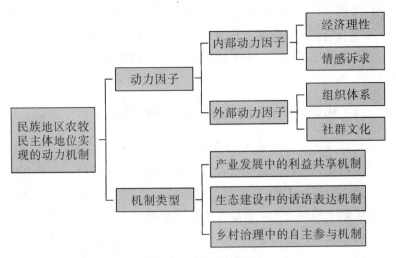

图6-3　农牧民主体地位实现的动力机制

## 6.3　构建实现农牧民主体地位的赋权机制

赋权理论是人力资源管理的基础理论，其后在社会学、经济学中被普遍运用。该理论认为现代教育体系完善后，人的心智更加成熟，应该被充分善用。善用的方式就是赋予人们相应的决策权和行动权。赋权的结果是增强个体运用权力的能力和信心。1976年，哥伦比亚大学的社会学学者巴巴拉·索罗门的著作《黑人赋权：受压迫社区中的社会工作》得以出版，书中阐述了"赋权"一词的含义，即赋权是一个过程，一种介入方式和一种实践活动，意在挖掘和激发主体潜能，充实个人或群体的权利①。赋权理论着眼对象是资源稀缺和分配不公造成的弱势群体，强调的是通过赋权方式（在某种事务上的自主权和独立性）激发人的主观能动性，关注的是被赋权者在赋权前后主观能动性的变迁状况。被赋的是广义范围的权利，包括政治、经济、社会等各方面；希冀达到的目标是通过赋权，加上弱势群体的个体努力，增强其能力，从而改变其长期生存和发展不利状况，实

---

① 陈树强. 增权：社会工作理论与实践的新视角［J］. 社会观察，2004（1）：45-45.

现"赋权增能"①。长期以来，农牧民处于掌控资源的弱势地位，且能力低下，缺失参与乡村发展的动力和掌控力。当前的乡村振兴要有效能和可持续，必须对农牧民多维度、多层面赋权，解决农牧民参与不足、动能乏力的问题。

### 6.3.1　构建赋权机制的前提：厘清赋权的主体

农牧民赋权涉及两大主体：赋权者和被赋权者。很显然，农牧民是新时代实施乡村振兴战略的被赋权者，而赋权者主要是政府。虽然在中国特色社会主义制度下，人民（当然也包括农牧民）是政府权力的来源，但政府运用人民赋予的权力界定清楚各主体应享有的权利、应承担的义务则是其职责。在当前实行的国家权力机制下，农牧民不可能拥有自己赋予自己各种权利的权力。因此，给农牧民赋权的主体应该是政府。政府通过立法、政策制定、规划、项目确立等，明确给农牧民赋什么权，如何赋权，怎样解决权能利用过程中的问题等。特别要注意的是，赋予的是权力，获得的是权利。这是农牧民获得权能，行使权能的前提。因为权利是结果，因此，我们在其后的阐述中统一用"权利"。

### 6.3.2　构建赋权机制的方式：推进体制机制改革

权利是通过体制和机制体现出来的。我国经济社会发展的桎梏，归根到底还是体制和机制问题。给农牧民赋权，在体制和机制改革方面，特别是在推进乡村振兴战略实施进程中，关键在于能不能体现农牧民主体地位，是否有利于发挥农牧民主体作用。在过去40多年的改革开放发展历程中，对我国乡村社会的制度设计和安排着力点更多放在解放和发展农村生产力上，更多集中于农民经济方面的权利问题，比如为激发农民利用土地进行生产经营，赋予其土地承包经营权；而进入新时代后，乡村社会的主要矛盾发生变化，满足农民日益增长的美好生活需要成为重点。因此，在制度设计和安排方面，应该依托体制机制进行改革，除了继续赋予农民更充分的经济权利外，还应着重赋予农民其他方面的权利，比如文化建设、参与乡村治理、进行环境改善等方面的权利。

---

① 沈费伟. 赋权理论视角下乡村振兴的机理与治理逻辑：基于英国乡村振兴的实践考察[J]. 世界农业，2018（11）：6.

### 6.3.3 构建赋权机制的内容：多权保障

正如上文所说，新时代农牧民赋权并不仅仅着眼于经济权利，还包括社会、政治、文化发展等方面的权利。

一是赋予农牧民更多经济收益权利，主要是完整清晰的乡村资源产权、交易权和获益权。党的十八届三中全会提出，要加快构建新型农业经营体系，赋予农民更多的财产权利，这是"推进城乡要素平等交换和公共资源均衡配置，并完善城镇化健康发展体制"[①] 的前提。对于民族地区来说，城乡要素不均等、公共资源配置非均衡情况更为明显和突出。相关部门可以探索构建促进民族地区乡村资源（比如生态资源、闲置的农房资源）资产化和资本化实现的制度，拓展农牧民财产性收入渠道，以促进民族地区农牧民增收。特别是要探索如何促使民族地区丰富的生态资源转化为生态资本，使农牧民获得更为丰厚的收益，支撑农牧业发展。当然，对于农牧民来说，土地也是最大的资源。农村土地所有权属于村集体，但土地还承载着承包权和经营权。因此要完善民族地区土地的"三权分置"，允许土地经营权进入市场进行流转、交易。农村土地改革的核心是土地资源的交易权。

二是全面落实农牧民的公民权。民族地区农牧民同所有区域公民一样享有同等的公民权，这一点是尤为重要的。民族地区农牧民要同其他区域人民，特别是本地区城镇居民一样，享有同等的公共服务、基础设施使用权。相对来说，民族地区的公共基础设施是比较薄弱的。松潘县近年灾害频发，进入性差，有时仅剩生命通道。凉山州昭觉县异地安置2万人，亟须配套中小学、幼儿园、医院等机构。有些学校、医院已见框架，但仍缺少大量配套设施、仪器设备等。因此，国家当前应在基本公共服务和基础设施建设投入方面，继续向民族地区科学化倾斜，使公共资源的均衡化配置、基本公共服务的均等化享受得以实现；在财政支出配置上，要改革现行财政体制，以城乡公共服务和基础设施均等化为标准进行配置；实现民族地区城乡居民在教育、就业、医疗等方面平等权利，确保真正落实民族地区公民权。

三是健全民族地区乡村自治，充分赋予农牧民乡村治理权。中共中

---

① 南京晓庄学院新闻中心. 十八届三中全会决定（全文）[EB/OL]. (2013-11-18)[2021-09-10], https://news.njxzc.edu.cn/56/e1/c4011a22241/page.htm.

央、国务院 2021 年 4 月印发《关于加强基层治理体系和治理能力现代化建设的意见》，以"基层群众自治充满活力"为建设目标，对自治制度和自治机制的健全提出了要求，以使中国特色基层治理制度优势能够得到充分展现。这个目标和要求延续了党的十九届五中全会对完善乡村治理体系的安排，强调再锚定、再强调深化村民自治实践和建立健全乡村治理体系的重要性，以进一步保障乡村在充满活力的同时，能够安定有序发展。作为中国特色社会主义制度的重要组成部分，村民自治是完善乡村治理体系的基础，是乡村治理现代化"最关键的一招"，必须整合乡村自治资源（比如人力资源），着力于健全村民自治制度，完善乡村自治机制，优化乡村服务格局，并通过教育、培训、宣传等手段提升村民自我管理、自我服务、自我教育水平，最终实现乡村治理为了村民、依靠村民、成果由村民共享目标。民族地区落实农牧民自治权，关键要求政府放权乡村治理，在农牧民参与渠道、参与方式、参与平台构建等方面着力，充分挖掘农牧民中的自治人才资源，鼓励他们积极有序参与到乡村治理体系中。

四是赋予农牧民与城镇居民同等的社会保障权。民族地区受制于地理环境，内生发展条件受限，需要国家在社会保障上给予更多的关怀。一方面，为缓解全国范围内城乡社会保障方面的不平衡问题，国家应尽快建立全国统一的社会保障体系。在民族地区应该探索建立具有区域特色的养老保险制度和最低生活保障制度，以使农牧民获得的保障能够适应当地经济发展水平并且与其他保障措施配套。同时，鉴于民族地区乡村医疗水平低下，要逐步增加乡村卫生事业建设投入，以提高民族地区乡村医疗服务水平。另一方面，要对农牧民在基本养老保险、最低生活保障、医疗保险等方面有所倾斜，使农牧民看病难、看病贵、因病致贫、因病返贫等问题得到切实解决。2022 年中央一号文件提出"坚决守住不发生规模性返贫底线"的要求。这个要求的落实关键还是在民族地区。民族地区的社会救助、医疗保障等帮扶措施必须落实到位。

五是保障农牧民的各项权能实现。农牧民拥有乡村社会生产生活的知情权、决策权、参与权和监督权。实现这些权能的载体是"三务公开"制度。所谓"三务公开"，就是要求公开党务、村务和财务，目的是保证乡村各项事务运转透明，提高乡村社会基层组织的公信力，充分调动农牧民参与乡村建设和管理的积极性和主动性。调研发现，农牧民对乡村发展意见最为强烈的有以下几个方面的问题：一是发展党员不公开，选举程序不公开。一些农村干部在党员发展上优亲厚友，不按发展程序办；在支部选举上，规定的参选人数、赞成票不够；等等。二是农村财务混乱，一些干部经济问题严重。主要表现在集体基建工程，果园、土地承包，宅基地有偿使用费，各项国家涉农款使用等方面。有的村民反映收入去向不明，有的村民反映多收入少入账，少收入不入账，等等。三是有的村干部不思进取，不干实事、守摊保权、求稳怕乱，在任几年，山河依旧，群众很不满意。"三务公开"制度的推行，使农牧民拥有了知情权、参与权、选择权、监督权，提高了农牧民当家作主、自我管理的意识，推进了民族地区农村基层民主政治建设，基本改变了对村级事务决策前不知情、决策中不参与、决策后不理解、执行时不支持的状况。

### 6.3.4 构建赋权机制的关键：实质性而非纸面化赋权

所谓实质性赋权，是指农牧民所获得的权利，并不局限于纸面上、文件上，不是花架子，而是实体性的，能够操作的赋权。比如民族地区产业增值收益更多地集中于企业，而非农牧民。国家推行产业下乡的目的就是促进农村经济发展，提高农民收入。可问题的关键就在于利润更多地集中于企业，而非农民。比如，社会资本进入民族地区进行高山蔬菜、牦牛、山羊、高寒水果等的种养，以较低的土地租赁费用和用工成本获得较高的利润，但农牧民大多只是获得较低土地流转费［300~800元/（亩·年）］和50~80元/天的务工收入。很显然，农牧民在乡村发展中，特别是在乡村产业发展中，并没有享有足够的权利。在权利没有充分享有的状况下，激发农牧民自主的积极性、能动性将困难重重，也就很难与国家乡村发展的整体布局和构想相吻合。因此，及时、完整地给农牧民赋权，就尤为重要。2021年国家出台了《乡村振兴促进法》强调农民主体地位。为了农民能够共享全产业链增值收益，国家支持农民专业合作社、涉农企业等同农民建立起一种紧密型、对等型利益联结机制。这一措施实际上是在农村产业发展和利润分配方面对农民进行了赋权。如此一来，在未来的产业下乡中，农民的参与方式不再局限于土地流转，获得的利润也不再局限于少量的土地流转费用。

## 6.4 构建实现农牧民主体地位的赋能机制

农牧民践行主体地位、发挥主体作用的关键还是在于"能"字，也即具备承担主体地位的能力。因此，构建实现农牧民主体地位的赋能机制重要而迫切。对农牧民赋能，涉及赋能主体、赋能载体、赋能内容、赋能途径等方面的建构。

### 6.4.1 构建赋能机制的前提

对农牧民赋能有两种途径：一是农牧民自我赋能；二是农牧民被赋能。自我赋能考验的是农牧民的自我学习、自我成长性能力，是内生进步性的现实反应。就当前民族地区来说，农牧民自我赋能还缺乏基础，农牧民的内生进步性还需要时间培育。当前农牧民基本处于被赋能阶段，赋能的主体是政府。政府通过各种渠道，赋予农牧民发展生产、促进增收、改善环境等方面所需的各项能力。

### 6.4.2 构建赋能机制的载体和途径

农牧民能力提升是一个相当长的过程，需要依托相应的载体。在当前万物互联的社会中，对农牧民全面赋能主要借助信息化、网格化的现代科技资源，主要的途径是对农牧民进行全方位、高层次、多领域教育。列宁曾这样指出："劳动者渴求知识，因为知识是他们获得胜利所必需的……他们知道，要使他们所进行的斗争最终取得胜利，是多么地需要教育。"[1]踏上新征程，面对新形势新任务，农牧民的教育无论是形式还是内容都应跟上时代的步伐，谋求创新，推进农牧民知识、技能、素质的全方位进步。从教育形式来看，民族地区由于长期缺乏优秀的教育资源、经济水平难以负担巨大的教育投入，再加上之前交通不便带来的信息闭塞等问题，传统乡村的农牧民教育是存在短板的。当前，我国经济有了巨大发展，迈入信息化、网格化高速发展时期，对农牧民的教育一方面要增加投入，另一方面在方式上、内容上也应该更多地搭上网络化、信息化的快车。但毋

---

① 列宁. 列宁全集：第35卷 [M]. 中共中央马克思恩格斯列宁斯大林著作编译局，译. 北京：人民出版社，1985：78.

庸置疑，民族地区的教育还没有跟上这种要求。从昭觉县的基础教育调研数据可以窥见一斑。昭觉县全县在校生 82 500 名，按照国家规定的师生比标准，应配备教师 4 000 名左右，但现实是全县仅有 2 000 多名教师，远低于规定要求。与此同时，还存在"一村一幼"混班教学、师资培训不到位、教学质量低等问题。再看干部队伍，大专毕业生占比仅为 10%左右，当地政府也在尝试不断引进大学生，但被引进人员难以留下来，民族地区成为人才短期跳板。这种状况导致民族地区基层干部队伍结构差，乡村振兴缺乏骨干性人才支撑。乡村农牧民系统性教育也缺乏推手。

对农牧民的教育需要长短结合，系统推进。就长期来说，依赖于整个民族地区国民教育体系的完善、教育质量的提高，通过提升民族地区儿童入学率、升学率，特别是大学入学率，为农牧民赋能奠定坚实的基础；就短期来说，对农牧民赋能主要是通过短期针对性、应急性培训，提升农牧民发展产业、参与治理等的能力。甘孜州九龙县农民洛桑通过参与商务局和经信局组织的短视频拍摄和运营培训，掌握了网络直播的相关技巧，直播民族乡村风景、特色美食和乡村生活，受到了 200 多万人的喜爱，进而帮助当地村民销售松茸、菌子、牛肉干等特产，一年销售额达到 500 多万元，不仅提高了自己的收入，而且帮助了当地村民，做到了"在家门口挣钱"，陪伴了孩子，提升了生活的幸福感。这就是教育赋能的结果。

### 6.4.3 构建赋能机制的内容

对农牧民赋能目的是使其有效参与乡村振兴，以自我力量推动乡村发生系统性变化，跟上发展步伐，朝着共同富裕目标迈进。基于此，赋能的内容就是要根据农牧民参与领域提出的要求进行针对性赋能。习近平总书记将乡村振兴庞大的体系和内容概括为五个方面，非常清晰地指明了乡村振兴的切入点，指明了村民可以和应该作为的领域。当前，对农牧民赋能也有必要从农牧民能够作为的领域进行针对性、系统性赋能，包括赋予农牧民发展乡村产业的能力、赋予农牧民参与乡村治理的能力、赋予农牧民传承繁荣优秀民族文化的能力、赋予农牧民保护生态环境、建设美丽家园的能力。

农牧民发展产业赋能是一个庞大的系统。政府需要通过培训提升农牧民从事农业生产、乡村休闲旅游产业开发需要的各项技能和能力，比如种植技术培训、规模化机械化种养能力培训、产品营销培训、农产品拓客能力培训等。

就农牧民乡村治理赋能来说，要基于当前民族地区乡村政治基础和政治结构变化显著，共同富裕时代任务显化特征进行。可以通过电视、网络、村级和县上等的宣传，使农牧民及时关注国家发布的各项法律法规和政策，特别是乡村发展方面的政策，不断提升自我的政治敏锐度，拓宽政治视野，在提升参与乡村治理意愿的同时提升参与乡村治理的能力和水平。处于现代化进程中的农牧民，需要积极回应基层党组织呼唤，自觉主动关注乡村发展，了解乡村组织建设状况，积极参与到乡村事务的管理和运转中，发挥自身主体性作用。政府对农牧民参与乡村治理赋能，需要做到几个方面：一是构建能够广泛吸纳有意愿的农牧民参与的制度和治理结构，比如建设村民议事制度、乡村治理村民监督委员会等，保证农牧民能够有效参与、自我管理与自我监督。在实际参与过程中，民族地区要考虑到农牧民外出务工人数多，在家人数少，通过构建微信群，甚至村两委利用村集体收入报销路费等方式，促使农牧民依法行使自己的参与权和选举权等。二是建设各类合作组织，提升农牧民的合作能力。三是鼓励、吸引专业性社会组织，特别是志愿者团体进入民族地区乡村，帮助农牧民提升参与治理的能力。四是在民族地区推广合作和治理文化培育，潜移默化地培养农牧民的政治素养。五是推动现代公民教育在民族地区的普及，激发农牧民公民意识，提升农牧民对其现代公民身份和政治角色的认同感，进而使其能够积极主动获取与现代公民身份和政治角色相符的权利，主动承担主体义务，规范自我行为以符合社会主体价值取向，在责权利一体化实现过程中体现主体地位，发挥主体作用。

生态宜居是乡村振兴提出的又一目标，实现这个目标，要求赋予农牧民整治环境、保护环境、建设环境的能力。尤其是民族地区多是生态功能区，承担着生态重任。保护民族地区引以为傲的生态环境，对草原、湿地退化、荒漠化进行治理等，需要提升农牧民能力。目前，民族地区农牧民受教育水平普遍比较低，生态环境保护意识较弱，垃圾分类意识、社会公德意识欠缺，普遍成为"搭便车者"，只享受权利而不履行义务。课题组在凉山州调研时发现，有村民直接在河道里养猪，在河道边煮猪食，对当地生态造成了不良影响。一些乡村牛羊还存在散养情况，村路上还有牛羊粪便。但与此同时也发现，民族地区乡村通过集中整治和项目支持，已经实现了垃圾集中处理、统一地方养猪喂猪、饮用水集中保护等。通过潜移默化，村民已经意识到了要保护环境，房前屋后、内部整洁度有了非常大的提升。

总之，农牧民的成长是一个较为漫长的过程，权、能的获取或者赋予需要科学化、合理化的机制作为支撑。当然，机制建构是一个长期的过程，处于向现代化转型时期的民族地区尤其如是。外在拉扯力量已然加大，但如果缺乏内在力量，最可能的结果就是"摔倒"。历史洪流很可能淹没缺乏内生性的成长，能跟上历史前进步伐的永远是内生驱动的自力自为。

# 7 实现农牧民主体地位的路径选择

机制建构与路径选择犹如一对"双生子",建构机制为行为主体在正确道路上良好前行提供了框架和行为模式;路径选择为机制运行提供载体,促使机制有效运行。农牧民主体地位问题,更多属于意识领域问题,是长期工程、系统工程,也是政治工程,因此效能作用时间更为漫长,路径选择更为重要。20世纪80年代,政府和理论界开始意识到这个问题。1982年的中央一号文件指出,农村经济调整和改革,需要激发亿万农民的生产积极性,自此开始提出农民主体性问题。时任农业部政策法规司司长郭书田在1988年提出确立农民的主体地位。到今天乡村振兴中农民主体性问题的探讨,已经过去40多年时间。换句话说,农民主体地位问题一直伴随着乡村领域的改革变迁进程而存在。今天这个问题依然是显性和重要问题,已然说明了这个问题破解的不易。处于现代化边缘地区的民族地区,建构农牧民主体地位,发挥农牧民主体作用,更加充满艰辛和挑战。但历史洪流中,民族地区乡村要跟上现代化的步伐,决不能忽视这个问题,更不能绕开这个问题。我们必须知道,外力拉扯永远只能走短途,长途跋涉必须依靠占大多数的人群的自立自为。

## 7.1 路径选择的思路

路径选择要基于问题导向、目标导向和主体特征来进行。根据前文的梳理,我们发现农牧民主体地位实现、主体作用发挥存在制约和桎梏,主观原因是农牧民主体意识尚未确立,主体能力尚未构建,脱贫攻坚中形成了"等、靠、要"的路径依赖,客观原因是缺乏支持主体作用发挥的社群文化,政府不习惯放手,乡村组织体系不健全等。另外,农牧民的自立自为是系统工程，除个体因素外，还受到环境因素影响，正如人类学家潘天舒所说，"个体生活受制于环境、经济、政治、历史及文化等结构要素，个体通过对自身和生产力的理解，形成其生存策略"①。基于此，乡村振兴中要确立农牧民主体地位，发挥农牧民主体作用，就要立足问题，考虑农牧民特征，针对性破解，要从短期和长期、内在和外在两组关系上进行考虑，既从农牧民自身出发，也要考虑到文化规制、政府意识与作为等。具体路径选择要从"意愿+能力+组织+文化"四维角度出发，从培育参与意愿、提升参与能力、架构参与组织、建设社群文化支撑等内外路径入手。

## 7.2 内生性路径一：激发匹配主体地位的主体意识

### 7.2.1 激发主体意识是促使农牧民行为自发自觉的前提条件

乡村振兴中农牧民要担当主体地位，需要"有心有力"。在此所谓的"心"，是农牧民的意识意愿；所谓的"力"，是农牧民的能力。其中，激发农牧民主体意识居于路径体系的首要位置。意识激发是农牧民行为自发自觉的前提条件。

7.2.1.1 主体意识激发，才能引导行动自为

意识是行动的先导，缺乏意识和理念，行为也会缺乏引导和支撑。农牧民主体意识的激发和树立是农牧民构建内生动力，在乡村振兴中自觉能动地发挥主体作用，积极投身乡村建设的前提条件。从心理学来说，任何行为都需要在某种特定的心理动机驱使下才会展开。要使农牧民积极投身乡村振兴，积极行动起来，发展产业、改善治理、传承文化、优化乡村环境、改善自身生存条件等，自然也需要特定的心理因素驱动。这种心理因素体现为某种行为动机下的意愿。农牧民参与产业发展、参与乡村治理的行为首先取决于其参与的意愿。农牧民参与意愿越强，说明主体关心乡村相关事务的可能性就越大，越容易形成合作的振兴行动。

7.2.1.2 主体意识激发，才能打破路径依赖

农牧民主体意识被激发，将直接引导解决"愿意不愿意"的问题，有助于打破"等、靠、要"的路径依赖惯性，建构起自立自为性路径。民族

---

① 潘天舒. 发展人类学概论 [M]. 上海：华东理工大学出版社，2009.

地区由于受传统的习惯和文化影响，特别是受脱贫攻坚中政府推动的路径惯性影响，农牧民存在着价值取向单一、依赖性强、被动性突出、主动性欠缺的问题，习惯了被扶持、被推动、被组织，而自身能动性的开发不够，严重阻碍了潜在主体意识的激发。要改变这种状况，就需要激发农牧民主体意识，引导农牧民主体行动。激发主体意识需要从两个层面推进：一是唤醒潜藏的意识；二是着力改变不匹配主体性的意识。基于此，如何激发农牧民主体性意识，需要采取如下三大举措。

### 7.2.2 以强力的宣传来唤醒农牧民潜藏的主体意识

调研发现，农牧民对自身在乡村振兴中的主体地位是缺乏清晰认知的。实际上，不仅是农牧民，还包括民族地区政府相关工作人员，都存在乡村振兴主体是政府的认知，政府让做什么就做什么，农牧民只是按照政策被动作为而已。这种认知应该是在脱贫攻坚过程中建构起来的，延伸至乡村振兴时期。但乡村振兴同脱贫攻坚不同，前者需要更长的时间，需要更磅礴的力量。因此，唤醒农牧民主体意识是必需的、重要的。当下，以有效的方式做到理论入户、观念入户就是激发农牧民主体意识的迫切任务。一要做到宣传的内容有针对性和倾向性。未来一段时间内，不仅需要宣传乡村振兴战略本身，更需要宣传农牧民主体性理论。宣传目的是让农牧民，包括政府相关工作人员意识到乡村振兴应该是"政府主导、农牧民主体"的战略。如果政府"亲力亲为，包干一切"，农牧民"等、要、被拉"，乡村振兴可能短期内有效，但长期是缺乏持续性和生命力的。因此，在宣传内容上，重点突出乡村的发展是农牧民自己的事，自己的事自己做，自己的事自己干，良好的政策效能显现的关键还是要农牧民自己在实践中落实，美好生活还是需要农牧民奋发勇为、勤劳付出才能持续；让他们清楚、明了自身在乡村振兴中的主体地位，以扭转长期的"政府主体"认知，把乡村振兴转变为自觉的行动。二是多手段、多载体、多方式宣传，形式要容易被理解、被接受。特别要采取贴近农牧民生活、能被农牧民迅速理解的宣传形式和方式。比如可以把涉及"三农"问题的政策、信息、乡村振兴战略要求、农牧民主体地位理论体系等融入农牧民喜闻乐见的歌舞剧、山歌民谣中；或者通过编顺口溜、办宣传专刊、张贴宣传标语、发放宣传小册子、召开村民会议、入户宣传等多种形式，强力宣传乡村振兴中的农牧民主体地位，让农牧民听得懂、学得进、记得牢，有触动、有认知、有激发。三是要将普遍宣传与树立典型相结合，特别是要多渠道、多途径大力宣传典型事例、优秀经验和先进人物，用身边事教育身边人，不断提高宣传的针对性和实效性，让农牧民看到乡村振兴的前景，看到乡村振兴对共同富裕目标实现的重要意义，看到自我努力作为后的美好结果。

### 7.2.3 以素养提升行动改变与主体地位不匹配的意识

民族地区农牧民素养提升行动是一项具有长远意义的大工程。该项行动的着眼点不是浅层次的技能培育，而是具有深远性和长期性影响的综合素质和修养提升，通过变革观念潜移默化作用于农牧民的当下行动。素养提升行动着力于农牧民新征程中价值观的形成、理念的树立和精神的塑造。第一，培养农牧民"爱村爱农，振兴在我"的积极价值观。价值观是个体基于其长期以来构建起的认知体系，对人、事、物产生的理解、态度、价值判断和价值取向，决定了人们的工作态度并贯穿于生活工作的全过程。新时代朝共同富裕目标迈进的民族地区农牧民，要有"乡村发展，振兴在我，爱村爱农"的思想，对乡村、对农业要有深厚的感情，愿意为民族地区的发展、乡村的繁荣、农业的兴盛贡献自己的力量。这种深厚情感，将有助于农牧民扭转民族地区是"穷山恶水"的传统观念，愿意尽力去挖掘民族地区乡村优良资源，愿意想方设法去将资源开发为产品，从而变资源为资本，提高民族地区农业发展的资本回报率，以吸引更多农牧民和外地人口回归或者进入，使民族地区乡村充满活力。从民族地区资源禀赋的角度来看，民族地区生态环境良好、生态资源丰富，有些区域光照好，具有生产生态、有机、绿色农副产品的条件。这种供给恰好吻合人们因为消费结构升级而产生的对生态、有机、绿色农产品的消费需求，民族地区乡村大有可为。第二，塑造农牧民不断学习、不断进步的精神。民族地区发展滞后，一方面是因为自然条件恶劣，地理位置偏远；另一方面也缘于教育落后，学习边缘化。但现代社会飞速发展，科学技术日新月异，乡村已不再是过去的乡村，农业生产亦不再适用过去的刀耕火种，必须依靠现代科学技术、现代农机设备赋能农业生产。民族地区农牧民要跟上时代的变化，适应市场发展提出的要求，就必须不断学习，用现代科学技术和种植技术武装农业，提升农业的产能产值，向现代新型农民转型。因此，摒弃故步自封、缓慢发展的思想观念是必然的，保持持续学习的精神是必要的，要通过学习实现民族地区农业发展的精细化、专业化和规模化。第三，培养农牧民自主创业、生产创新的理念。长久以来，民族地区乡村生产效率低下和农牧民生活贫困的重要原因是耕种、畜牧方式传统，机械化、规模化水平低，很大程度上还是延续自然放牧、自然耕种、靠天吃饭的模式。要打破这种困境，必须鼓励正在转型和适应社会变迁的农牧民，接受现代农业生产技术和新型农业经营管理理念的教育培训，不固守传统耕种模式，而是逐步走上创新创业之路，例如实施大棚种植，机械化科学种养，经营模式现代化，提升畜牧、种植等的产出数量和质量；探寻农文旅融合模式，活化民族地区丰富的文旅资源，拓展收入渠道，提高收入。只有当农牧民真正实现了增收，获得了发展型收益，其主体性意识才能被激发，潜藏的能动性、创造性才能得到释放，带动示范效应也才能显现和发挥，从而才能构建起良性的发展通道，并进一步促进民族地区现代农业的发展和乡村经济的繁荣。

### 7.2.4 构建利益共同体强化农牧民主体意识

新加坡前总理李光耀曾经说过："你不能要求每个人都爱国，他凭什么爱国呢？如果每个人都是利益相关者，那就爱国了!"[①] 因此，激发农牧民主体意识，需要通过构建利益共同体方式，把主体地位同利益获得紧密相连，了解农牧民利益关注点，紧紧地把他们团结在一起，才能切实激发他们的主体意识，使其自愿主动地参与乡村发展，投身乡村建设。当前乡村产业发展大多采取了"公司+农户"的模式，鼓励产业资本进入乡村，以土地流转或土地入股方式获取土地使用权和经营权，发展种养业或乡村旅游业，并在需要时雇佣农民。而随着国家对民族地区的政策支持力度加大，产业资本也不断进入民族地区，通过建设农业产业化经营模式带动民族地区农业发展，促进农牧民增收，推动乡村振兴。整个过程涉及企业和农牧民两个利益相关主体。农牧民在农业产业化发展中，作为土地使用权供给方和劳务提供者，获得土地流转费用或土地入股分红和劳务收益。虽然这种模式从短期看，有利于实现农牧民收入的增长；但从长期来看，农牧民无法全面且深入地参与资本运作和产业经营全过程，被产业利益排除在外，收益渠道是单一的，后期甚至存在被产业资本排挤的风险。这种模

---

① 郑永年. 大趋势：中国下一步 [M]. 上海：东方出版社，2019.

式对农牧民主体意识的激发、主体作用的发挥效能有限。因此，有必要构建产业资本和农牧民的利益共同体，而且切实发挥政府作用保护农牧民权益。

这就要求变革"公司+农户"模式为"农户+公司"模式，着力构建产业资本、农牧民一体的利益共同体，构建维护农牧民话语权的利益联结机制。在利益共同体运行过程中，政府要发挥以下两方面作用：第一，在利益分配方面，政府应关注在市场机制起决定性作用的情况下农牧民权益实现情况。当农牧民权益被边缘化、被排挤时政府要发挥调节作用，指导制定强化资本规范化运行的制度，约束资本力量，保障农牧民权益。不可否认，企业作为市场主体，利益最大化是其本能要求，在"蛋糕"不变的前提下，压缩农牧民的利益空间，企业获利空间才有可能扩大，而农牧民在博弈中往往处于弱势地位。因此，需要发挥政府保护农牧民权益的作用。政府可以积极支持和规范农牧民合作社发展，切实推动农牧民组织化程度提高，尽可能促进农牧民的市场谈判地位和能力的提升。比如凉山州冕宁县正在打造家庭农场示范县，着力于支持农牧民专业合作社的发展。第二，在利益保障方面，政府要构建制度，规范约束农牧民和企业行为，比如建设农村居民和企业的双向信用体系，保障其在农业生产经营中良性履约，规范运作。一是加强守信激励和失信惩戒的力度，奖惩并举；二是建立诚信履约挂钩制度，无论是企业还是农牧民的违约行为都要被纳入信用档案，作为企业贷款、发债、担保、个体信贷等信用交易以及享受各项优惠政策和补贴的重要参考依据。一旦失信，将受到相应惩处。通过关联挂钩，保障契约关系的稳定性。

## 7.3  内生性路径二：建设匹配主体地位的能力体系

农牧民主体意识被激发，愿意承担主体地位，发挥主体作用，是属于"愿为"，但这只是前提条件，必要条件还得是农牧民"能为"，能够担当起主体地位。这就涉及主体能力的建设和供给问题。没有相应的能力供给，农牧民主体地位就是虚无的、不现实的。农牧民主体能力的有无和高低，决定了民族地区乡村发展的效能高低以及农牧民增收多少。换句话说，农牧民要作为民族地区乡村发展的主体，必须具有可以增进发展绩效的能力。在当前的乡村振兴实践中，农牧民主体能力是一个庞大的体系，包括产业发展能力、乡村治理能力、文化传承创新能力、生态保护和建设能力等。这些能力提升能够保证农牧民主体在参与乡村发展，包括乡村治理中有较强的理性，能够对接市场需求，建构和形成相互认同的规则、程序，彼此就公共议题能够达成协商一致的集体行动。农牧民个体能力越高，其正向汇集的集体合力越大，民族地区乡村产业兴旺、治理有效、乡风文明才越有可能从顶层设计变为现实实践。因此，从乡村振兴主体角度看，农牧民主体能力建设状况决定了乡村振兴的有效性。民族地区要推进乡村振兴，必然要求农牧民建设、提升自我能力束，在"愿为"的基础上实现"能为"。

### 7.3.1 乡村振兴战略下的农牧民能力体系内容

乡村振兴是一个系统工程，对农牧民能力的要求也就更加系统、更加高。能力素质是个体改变周围环境的内在变量和核心因素，其质量与强弱关系着主体的发展，也关系着相关实践的发展①。由此，决定民族地区乡村能否有效发展的关键指标就是农牧民的各项能力②，包括农牧民对战略和政策的理解能力、认知能力、感悟能力；对乡村各项事务的处理、运转的行动能力，以及自我增收的能力。农牧民能力体系不足可能影响其参与乡村建设的能动性，也不利于主体地位的承担和巩固。

乡村振兴下农牧民能力体系构建的逻辑基点是农牧民在乡村振兴中的作为领域和作为内容。换句话说，农牧民能力体系构建取决于农牧民在乡村振兴中作为领域提出的要求。比如农牧民进行乡村产业生产，实现产业繁荣需要具备的生产能力；农牧民参与乡村治理，需要具备处理公共事务，做出正确选择的能力；农牧民进行生态环境修复和保护需要具备的能力；农牧民参与乡村优秀文化传承需要具备相应的能力；民族地区组织强化对农牧民能力提出要求，等等。由此，我们根据农牧民在民族地区乡村振兴中的作为领域建构农牧民能力体系。

#### 7.3.1.1 农牧民发展乡村产业的能力体系

民族地区产业历来薄弱，但产业的兴旺是乡村振兴的必然要义。发展乡村产业也是构建民族地区可持续发展能力、推进乡村朝现代化迈进的根

---

① 周柏春. 乡村振兴的主体维度分析：以农民为视角的考察 [J]. 农村经济, 2019 (9)：8.
② 马华, 徐勇. 南农实验 [M]. 北京：中国社会科学出版社, 2011.

本和支撑。在乡村振兴中，民族地区要以资源配置为基础促产业振兴。坚持宜种则种、宜养则养、宜文则文、宜旅则旅，科学布局区域产业结构，形成"一乡一品、一村一业"特色产业体系。比如阿坝州壤塘县上寨片区依托 G317 文旅产业廊道，重点发展"交通+"、"旅游+"、双低油菜等产业。杜柯片区依托县城，打造县城物资供给基地，重点发展中小微园区和畜牧等产业。则曲河流域的五个乡镇具有生态、文化、土地等方面的资源优势，就主要发展生态文化旅游、蔬菜及黑青稞种植、畜牧和商贸流通等重点产业。

目前，民族地区产业发展存在着五大问题：一是资源禀赋差，资源利用和产业发展程度低，产业培育难，缺乏将自然资源优势转为经济优势的能力以及资源的产业化利用不足问题。民族地区受资源限制，土地碎片化，规模较小，形成不了特色规模种植业，土地收益低下；草原贫瘠，品种老化，畜牧业的基础作用发挥弱。大多数贫困群众居住在高半山区，劳动力少、病患多、技能培训难、效果差，群众内生动力差。二是集体经济的认同感低，农牧民观望意愿大，融入程度低，对产业发展的贡献度不高。三是产业链条不完整，发展层次不高，发展思路不清晰。一些民族地区尚处于传统的种植养殖阶段，尚未形成配套完整的乡村产业链条。同时，由于经济水平的制约，产业结构往往呈现出第一产业主导，第二产业缺失，一、二、三产融合素质不高问题①。四是受制于教育资源短缺和人才缺乏等，民族地区产业专业化水平低，创新技术缺乏，生产方式相对落后。民族地区发展传统农业的自然依赖性较大，科技应用水平不高，粗放型经营特征突出，人工、土地使用效率低下。由于收入、生活环境、创业条件等多种因素的影响，民族地区对人才的吸引力较小，专业化投入受到阻碍，技术、知识、管理等发展要求无法满足，制约着产业升级与完善。五是产业发展相对滞后。产业服务体系不健全，服务能力弱等问题客观存在，产业发展路子不宽、新型经营主体不强、产品市场竞争力弱、同质化倾向严重等问题突出，产业规模效益差。

这些产业问题的破解，亟待民族地区乡村振兴战略的深入推进，特别是农牧民主体能力体系的建构。一是提升农牧民发展现代种养业和发展一、二、三产融合产业的知识和技能。当前民族地区的乡村产业形成了两

---

① 朱罗敬，桂胜. 欠发达地区农村经济发展路径选择的三重逻辑：基于中部 A 省 Y 县 J 村和 H 村的经验调查 [J]. 湖北社会科学，2019（1）：46-55.

大类新体系：一类要发展以"优、绿、特、新、品牌"为特征的现代农业；二类要发展一、二、三产融合的产业，如乡村旅游业、休闲农业等。这两类产业发展都需要系统性的理论知识和实践技能，比如生态农业发展就对农牧民技能提出了较高的要求。民族地区要针对两类产业发展要求，供给系统性的知识，提升农牧民技能。

二是提高农牧民经销乡村产品（农产品、乡村休闲旅游产品）的能力。发达的网络系统为农牧民沟通世界提供了载体。网络直播带货突破了地域空间限制，成为一种新兴的开拓市场的方式，特别适合民族地区。农牧民可以将民族地区特色农牧产品向世界展示。但这种方式对农牧民的语言组织能力、产品展示能力、人际沟通能力提出了新的要求。这种能力需求和能力供给的契合也必须通过教育、培训等实现，通过打造平台（开展乡村产品推广竞赛、乡村演讲家活动）、供给知识载体（如建设乡村文化室、乡村图书馆等惠民工程），为农牧民提升语言表达能力提供学习氛围。

三是提高农牧民经营管理能力。产业运转是一个系统性工程，需要实现生产和销售的有效衔接和循环。马克思在《资本论》第一卷"产业循环与周转"理论中提到，商品资本转化为货币资本是一次"惊险的跳跃"，如何实现这个跳跃，非常考验经营者的智慧和能力。农牧民要运营乡村产业，不管是发展种养业，还是乡村旅游等第三产业，都需要前瞻性的眼光，把握和洞察市场，具有市场信息收集处理能力、市场分析预判和决策能力、产品质量把控能力、销售渠道和物流整合能力、市场风险应对能力、财务管理能力等能力体系。

### 7.3.1.2 农牧民参与乡村治理的能力体系

乡风文明以及和谐稳定社会构建是乡村振兴的总要求，被概括为"治理有效"四字。"治理"是领域，"有效"是质量要求。这个要求的实现也指引农牧民建构起有效的参与意愿和相应的能力体系。党的十九大提出改善乡村治理，构建"法治、德治、自治相融合"的现代乡村治理体系。这对治理方式和治理主体都做了质的规定。法治和德治是治理的方式方法，"自治"明确指出主体是农牧民。农牧民参与乡村治理既是要求，也是体现治理体系现代化的必然要义。农牧民参与乡村治理，以及良好参与乡村治理的基础是拥有治理能力。一是农牧民理解、认知乡村治理体系的能力。农牧民要对乡村治理的重要性、乡村公共事务内容体系、乡村公共事务参与途径等有所了解和认知。二是农牧民要有对政策体系解读和良好把握的能力。当下民族地区乡村面临着巨大的发展机遇，国家从资金、项目、教育等各方面给予支持。如何利用好发展机遇、落实好支持项目、尽可能使乡村发展、农牧民权益最大化，是农牧民参与乡村治理必须要思考的问题。课题组在凉山调研时，某村第一书记非常恳切地说，"当下民族地区乡村，选举到具有公心和能力的村党支部书记是最要紧的"。三是农牧民掌握治理方式和手段的能力。这要求农牧民通过学习、培训，掌握现代治理方式、方法和手段，能够因地制宜整理资源、配置资源，用好国家政策，挖掘乡村潜力，应对现实发展需求，建设美好乡村。四是建设优良乡风的能力。乡风文明对于民族地区来说尤为重要。新征程上的农牧民，要在弘扬优秀传统民族文化的基础上，形成"积极向上、有勇有为、艰苦奋斗"的新乡风。弘扬文明乡风，除了宣传，典范带动更具有效力。民族地区的群体意识更胜于其他区域，因此，通过"树典型、一带多"，利用亲族权威，有助于传承优良传统，弘扬优秀精神，营造良好乡村面貌。

松潘县在人居环境改善中就注意到了发挥群众主体作用。一是基层党组织多渠道、多平台、多方式宣传乡村生态环境治理的农牧民主体观念，鼓励农牧民积极投工、投劳、投资，主动参与乡村人居环境改善工程；二是把农村人居环境整治行动纳入村规民约，引导规范村民自治，打造政府、村集体、村民等多方共谋、共同建设治理、共同维护、共享美好环境的机制。

### 7.3.1.3　农牧民推进乡村生态环境建设的能力体系

乡村是城市居民"乡愁"情结消纳地和乡村居民"美丽家园"的承载地，这两者都直指乡村的生态环境建设。要通过生态环境建设，让乡村承载起"乡愁"，让村民的生产生活环境得到进一步改善，进而使乡村真正成为城乡居民的"美丽宜居地"，真正提升城乡居民的幸福感和获得感。但民族地区多是生态脆弱地区，生态环境保护、治理和建设都具有一定的技术难度，更考验农牧民的能力。例如四川省涉藏地区位于长江、黄河上游，阿坝州和甘孜州有5个县在黄河上游，生态地理位置独特，是国家"两屏三带"生态格局中青藏高原生态屏障和黄土高原—川滇生态屏障的重要组成部分。阿坝州、甘孜州被纳入川西北生态经济示范区，木里县属于国家重点生态功能区。

生态重任担当，不可能完全依赖于有限的政府力量，必须激发农牧民力量，联动社会。这就要求农牧民一是具有整治生态环境的能力。民族地区存在着一定的生态保护和生产发展矛盾，比如一些地方"靠山吃山"，进行矿产资源的开发，一定程度上破坏了生态环境。反思过去，面向未来，就必然涉及对生态环境的修复和整治。比如四川阿坝州沙漠化年递增率为5.32%。全州沙化土地面积达269万亩，退化草原面积达4 000万亩，草原鼠虫害危害面积1 680万亩。如何整治，需要技术和能力的支撑。一方面农牧民通过学习获取生态整治能力；另一方面要借助专业机构和社会力量，进行生态环境整治和修复工作。二是要有保护生态环境的能力。建设与保护是相辅相成的，生态环境建设好了，更重在保护，所谓乡村环境，"三分在建，七分在管"。管，就是管理与保护问题。要从日常生活、生产作为、垃圾管理、畜禽粪便处理等方面，做好环境保护工作。农牧民要有爱护环境、建设清洁家园的意识，做好垃圾收集和集中处理工作；乡村要建设好垃圾收集池，专人负责垃圾收集、转运工作；避免畜禽散养，做好畜禽粪便无污化和无害化处理。在乡村环境管理制度建设上，要根据民族地区乡村实际，制定村民认可、能够执行的生态管理办法；要制订合理的工作安排计划，尽量让所有村民都参与进去。在日常环境管理上，设置公益岗、生态岗，充分挖掘、利用农牧民力量；要建设生态环境管护责任制度，将具体工作落实到人，及时考核，且考核结果跟村民收益挂钩。

### 7.3.1.4 农牧民传承和发展优秀民族传统文化的创新能力

民族地区除了自然资源富集，还有丰富的优秀民族传统文化资源，是民族传统文化的富集地。传统文化作为民族的重要元素和无形特征，也是各族人民的精神家园和精神支柱，还是推动民族地区经济社会发展的重要资源和力量。四川民族地区传统文化种类多，意蕴深厚，文化价值高，特色鲜明，不仅包含底蕴深厚的藏、羌、彝等多种民族文化，还有悲壮辉煌的、以雪山草地为主的厚重红色文化。"民族的就是世界的"，这句话深刻说明了民族地区优秀传统文化传承的重要性。民族地区优秀传统文化，特别是非物质文化遗产多集中于乡村，农牧民是传承发扬民族文化的主体。农牧民生于斯、长于斯，受民族地区传统文化的熏陶，也有义务传承优秀的民族文化。对于民族地区农牧民来说，如何保护、传承，特别是创新性传承和发展民族优秀文化具有重要的现实意义。当下的民族地区优秀传统文化的保护、传承和发展，面临着意识不足、人才缺乏、措施不当等问题。这些问题的破解，都需要农牧民担当起主体责任。这需要农牧民一是具有文化自觉和文化自信，也就是需要有民族文化认知把握的能力。创新传承的前提是对民族地区文化能够准确认知、科学把握。民族地区农牧民在民族文化的浸润中成长、生活，通常能歌善舞，掌握了民族文化的"形"，但更深刻地把握民族地区文化意蕴、内涵却需要相应能力的培育，否则既缺乏传承创新的意愿，也缺乏传承创新的能力。这需要政府有意识地引导、宣传，推进农牧民从更高层次认知民族文化，激发传承意愿。二是保护民族地区优秀传统文化的实践能力。三是创新性继承和发展民族地区优秀传统文化的能力，比如能够集合民间智力，打造突出区域性、民族性、乡村性的文化品牌。文化品牌是使传统优秀文化富有生命力的载体。农牧民要在充分认知民族文化品牌营造重要性的基础上，发挥创新创造能力，赋予民族文化新的时代内涵和意义，打造独具特色、具有吸引力的文化品牌。

### 7.3.2　建设农牧民能力体系的思路

上述能力体系的建构依赖于两种方式。一是系统性学习和培训。一方面，政府要通过学历教育的普及、完善和质量的提高，提升农牧民应对生产生活的通识能力；另一方面，政府要建构新型职业农牧民培训体系，系统梳理现代农业生产、经营中需要匹配的能力，据此针对性举办培训班，帮助农牧民获取现代农业生产知识、经营知识、乡村旅游服务知识以及各类技术，比如农业育种技术、灌溉技术、田间管理技术、病虫害防治技术、有机栽培技术、植物检疫与保护技术、农业机械运行与维护技术、土壤及肥料管理技术等。二是生产、经营实践。实践是最好的老师。农牧民要在政府政策的支持下，不断参与生产、服务实践，在实践中提升能力。实践的过程可能会存在失败。农牧民要不惮于失败，及时总结失败的教训，也及时总结成功的经验，逐步提高各种应对能力。比如凉山州政府提供了信用贷款，鼓励农民种植高山蔬菜。有些农民害怕亏本，不愿意投入。但有些农民不断学习、取经，种植技术不断提高，获得了成功。凉山州昭觉县博洛乡普洛村村民在第一书记带领下学习直播带货技术，利用网络拓展了销售渠道，将村民们手工编织的"查尔瓦"（彝族传统的羊毛披风）顺利地销售出去，村民们实现了增收。直播带货非常考验村民的学习能力、语言表达能力和经营能力。第一书记韩洁告诉我们："这个过程是艰辛的，我们还在不断摸索、不断学习中。我们首先请有直播带货经验的人带了几场，村民们全程围观、学习。然后选拔几个村民试带货。经过几场下来，最后固定了 4 名展现力比较好的村民进行直播。现在正在学习如何让直播带货效果更好，观看量得到更大程度提升。"总之，对于民族地区农牧民来说，学习和实践是最好的能力提升路径，尽管这个过程艰辛，所需的时间较长，但"总有花开的时候"。

### 7.3.3 加大教育培训力度，助推农牧民能力提升

**7.3.3.1 教育培训的长远性路径：加强民族地区义务教育，提升农牧民受教育的年限和层次**

近些年来，随着国家对民族地区教育的投入力度加大，民族地区农牧民受教育情况不断改善。而且农牧民已经普遍认识到教育的重要性，看到教育对内生优势和潜在能力的挖掘作用，更意识到了通过教育改善和储集社会的、制度的、精神的资本的可能性[1]，因此愿意在教育上投入时间和精力。但跟其他地区相比，民族地区农牧民受教育水平依然相对较低。越西县统计数据显示，少数民族中 9.5% 的人未上过学；大学本科及以上学历人数仅占总人数的 1%；专科学历人数仅占总人数的 2.6%；初中以上文化程度人数占总人数的 29.1%[2]。马边县受教育人数占全县总人数的 20.2%[3]。北川县乡村受教育总人数为 111 957 人，其中大专及以上文化程度占 10.3%；高中（含中专）文化程度占 16.9%；初中文化程度占 39.7%；小学文化程度占 33.1%[4]。凉山州昭觉县大专以上文化程度有 7 357 人，占总人数（99 460 人）的 7.4%，初中文化程度有 30 805 人，占总人数的 31%[5]。从这些数据可以看出，当前民族地区农牧民的受教育程度还难以满足乡村现代化进程的需求，因此从长远来看，依然要着力于保障民族地区的义务教育，提升民族地区的高层次教育。一是提升控辍保学的政策实施力度。通过宣传、制度建设、费用减免、多部门协作、师资力量提升、教学方法优化、落实奖惩措施等手段和方法，维持民族地区义务教育的持续稳定性和健康协调性。二是尽可能推动民族地区农牧民受教育程度和层次逐步提升。可以通过加大教育资源向民族地区倾斜力度、加

---

① SALEEBEY D. 优势视角：社会工作实践新模式 [M]. 杜立婕，袁园，译. 上海：华东理工大学出版社，2015.

② 数据由越西县人民政府提供。

③ 数据由马边县人民政府提供。

④ 数据由北川县人民政府提供。

⑤ 数据由昭觉县人民政府提供。

大教育经费支持力度、提高部委所属高校在民族地区的招生比例、实施高校民族地区专项计划、实施民族地区教师提能计划等，提升民族地区高等教育的普及度和优化度。三是大力发展农牧民夜校。关键是要将农牧民夜校落在实处，不虚开，要实办，定期请各类农牧民感兴趣的技术人才、专家，特别是"土专家""本地能人"等进行专题讲座，注重培训的实操性和应用性，使农牧民进行农业生产、产业经营的实用技能得到提升。"土专家"可能是摸爬滚打多年的种田高手、养殖能手，也可能是身怀绝技的能工巧匠、民间艺人，应建立培育和挖掘"土专家"参与农牧民培训的制度。和外来人才相比，"土专家"对家乡热土有着更炙热的感情，更强烈的发展乡村的意愿；他们更熟悉脚下的"一亩三分地"，常年积累的实践经验更"接地气"；他们是农牧民"身边人"，更容易获得信赖、鼓舞信心、带来希望，更容易激发农牧民的内生动力。

7.3.3.2 教育培训的及时性路径：强化职业教育培训，提升农牧民现代化适应度

当前，农业农村已经发生了翻天覆地的变化，这就要求农业农村中的主体——农民，也要具有新风貌、新素质。民族地区同样如是，必须通过职业教育培训，建设一大批新型职业农民，就是一种以农业为职业，在文化、技术、认知、管理等多方面与农业现代化进程相契合的新型农业经营主体。他们较传统农民有更高的从业技术水平、更强的社会责任、更开放的思想观念。

1. 提高新型职业农牧民的社会认同感，提高农牧民参与培训的意愿

在农村职业教育助力培育新型职业农牧民的系统思路下，基于受训农户的现实要求，需以增加农业生产收益、提高社会地位等为导向，形成科学、全面的利农职业教育理念，提高农牧民的参培意愿，使其自觉接受教育培训。同时还要提升社会对新型职业农牧民的职业认可度，营造大范围的社会认同氛围。

2. 推进职业教育供给侧结构性改革，明确培育目标，制定特色鲜明、有针对性的培育方案

民族地区的职业培训要因地制宜，具有针对性。立足当地产业，以市场需求为导向，多维考量之后，科学合理地制订新型职业农民培养计划。这是推进现代农业产业链需求匹配度提升，使培训效果达到预期的重要前提。第一，在农村职业教育培训过程中，可以围绕本地农民实用技能与知

识需求，如农业育种、施肥、防病虫害、加工、营销、管理等，设置培育内容。第二，结合地域特色、环境要求、现实条件，丰富培训内容，增强培训吸引力。全面分析农牧民就业创业的领域，开展凸显地域特色、增强农牧民就业竞争力的培训，不断提升培训效果。

3. 加强实用技能培训，开展层次性培育

要根据农户农业生产种类的差异，明确受训对象的不同类别与层次。首先，深入了解区域农业特色与农民技能水平，获取真实有效的调查资料。根据信息获取情况，有针对性地开展新型职业农民专业化实用技能培训，并辅以长期精细化一对一专业指导。其次，开展层次化、分批式、有重点的培训工作。在对受训对象的培训意愿、年龄结构、文化程度、未来规划做出细致分析的前提下，划分技能培训方向，培育不同产业的专业技能人才；同时优选有乡土情怀、立志扎根农村、接受信息快、有一定文化基础的青壮年人群，以"传""帮""带"的形式扩大培训范围，为现代化农业生产培育农技优质人力资源，保证高质量人才的稳定输出。

4. 提高教师遴选质量，构建优质稳定的师资队伍

农村职业教育是一种针对农村的职业教育，其目的之一就是培育服务于"三农"的现代职业人才。为更好地履行培育新型职业农民的使命，须打造一支优秀的师资队伍。这支队伍不仅要有高水平的理论基础与实践技能，而且能自愿定期参与专业培训和对口农业教学，有强烈的责任感。为此，在遴选教师时，应提升师资准入门槛，提高本校教师招聘和校外农技人才聘用质量，定期进行有效考核，制定奖惩措施，确保新型职业农民培训师资队伍的优质性，让农教师资"下得去、留得住、用得好"，凭实际才能与个人魅力获得农牧民的认可。

### 7.3.4 延展教育培训参与力量的层次，充分发挥职业院校、企业等的作用

农牧民能力体系里面，发展产业能力是第一位的。产业能力提升，既需要公办职业院校、民办职业技能培训学校多种力量的整合和投入，更需要发挥企业在农牧民培训方面的作用，促使农牧民在劳动中不断学习成长。第一，充分发挥各类公办职业院校主阵地作用，通过政策支持、资金人才的投入，更好地发挥现有中等职业技术学校、技师学院等办学力量的培训功能。第二，加大对民办职业技能培训学校的扶持引导与监督管理，

规范办学行为，提高培训质量，充分发挥其在人才培养方面的灵活性优势。与此同时，对职业技能培训工作要进一步深化"放管服"改革，不断提升培训管理的服务水平，以服务促培训效能提升。特别需要提出的是，民族地区在职业教育资源配置上，要注重发挥市场的决定性作用，排除各种人为干扰。第三，要通过宣传和阐释，引导企业不断加强责任意识，在管理理念、用工制度、工作环境上进行大胆创新，逐步健全员工的就业能力提升机制。第四，根据民族地区区域发展战略和产业布局，鼓励区域内规模以上企业全面推行新型学徒制，由行业和企业高级管理人员、高级技术人员、非物质文化遗产传承人及民间能工巧匠等担任兼职教师，打造岗前、在岗全链条培训机制，结合线上线下的培训方式，进行通识性教育、政策认知和技能提升等培训，从而为企业的长远发展培养相应的高技能人才。第五，构建校企合作机制。筛选一批影响力比较大、代表性强、吸纳农牧民较多的企业，鼓励他们积极与职业院校开展校企合作、职教集团、产教联盟的试点工作。第六，培养农民的标准化思维，这是农民提升市场思维能力的重要组成部分。保障产品质量的关键就是构建标准化体系。高标准、严要求才可能形成高质量，高质量才能获得市场认可。民族地区农牧民要打破之前随意化、随性化的生产、种养方式，制定标准化的生产流程、操作程序和行为准则，并且遵章执行。比如冕宁县规模化种植油橄榄，就在育苗、施肥施药等方面执行标准化流程，以保证质量。

## 7.4 内生性路径三：通过组织向度提升把农牧民"组织起来"

### 7.4.1 民族地区乡村裂变对农牧民"组织起来"产生需求

民族地区被裹挟进了现代化进程，导致其总体性社会和全能型政治逐渐走向瓦解。在这整个过程中，市场的理性逻辑、张扬的自我意识以及强制性的权力迫使集体化时期形成的农牧民与村集体、家庭宗族阶层父权庇护关系和互惠型合作结构退场，其存在的社会基础逐渐丧失。随之而来的是村庄碎片化、空心化，甚至消失，农牧民原子化。脱贫攻坚进程中的异地安置、合村并居，更使原来的熟人社会受到冲击。原来熟人社会和宗族规范下的道德规约日渐式微，农牧民的自我中心价值取向愈发明显，甚至一种只为自己而活的无功德主义价值取向逐渐形成①。这种价值取向不单对权力的组织网络和文化网络进行了侵蚀，更背离了乡村振兴战略所提出的"乡风文明"要旨。原子化分散、集体淡漠、村庄吸引力消失等挑战着农牧民乡村振兴主体力量的发挥。农牧民主体性功能也不断遭受到"去组织化"带来的侵蚀。农村地区的村共同体日趋解体，乡村社会凝聚力不断丧失。这跟过去几十年乡村地区持续进行的社会化与农民的去组织化有莫大的关联。民族地区亦如是。这种去组织化导致的结果就是，分散的小农户丧失对接市场机会，无力对抗市场风险。因为小农户无法契合农业生产资本化、社会化、专业化的宏观大环境背景的需求，所以小农户在农业生产链的特定环节被严格制约，他们的根本利益无法得到保障。另外，尽管从脱贫攻坚到乡村振兴，政府持续向乡村输出各类公共资源，但去组织化的小农户无力承接，直接引致农牧民参与乡村建设行动的个体动力不足。如何破解这种状况？有效的路径就是逆当下社会个体化和现代性流动勃发的趋势，重新组织农牧民，重构民族地区乡村的公共性，重建伦理道德规范，重聚星星力量为人民的汪洋大海。组织的作用，在于把个体分散力聚合成合力。通过有效组织和组织模式，搭建起农牧民跟政府、跟市场、跟自然、跟自我个体等沟通、联系的桥梁，能够充分表达自我意愿，维护自我合法权益；能够有力量跟市场博弈，掌握市场需求，规避市场风险；能够有技术跟自然博弈，规避自然风险，抵御自然侵害；能够跟自己和解，寻求最优决策。同时，组织化也是应对民族地区乡村空心化、老龄化的有效路径。随着城镇化进程的推进，随着外出务工成为民族地区农牧民增收的主要渠道，民族地区乡村空心化是不可逆的进程。农牧民倾向于向外省、省会城市、市州城市或者县城周边转移聚集，许多民族村出现了大量青壮年人口流失、土地抛荒、老弱病残者集聚等问题。解决这些问题就迫切需要将分散、弱势的农牧民组织起来，走集中、合作的道路，借助现代新兴农业技术和现代机械化设施，以破解乡村所面临的优质劳动力缺乏的困境。

事实上，把农牧民组织起来并不是一条新路径，却是一条发挥农牧民主体作用的有效路径。早在中华人民共和国成立之初，以毛泽东为主要代表的中国共产党人就曾探索过通过组织农民走合作化道路来建设社会主

---

① 阎云翔. 中国社会的个体化 [M]. 陆洋，等译. 上海：上海译文出版社，2012.

义。但建立在小农生产基础上的合作化道路，无法适应当时工业化发展的需要。当前我国已迈进新时代，国内生产总值稳居世界第二，农业朝着现代化方向稳步向前，粮食产量在 1.3 万亿斤以上，并实现了工业反哺农业。乡村完成了脱贫攻坚任务，人民实现了全面小康。尤其是民族地区，居住条件、生活面貌、教育状况等发生了翻天覆地的变化，农牧民不再为"温饱"而忧、"吃住"而愁，可以有心力投入到现代化进程中。当前，组织农牧民走合作化的道路，就是要通过规模化、现代化生产规避小农生产的弊端。这种有现代化产业支撑、有生产力跃升依托的组织化，已经同中华人民共和国成立之初的合作化有本质的区别。

### 7.4.2 把农牧民"组织起来"的路径

#### 7.4.2.1 建构农牧民"同心共力"新型社区共同体

社区共同体是把农牧民组织起来的社会生活载体，"同心共力"新型社区共同体建构有利于农牧民在获得归属感的同时激发向心力。这种把脱嵌于村落单位外的农牧民重新嵌入村落的新型社区共同体，构建地在农牧民集中居住区域，组成对象为作为先锋主力的党员，具有发展现代农业技能和水平的中坚农民，具有乡愁情结、握有经济资源和文化资本的新乡贤，以及具有宗族权威性的先进分子等。这些群体在现代化语境下，被称为新型农民。他们同以前的"理性小农"有本质的区别。前者具备道德个人主义人格特质，后者被认为"有权利而无义务、有自我而无集体、有理性而无道德"[1]。2003 年，涂尔干《乱伦禁忌及其起源》再版时提出"道德个人主义"观点[2]，探求如何在转型社会中实现个人与社会有序性。其表达的意涵为每个个体都有自己独有的特征，这种独特性使得个体心智中总有不可被他人侵犯的东西。这也是社会相处的伦理规范。换句话说，"道德个人主义"强调对个体的尊重，强调"为自己而活"与"为他人而活"，"为公"与"为私"之间的协调性，而不是单纯的"全力为公，忽略自我"，或者"满足自我，忽略集体"。这种主张和看法同我国儒家奉行

---

① 吴重庆，张慧鹏. 以农民组织化重建乡村主体性：新时代乡村振兴的基础 [J]. 中国农业大学学报（社会科学版），2018 (3)：74-81.

② 涂尔干. 乱伦禁忌及其起源 [M]. 汲喆，译. 上海：上海人民出版社，2003.

的"己所不欲，勿施于人""和实生物，同则不继"等，有着较强相似性①和异曲同工之妙。这种涂尔干式的"道德个人主义"和儒家的"元典道德"在新时代乡村振兴语境下，需要创造性转换和现代化更新。简单地说，就是要挖掘优秀文化资源中蕴含的包容性、和合精神和对个体力量的尊重，依托新型社区共同体的地方权威性或者威望，唤醒农牧民心中潜藏的公共道德和积极奋发、勤恳节约的乡村伦理。这种唤醒，还需要借助宣传进行伦理道德规范的古今衔接、中西融合，在批判性吸收中再造符合当前民族地区乡村振兴要求的现代伦理和道德规范，并有效武装农牧民，使农牧民演进成为既具有个体自觉，又能够均衡集体和个体，在努力获取自我权益的同时勇于承担责任的新型农牧民。因此，建构新型社区共同体，有助于使农牧民再次受到启蒙，彰显出自主性意识和自觉性精神，进而水到渠成地将农牧民"组织起来"。

### 7.4.2.2 建构乡村经济合作组织

乡村经济合作组织，如农牧民专业合作社、家庭农场等，是把农牧民组织起来发展产业，推进民族地区产业兴旺的必由之路。通过组织的力量勃发，保障农牧民经济权益实现。作为产业化组织链的关键环节，农牧民专业经济组织具有链接企业和农户功能。从农户角度出发，能够在跟企业的博弈中维护农牧民利益，提升农牧民在博弈谈判中的力量和地位；从企业角度出发，经济合作组织能够敦促农牧民积极落实企业要求，进行标准化生产；能够对农牧民开展技术指导和其他服务。同时，建构起经济合作组织，更能整合企业和农牧民力量，共同面对市场，实现企业和农牧民的利益共享，并有效缓解企业和农户之间的矛盾。因此，兴办各类农牧民合作经济组织，是有序、有效激发农牧民力量的重要形式。

### 1. 农牧民经济合作组织建构方式

农牧民经济合作组织建构有几种方式：一是依托某种农产品或者农产品生产链上的某个环节，组建具有专业性的合作组织。80%以上的北美、西欧国家的农场都属于这种类型的专业合作社。二是构建具有综合性的合作组织。这类组织在日韩两个人多地少的国家存在较多。构建这种组织，

---

① 马恒民. 基于"道德个人主义"之上的人文关怀：再论《论语》、《礼记》中的"元典道德"［J］. 道德与文明，2007（6）：52-54.

需要依托乡村社区①。但不管是哪种建构方式，功能发挥的共同点都在于建构起农牧民之间、农牧民与其他乡村经济组织之间的紧密型利益共同体，并且在共同利益目标追求之下，引导和培育农牧民形成经济社会主体意识。主体意识培育过程，实质上就是农牧民利益显化的过程。经济合作组织创造的利益，农牧民作为成员能够共享。组织创造得越多，农牧民分享得也越多。因此，民族地区的农牧民要逐渐学会把自身利益与合作组织利益统一起来，学会在基于自我利益追求之下，推动组织的整体发展，实现组织整体利益。与此同时，组织具有严密的制度，农牧民在组织生活中还将学会当个体利益与经济合作组织利益发生冲突时，能够权衡做出一定的牺牲，以保全组织整体利益。过程的良性循环就促进了农牧民社会主体意识的不断培育和强化。

2. 农牧民经济合作组织建构要点

（1）要以农牧民为中心，充分发挥农牧民的主体作用。

农牧民是合作经济组织的主体，发展农牧民合作组织，必须以农牧民为中心，紧紧依靠广大农牧民群众的自身力量，充分发挥他们的主体作用。一是要本着农牧民合作组织的成立以农牧民的需求为中心的原则，保证农牧民合作组织是农牧民所需要的，能够为农牧民服务。二是要建设保障农牧民在合作组织中保持自主地位的制度。合作组织的准入制度对于社区内的每一个农牧民来说都是平等的，坚持"入社自愿、退社自由"。这种"自由"具体体现为农牧民可以根据个人意愿，或者生产的需要，自主自愿地选择要不要加入某个合作组织，甚至某几个合作组织；在决定退出合作组织时，也能够自由退出。并且合作社的每一位成员都能够平等地参与到组织的每一项决策中来，而外来者只能作为辅助者或者是推动者，而非决策者和主导者。三是为规避农牧民被资本排挤在外和被资本逻辑支配的风险，应建构农牧民同经济合作组织紧密相连的利益联结机制，比如农牧民通过各种方式（土地、技术、资金等）入股经济合作组织，确保利益相连性和一致性，农牧民能够参与分红。

（2）因地制宜，多模式发展。

经济合作组织不可能模式单一，区域雷同。民族地区在建设经济合作

---

① 许伟. 新时代乡村振兴战略实施中"坚持农民主体地位"探研 [J]. 湖北大学学报（哲学社会科学版），2019，46（6）：146-153.

组织时，需要梳理各乡村自然、经济、社会等条件，调查农牧民自己的追求和意愿，采用不同的模式，因地制宜特色化建设。首先，组建形式不仅可以由农牧民自办或多户合办，也可以由农牧民同国家技术经济部门、事业单位涉农企业、涉农公司等联办。其次，在服务主体形式上，可以在办或者不办服务实体上选择。总之，经济合作组织建设目的要明确，致力于解决农牧民因分散化经营造成的难题，以组织的力量发展乡村经济，促进农牧民收入提升。因此，不拘泥于形式，要进行多模式探索，符合民族地区农牧民实际需要。

（3）政府要提供支持和服务。

尽管经济合作组织是乡村自治组织，但其发展壮大，也需要政府的支持和扶助。政府可以在财政、税收、贷款、保险等领域，提供直接或者间接的优惠或者扶持，比如在财政支农资金中安排一定比例专用于支持农牧民专业合作组织发展的专项资金；对为农牧民合作组织发展提供服务的技术型、劳务型收入，免征所得税等。此外，政府还应加强信息服务，建立契合农牧民专业合作组织发展需求的信息网络、咨询服务体系（提供政策咨询、技术咨询等），推进各类农牧民专业合作组织建立产业联盟，构建农产品网络营销平台等。再有，政府要加强对经济合作组织成员的培训服务。培训对象包括农牧民群众、经济合作组织管理人员、技术人员等；培训内容包括诸如生产技术、市场营销、品牌建设、组织管理等知识培训；培训目的是提升农村合作组织的经营管理和产业发展水平①。

（4）经济合作组织内部完善管理和运行机制，提升发展水平。

政府的扶持和帮助，能在一定程度上促进农牧民经济合作组织发展，但根本路径还是需要经济合作组织内部管理及运行机制的完善。必须按照《中华人民共和国农民专业合作社法》的规定，建构完整的经济合作组织管理规章、民主管理制度和运行制度；建构起能挖潜农牧民个体能力的利益连接机制，能规范经济合作组织和农牧民个体行为的运行机制，真正使农牧民经济合作组织有章可依，有规可循，章、规有效。其中，最关键的是两个方面：一是积极引导推动合作社逐步健全法人治理结构，逐步建立起同国际接轨的质量管理全过程控制体系，提升农牧民经济合作组织的外部竞争力。二是建章立制，规范资金使用流程，强化资金使用监督，做到

----

① 培育新时代的新农民［N］．吉林日报，2019-03-08．

资金运用公开、透明，以提升农牧民经济合作组织的内部信服力。

积极培养具有合作精神的农牧民企业家。与普通农牧民相比，农牧民企业家都具有多层面、多维度的显著优势，擅长于制度创新、资源整合、对外竞争，思维活跃，行动力强。

（5）注重发挥基层党组织的领导核心作用。

我国近代以来的历史表明，脱离中国共产党的坚强领导，农民不可能自发组织形成一支有力量的队伍。中国共产党犹如聚沙成塔的黏合剂，将分散的农民汇聚成一股磅礴的力量，推动社会革命和革新。由此，新时代民族地区实施乡村振兴战略，坚持农牧民主体地位是原则，依靠乡村基层党组织的领导则是根本。乡村中的共产党员是先进生产力的代表，具有坚强的党性，平时具有吸聚力，关键时刻具有牺牲奉献精神，能够引导、带领农牧民选择合适的发展道路。诚然，现实中也存在基层党组织软弱涣散的情况，但这不能作为放弃党领导核心的理由。只是需要通过党组织建设，解决问题，提升党组织的内黏性和聚合力。调研发现，相较其他地区，民族地区农牧民对党组织的信任度更高，基层党组织的影响力更强。在乡村振兴中，要把握这个特点，鼓励、号召和动员农牧民，积极投身到美好家园建设中。

### 7.4.2.3 大力发展民族地区乡村治理组织

2022 年中央一号文件指出，全面推进乡村振兴有三项重点工作：扎实有序做好乡村发展、乡村建设、乡村治理。乡村治理效能关系着乡村社会的平安稳定。民族地区历来是维稳的重点和关键区域，要以有效治理实现地区和谐稳定、健康有序。这就要求民族地区明确"三治融合"体系建设方向，健全组织，完善制度。

1. 健全农牧民自治组织

农牧民自治组织是村民自治的载体和发挥自治功能的场域。在现代化治理体系中，自治是首要特征。农牧民通过自治组织，决定、管理与自己相关的事务，自己的事情自己管，自己的事情自己办，能够充分体验"主人翁"地位。农牧民自治组织的健全，自治实质的落实，有助于在实践中促使农牧民增强民主意识，提升其乡村事务参与热情和参与能力，切实体现农牧民主体地位，巩固社会主义民主建设。民族地区可以借鉴其他地方比较成熟的形式，参照建立或者进一步完善农牧民自治组织。比如成立乡村道德评议会、自治事务理事会、乡村公益事务理事会、乡村事务监督委员会等农牧民自治组织；或者充分调动各方面力量，如妇女协会、老年协会等，增强农牧民的意识（责任、法律和自我管理等方面的意识）。农牧民也将在自律自为的自治实践和自治成果建设中，提高参与乡村建设的积极性，形成全体村民关心、参与、支持乡村振兴的新格局。

2. 拓宽农牧民自治渠道

（1）广泛宣传动员、引进竞争机制，让农牧民从"要我发展"主动转向"我要发展"。

第一，村两委要做到信息全面入户。利用多种渠道、多种载体进行政策信息宣传，确保农牧民对于乡村振兴到村的项目情况（包括项目类型、涉及资金状况、项目建设规划状况、农牧民如何参与等）有较为清晰、全面的了解。第二，引进项目参与竞争机制，调动农牧民参与积极性。为提升项目资金的使用效率，充分激发农户参与项目发展的积极性，在项目建设全环节、全链条引入竞争机制。比如采用村庄路演的方式确定项目试点村；对于项目资金确定和落实情况采用竞争方式；对于造价高、投资总额大的项目采购采用询价或者招投标方式确定。这种竞争机制的全环节实施，一是确保国家乡村建设资金得到优化配置和有效利用。比如采用村庄路演的方式确定项目入村点，能够确保有限的项目资金匹配给能够有效利用的村庄，且保证项目的长期性和持续性。二是能够形成以点带面、示范先行的局面。实时对项目进入的村庄进行考评，发现项目实施过程中的问题，及时总结经验教训，为后期项目的全面铺开积累经验。三是能够确保资金使用效能提升。采用竞争方式确定项目，表明项目实施具备了条件和基础，选择的是具有竞争优势的村庄，提升了项目成功的概率。大型采购采用询价或者招投标方式，确保了资金使用的公开、透明，提升资金使用效能。

（2）建构国家+村集体+村民的出资方式。

这是一种借鉴成都变革项目资金供给的方式。一方面充实乡村自治资金供给；另一方面敦促基层领导干部和村民谨慎办项目，尽心落实项目。民族地区乡村要发展，引进项目是一个方式。但这种引进项目的村民参与度不高。最好的方式是在村集体引导下，利用国家项目资金，吸纳村民资金，自我办项目。这种方式不是改变项目运作的技术逻辑，而是改变出资方式，把村民、村干部紧密地纳入项目运转过程中，能够在尊重他们"干事意愿"的基础上"干成事"。投资渠道的拓宽，自然充实了项目资金；

村民出了资，自然愿意将更多心力投入进去，关注项目运转，关心项目效益；村民参与的过程，就是自治的过程，能够提升他们对民主政治的认知，最终由项目参与拓展到更宽广的乡村事务参与，提高乡村自治程度。

3. 创新村规民约等自治工具

所谓村规民约就是村民自己认同、自己确定的，对村民自己行为进行规范引导的约定，当前已经成为实现村民自治的有效工具。调研发现，民族地区乡村也在引导下建设了村规民约，但实施效果不尽相同。村规民约要落在实处，真正发挥效能，关键在于几点：一是村规民约不是网上抄抄、本上凑凑，而是必须根据当地农牧民具体情况，特别是农牧民特性、关注点、行为约束向度等，由农牧民自己来制定并认可。比如农牧民更看重面子，则在村规民约中确定违反规定的行为将被在全村公示。这种后果如果被村民看重，则会避免对村规民约的违反。二是村规民约不能太笼统、抽象和难以理解，必须进行具体行为的引导。当前民族地区农牧民受教育水平依然偏低，对于文字的理解程度有限，甚至有些留守在家的老年农牧民根本不认识字，因此村规民约一定要具体，要简短上口，且便于操作，千万不能玩"文字游戏"。三是村规民约一定要有特色和针对性。村规民约旨在通过达成共识的制度规范调整村民行为。民族村情况村村不同，地域性非常显著。因此必须具体分析自己村的情况，制定具有民族村特色的村规民约制度体系。四是村规民约不仅要制定，而且要落在实处。村规民约不能只体现在"纸上"，挂在墙上，关键是要具体落实。因此，同步设置村民监督委员会，健全村规民约监督执行体系，严格评价村民行为并实施奖惩，将村规民约落在实处，见真章，得实效就是必须的。村民监督委员会必须有农牧民参与，推选的人员要有公心，要在农牧民中有信服力，能够公正评价农牧民日常行为并给予分值。比如当前凉山火普村、阿坝八十沟村等很多民族地区乡村都实行了积分制来规范村民行为。积分制度如何操作？首先给村民基础积分，然后根据村民的行为进行积分增减。主动扫了村路，加多少分；不参与村上活动，减多少分等。总之，好的坏的行为都经过共同协商给予了一定的增减分值。那么这个积分拿来干嘛？有什么用处？它可以约束村民的行为。比如企业主下乡，在土地流转、劳务用工方面并不愿零散地、直接同农民打交道，村民与企业之间就会存在信息不对称等问题。为了避免这些问题，八十沟村通过村两委搭建起企业、商户与村民之间的平台。积分高的村民，将多分得一部分村集体经济分红作为奖励，并优先获得劳务用工的推荐资格。与之相反，以扣除部分分红，并限制在村企业的务工次数作为评价低的惩罚。换句话说，村民、企业的行为同自己的收益直接挂钩。在经济人假设下，必然自觉地规范、约束自己的行为，并在日积月累中由被动变主动，积极参与乡村事务建设，输出文明乡风，从而最终促进乡村治理效能提升。

西昌火普村道德银行同八十沟村的积分制有异曲同工之妙，也犹如超市积分卡的使用，目的还是树文明乡风。文明乡风体现在村民举止上。火普村设立道德银行，给村民有益于乡风、有助于乡村治理推进的行为设立道德分，存入道德银行；不利于乡风文明的行为削减道德银行储值。道德银行储值使用，犹如超市积分卡的使用。累积到一定积分，可以在银行内兑换不同分值的跟居民生产生活息息相关的用品，比如100分可以兑换一包洗衣粉，1 000分就可以兑换一桶油等。

总之，实践证明，村民能动性的激发可能会经历一个由被动而主动，由外而内的过程。在积分制实施过程中，关键的几个点：一是积分的公平公正。二是积分的使用问题。给多少分，并不是党组织几个人说了算，而是由党组织、村民监督委员会共同给分，并且公示。三是分数的确定有一个认知过程。哪些行为应该给多少分，或者减多少分，并不是一蹴而就的，而要经过具体实践，不断调整，逐渐趋于科学化。但这个科学化并不是理论论断，所谓的科学化是全体村民的认同。四是积分使用要符合经济人特性，跟村民的利益挂钩，才具有激励性。

4. 规范农牧民参与村庄自治的流程

自治流程设计目的在于让村两委干部的角色界定为农牧民的"发声者"，而不是左右农牧民意志的"决策者"，要拉近农牧民与村两委的关系。因此，设计科学、合理的自治机制和流程就尤为重要。在县乡两级指导下，民族地区各乡村要通过村民会议或者其他方式，确定农牧民普遍赞同的村庄管理办法，制定包括决策与监督、项目实施与参与办法、乡村治理积分制等各项决策操作手册，并下发到各村民小组。这些操作手册既规范了相关管理，确保治理过程公开、公平、公正，又为后续考核提供了依据，真正实现了农牧民拥有对村庄事务的知情权、决策权和监督权。

7.4.2.4 大力发展民族地区乡村群众性文化组织

民族地区人民因从小浸润民族文化，多能歌善舞。大多数地方的农牧民都有以歌舞为载体，进行自娱自乐的习惯和传统，由此也逐渐诞生了一些乡村文艺团体。这些文艺团体产生于乡村，编排节目反映乡村生产生活，因贴近和契合现实性而得到群众喜爱。同时，这些群众性文化组织也成为凝聚农牧民力量，展现农牧民才能，激发农牧民积极作为，传达农牧民心声，构建农牧民"情感共同体"的良好平台。民族地区一是要在乡村支持打造群众文化组织，以组织形式深度挖掘并展现当地文化资源特色。政府既需要进行挖掘引导，又需要在资金支持、人员培训等方面给予倾斜，让农牧民愿意投入到文化组织构建中。二是要切实把关节目内容、演出形式，确保传达正能量，符合社会主义核心价值观要求。贴近群众，但不低俗庸俗，要展现符合新时代精神文明要求的内容，着重宣扬农牧民奋发向上、积极作为的精神。政府要实施文化组织质量提升工程，定期组织相关成员外出采风、学习培训，让文化组织真正成为传承民族地区优秀传统文化，提升农牧民素质，整合乡村力量的有效载体。冕宁县建设村在通过规模化发展水果产业，成立田园牧歌旅游文化公司让村民实现了收入增长后，着力于建设文化组织，凝聚村民力量。建设村依托乡村文化组织，发动村民每年举办由村民自己排练、自己表演的"村晚"，宣扬村里每年发生的大事喜事。由于"村晚"主体是村民，而且贴近村民生活，村民参与度非常高。几年下来，"村晚"质量也在不断提高，村民的凝聚力也不断增强，实现了乡村物质、精神双丰收。

### 7.4.2.5 建设民族地区"情治"组织，拓展民族地区乡村"三治融合"体系

民族地区宗族观念较强，族群文化浓厚。建设村民"情治"文化组织，是对"法治、自治、德治""三治融合"体系的拓展。所谓"情治"组织，实际上就是充分发挥乡贤在乡村治理体系中的功能。现阶段民族地区农牧民受制于教育短缺，且刚刚满足"温饱"，全员参与乡村治理、有效治理乡村是不现实的。而且民族地区乡村通常是同姓聚居，村民之间"沾亲带故"多，对宗族权威依赖性强，宗族权威信服力高。因此，建设由乡贤和宗族权威构成的"情治"组织，能够较好发挥治理作用。这部分人群具有共同的特征：视野宽阔、人脉资源宽广、知识和技能现代、信息灵通、管理优秀，有助于传播新思想，普及新科学知识，活跃乡村产业；通常具有高尚品行、道德引领性；跟村民具有亲缘关系，在乡村重乡土、亲缘关系、地缘关系的治理特征下，有助于跟村民沟通、配合与协调，容易化解冲突，顺滑关系，提升乡村社会治理效率。把他们的力量发挥出

来，能带动乡村良性发展。有些地方进行了很好的实践。比如甘孜州一个乡村选举了一名退伍兵担任村支书。成效是显著的，展现出了四层效果：一是这名退伍兵用自己的退伍安置费承包了村上荒山，种植不知火柑橘，盘活了乡村资源。二是他有全国的战友资源，有渠道，柑橘尚未挂果，已经完成销售。三是作为村支书，他有担当有责任。他成立了专业合作社，吸纳村民共同种植、销售柑橘，带领村民共同致富。他主动雇佣闲散妇女，甚至雇佣六七十岁老人参与栽种、套袋等。如果从利益角度出发，这是亏的，因为老人手脚慢，而且动作不规范，但他说这纯粹是责任。四是形成了良性循环。他的能力让他获得了经济收益，让他更有底气治理乡村；他的付出获得了村民认可，村民积极配合村上推进乡村振兴。总之，"情治"组织建设的目的，是在乡村治理、建设与维护的整个过程中，融入情感，体现尊重与关爱，进而增强农牧民的归属感。

## 7.5 外源性路径：充分发挥政府引导作用和村两委主导作用

### 7.5.1 系统性认识农牧民主体地位和政府引导地位的关系

任何政策和战略的实施，都会经历政府力量注入、引导→达成社会共识→撬动社会力量→进入自有序运转阶段的过程。落脚到乡村振兴，同样如此。政府有着整合社会资源、动员各方面力量、集中力量办大事的优越性。但如果认知不当，政府主导属性过强，就会引致农牧民自主意识和自身发展能力潜藏的问题。基于此，有必要重新认识农牧民主体地位和政府引导地位的关系，以新认识推动新作为。

#### 7.5.1.1 农牧民践行主体地位需要政府引导、支持

农牧民置身于长期发展落后的民族地区乡村，曾是脱贫攻坚的重点群体，长期被帮扶和被拉动，自为性相对较弱。但随着巩固拓展脱贫攻坚成果和乡村振兴的时间转换、农牧民异地集中安置的空间转换，农牧民自为性逐渐被激发，主体意识逐渐萌发。以此为背景，政府要修正和调整认知，充分理解现阶段农牧民主体性和政府引导性的关系，不包办而是通过项目补贴、发展奖励等措施，引导农牧民积极作为，投身相关发展领域。政府不包办，不意味着政府不投入，而是投入领域要有所界定，主要集中于基础设施领域，例如交通、公共服务、教育、医疗以及项目前期引导资

金投入等，奠基民族地区的产业发展、生态建设、文化振兴等，建设农牧民发展的信心，激发农牧民发展的热情。比如凉山州冕宁县以建设家庭农场示范县为契机，投入项目引导资金、成功创办奖励资金等，鼓励农牧民成立烟叶、阳光玫瑰、黑山羊等种养家庭农场，积极发展适合当地的乡村产业。

### 7.5.1.2　农牧民践行主体地位需要政府提供制度和机制保障

政府制度和机制保障是扭转农牧民认知局限的有效路径。不可否认，地域边缘、区位偏远、发展落后导致农牧民存在思想认知上的局限性，小农意识较为凸显，在发展过程中难免存在"等待"多于"主动"现象，或者将个人利益置于集体利益之上，甚至存在钻政策空子、不配合政策实施等现象。比如民族地区有"一人务工，全家脱贫"的说法，政府组织农牧民外出务工，保证家庭不再返贫。但一些农牧民不愿离家太远，或者不愿受公司规章制度束缚，常常短期外出后又离厂回乡，导致重新临近贫困边缘，为巩固拓展脱贫攻坚成果和后续推进乡村振兴增添了难度。这种"认知和行为惯性"对政府提出了新的要求，需要政府不断完善法律法规和相关制度，不断对农牧民利益保障和利益表达机制进行完善，确保农牧民利益不会受到侵害，引导农牧民积极奋斗，提振农牧民生产生活的信心和热情。

### 7.5.1.3　政府发挥引导作用需要依托农牧民主体性实践

民族地区推进乡村振兴，困难和艰巨程度不亚于打赢脱贫攻坚战。而且对于乡村振兴来说，时间更长，任务更艰巨。民族地区乡村不仅要保住脱贫攻坚成果，而且要向农业、农村、农牧民的现代化场域迈进，这是一场宏伟的战役。这场战役要取得胜利，主力只能是农牧民。农牧民要置于战役一线，因为只有农牧民最清楚、最熟悉当地的资源条件，最明白自己的需要，最具有磅礴的力量。民族地区政府要作为支持力量而非战斗主力参与这场硬仗，主要作为领域在制定各项惠农政策，做好资金投向引导，做好项目建设评估等工作，保证农牧民建设家园、发展乡村的积极性和能动性得以发挥，快步朝现代化乡村迈进。

### 7.5.1.4　政府发挥引导作用需要建设农牧民主体监督机制

政府遭受诟病的领域，通常集中于资源整合过程和项目资金运用过程。乡村振兴战略也是高效运用资源的战略。2021年，为衔接推进乡村振兴中央财政补助资金投入 1 561 亿元，新增发放小额信贷 752.6 亿元①。民族地区作为脱贫成果巩固的难点和重点区域，享受到了财政资金的倾斜支持。这是机遇，也蕴含着一定的风险和问题。农牧民要强化监督，保证支持资金用于农村、用于农业、用于农牧民。农牧民相较于政府，特别是上级政府，对乡村的建设情况了解得更客观、全面。农牧民的直接和间接监督，在一定程度上促使基层政府有意识地完善工作制度，增强资金运用的公开度、透明度，降低或规避可能出现的"以权谋私""挪用项目资金"等风险，同时也督促政府项目资金专款专用，而不是用于"形象工程""面子工程"，以保证国家支农惠农资金用到实处，免于流失。农牧民的监督也有助于政府真正俯下身子，倾听农牧民的意见、建议和心声，更好地服务于农牧民，引导农牧民。

### 7.5.2　政府引导农牧民实现主体地位的具体路径

乡村振兴中的政府引导职能和引导作用发挥，可以借助的工具为政策和规划，采取的行为模式不是全程放手，而是"扶上马"后"送一程"。

#### 7.5.2.1　政策方面：落地实，力度大

政策具有明确的导向功能，特别是产业支持政策，能够在激励创新、引导产业发展方向等方面给予支持。当下国家层面、省级层面和州级层面出台的支持民族地区乡村振兴的政策可谓多重而系统。但政策的落地落细，激发农牧民积极作为方面还需要更实更深。

1. 落地政策要求"实"

政策制定是短期的事，政策落实才是长期的事。政策能否产生功效，一方面取决于政策制定科学与否，另一方面取决于政策落实确实与否。近年来，针对民族地区乡村振兴，系列政策接续出台，例如"五级书记振兴乡村"、民族地区教育"控辍保学"、良种补贴、为购置补贴农机具的"三减免三补贴"等。这些政策是党和政府关切民族地区乡村发展的充分证明，是对农牧民发展积极性的激发器和保护器，符合民族地区乡村发展需求。政策接连不断地出台，也意味着对地方政府提出了新的要求，要求以不折不扣落实之效，确保政策初衷现实落地，不发生走样和损害农牧民利益的事。

---

① 中共乡村振兴局党组. 抓紧抓好巩固拓展脱贫攻坚成果促进脱贫群众生活更上一层楼[N]. 人民日报，2022-03-15.

2. 要加大民族地区强农惠农政策力度

第一，国家确定的支持民族地区乡村发展的政策取向要坚持。梳理现有政策体系，找出在降低民族地区农牧民生产发展成本、经营成本等方面存在的不足，加以弥补，以降成本方式促农牧民增收。第二，完善对民族地区农牧民一、二、三产发展的补贴机制，加大补贴力度。补贴一要直接到农户手中，二要进行全生产环节补贴。比如不仅补成本，还要补价格，确保农牧产品生产有钱赚。因此要逐步完善民族地区农牧产品市场调控体系，加大农牧产品的价格保护力度。第三，针对民族地区自然条件先天不足问题，加大对民族地区基础设施、农机设备、公共服务设施的投入和支持力度。确保民族地区农牧业生产发展不会受到基础设施的制约。特别要注意的是，在基础设施建设上，要有前瞻性眼光，要跟当地的自然气候相匹配，在基础设施投入结构上要科学、合理。比如民族地区要在水利基础设施上投入，但必须规避可能因地质灾害造成的损失。第四，要对民族地区公益性项目增加投入，比如生态公益岗的支出要增加，以促使农牧民维护民族地区生态资源。第五，要避免投入分散化导致的功效分散化。将民族地区涉农的资金和资源进行整合，捆绑式集中投入，以更大的力度推进项目，提高项目实施成功的概率。在捆绑投入资金时，要注意不变更资金来源渠道，不改变资金原来的用途，投入取得的功效要进行分配记录。这些措施有助于提升民族地区项目支持资金的使用效能，有助于发挥政府引导作用，也有助于调动农牧民生产积极性。

### 7.5.2.2　规划方面：因地制宜，突出特色

规划是推进乡村面貌改善、产业发展的有效手段。2019年自然资源部办公厅印发了《自然资源部办公厅关于加强村庄规划促进乡村振兴的通知》，提出有条件、有需求的乡村推进规划，应编尽编。在指导思想上，突出地域特色，因地制宜。民族地区乡村具有浓郁的民族风情，在乡村规划方面更要凸显民族特色，避免"千村一面"。规划的目的不是"墙上挂挂"，而是利用规划明确乡村发展功能，引导乡村产业布局。因此民族地区乡村规划，不能简单套用其他地方的规划，而需要在集农牧民之众智的基础上，符合当地地形地势地貌、生产生活条件，符合农牧民发展的期望，获得农牧民的认可。例如，在对村庄进行具体规划的时候，一定要让规划人员沉入民族乡村，摸清当地地形地势，各项资源；要集思广益，深入农牧民群众，借助逐户访谈询问、问卷调查等方式，充分吸纳了解农牧

民的所思所想所期盼，给出多种方案供农牧民比较选择，最终确定符合民族地区发展实际的村庄规划。在规划制定和实施中，一方面要注重规划部署的整体推进性和统一性；另一方面，要突出特色和重点。针对不同民族村的自然风貌、山形地势，挖掘亮点，追求和谐点，依山就势，循水就地，体现生产生活同自然山水的相融性、和谐性，从而形成有不同特色、不同风貌的村落、农庄，既让农牧住得舒心，也成为发展乡村旅游的依托和载体。要让民族地区特有的风情和文化特质通过规划建设展现出来，不搞"千村一面"，不搞"乡村城市化"，让农牧民切实感受到成效，真正接受这是农牧民自己的美好家园。

### 7.5.2.3 行动模式：渐进式自为

当前民族地区政府大多数还属于"保姆型"政府，一方面过于相信政府力量；另一方面过于不相信农牧民力量，从而不愿放手、不敢放手、不能放手。"保姆型"政府在脱贫攻坚期间，的确起到了应对乡村各项事务、助推农牧民脱贫的作用。但面对内容体系更庞大，评价指标更复杂，所需时间更长的乡村现代化，政府"推、拉"力矩难以延伸，力量韧性难以保证，可持续性难以构建。变更这种状况，需要政府、农牧民在主体力量认知重构基础上，建设"渐进式自为"模式。各级政府，特别是县、乡级政府应充分认识到乡村振兴不是政府的及时性、短期性任务，政府角色在于"引导"而非"主体"，乡村振兴的真正主体是广大农牧民。农牧民内生动能一旦激发，将形成磅礴的力量，掀起巨大的乡村振兴势能。当然，这种理论认知还要回归现实。当前民族地区农牧民主体意识尚在"潜伏"中，发挥主体作用的主体能力尚不能完全匹配，因此需要政府"扶上马，送一程"。所谓"扶上马"，就是需要政府采取措施，将农牧民潜藏的主体意识激发，需要政府为当地产业经营主体创造良好的经营环境，构建良性的产业经营利益分配机制。当农牧民主体力量和参与意识凸显后，政府做政府该做的事，致力于环境营造、政策引导、基础设施完善等，还"权"还"责任"于农牧民，"目送"乡村产业、文化因素等在市场机制作用下各自发力，良性运转，促使农牧民能够逐渐自为应对乡村事务。

### 7.5.2.4 作用途径方面：赋责于乡镇政府

政府是个宏大的体系，乡镇政府是最接近农牧民主体的一级政府。发挥政府引导作用，可以更为明确地赋责于乡镇政府。这种赋责将直接促进乡镇政府职能方式转型，为民族地区乡村产业发展营造良好环境。

民族地区在推进乡村现代化的进程中，事实上对传统的基层治理理念、架构、模式和方式提出了挑战，需要通过变革适应价值多元化、生产多样化的乡村经济社会结构的变化。在这种情形下，作为最贴近农牧民、贴近乡村的乡镇政府，建构明确的引导责任，推进治理能力现代化就必要且迫切。民族地区乡镇政府治理能力现代化需要以双重属性的双轮维度作为方向引导。治理的双重属性，一是包括普遍意义上的乡村治理，二是包括民族事务的治理。这两种属性交杂融合，增加了治理难度。但民族地区乡镇政府只能针对性应对，不能逃避。因为这不仅关系到乡村振兴战略和共同富裕目标的实现，也关系到国家民族战略的实施，关系到民族地区的团结和谐稳定。由此，民族地区乡镇政府必须在接受被赋予引导责任的同时，自我变革、自我转型，以职能方式的转变，适应乡村振兴的要求。首先，变革保守的"现状维持"为"积极引导"。长久以来，民族地区乡镇政府主要依靠上级转移支付进行基本的运转，各项权能缺乏。在面对复杂的民族地区乡村事务时，倾向于"基本维持"，干部作为的行动逻辑为"不出事""安定团结"，追求的结果为不发生民族矛盾，不发生聚集性事件。但在乡村振兴战略推进下，乡镇政府进行积极引导是必然要求。要求乡镇政府充分梳理国家涉农政策、涉民族政策，整合宣传，引导农牧民充分理解、充分使用，投身于乡村产业发展、文化振兴等。其次，变革"传统的管理"为"现代服务"。管理属性强化容易引致逆反与对抗，不利于和谐关系构建和政策促推。之前的脱贫攻坚，民族地区乡村主动或被动地接受了若干农业资源项目，乡村经济被激活，获得了更宽广的发展空间。曾经世代居留于高寒山区的民族村结束了分散状况，由政府选择河谷地带或者靠近县城区域进行集中统一异地安置。这些变化必然要求乡镇政府职能模式对应性变化，由重"管"转为重"服务""引导"，着力于基础设施完善，项目整合推广，政策宣传引导等，根本方向是建构起民族地区"内源式发展"路径和模式。最后，变革"层级化方式"为"网络化方式"。这是适应现代社会网络化发展的必然要求。智能化、数字化、信息化席卷全球，民族地区乡村也被裹挟其中，乡村发展模式和活动空间得到横向拓宽，也推动农牧民生产生活方式急剧变革。电商、抖音直播带货、短视频、微信平台等已经成为乡村产业发展常用工具。这些变化促使乡镇政府的管理方式发生变化，通过扁平化、宽维度的网络化方式适应乡村多变的环境，协调乡村经济发展中的各方利益，满足农牧民多元化的生产生活需求，也让治理现代化得以现实体现。乡镇政府应积极利用现代网络、数字技术等技术支持为农牧民生产生活发展提供平台；还需要加速实施"数字+"现代农业行动，推动信息进村入户，以数字赋能农业产业，打造智慧产业、现代产业、未来产业，助推乡村发展迈进现代化。

### 7.5.3 加强村两委组织建设，推动农牧民由"被带动"转向"自主动"

从理论上说，乡村振兴主体力量是农牧民。但调研发现，民族地区农牧民完全作为乡村振兴的主体还不现实，还需要时间培育。这跟民族地区经济社会发展阶段、传统习俗、农牧民受教育状况等有莫大的关系。与此同时，完全放弃自上而下的推进模式，放弃政府的引领作用，既不利于培育农牧民主体地位，也不利于乡村振兴战略的实施和推进。可行的路径是充分尊重民族地区经济社会发展阶段性特征，以时间换格局，以格局促发展。一方面要充分意识到完全以政府为乡村振兴战略实施主体是违背理论逻辑和顶层设计的；另一方面也要意识到当前无法完全依赖农牧民主体，而是要以介于政府和农牧民两端的中间自治组织即村两委为主导力量，利用村两委上接政策，能力水平较之普通农牧民偏高，同时跟农牧民具有贴近性和带动性的特征，逐步发动农牧民积极参与，主动作为，切实介入乡村产业发展、社会治理和文化振兴。

民族地区村两委一头连着农牧民，一头连着乡镇政府。国家乡村政策的宣传、落实，乡村工作的组织和实施都有赖于村两委。近年来四川省还推行了"乡镇行政区划和村级建制调整改革"，明确村两委是乡村集体经济的责任主体。因此，建设坚强有力的村两委组织是带动农牧民主动参与的有效路径。

#### 7.5.3.1 选好村两委"领头羊"

有一句话说得好"火车跑得快，全靠车头带"。实践证明，领头人的格局、能力、水平对于地方经济社会发展和群众利益的充分实现有着至关重要的作用。纵观省内外乡村振兴推进情况，发展得好的乡村共同的一个特征就是"领头羊"有能力、有魄力、有创新精神。比如四川宝山村、陕西袁家村、山东淄博中郝峪村、义乌何斯路村等取得良好发展成效，村民已经由脱贫而富裕，很大程度上是由于村支书带领他们走了一条康庄大道。凉山昭觉某村第一书记非常感触，"乡村振兴，一定要选出一个有公心、有能力的村党支部书记"。因此，民族地区乡村健全村两委班子，选好"领头羊"是第一要务。要以时代意识为基础，以选人用人渠道纵深拓展为手段，以农牧民民主意识发扬为条件，选出"为公、为民"，有能力有魄力有思想有干事热情的村支书。既能秉持基本的政治原则，用好用活政策，得到农牧民的信任、认可，成为农牧民的"主心骨""贴心人"，也能带领农牧民在乡村振兴的场域下大展身手，让民族地区乡村焕发生机和活力。

### 7.5.3.2 建强村两委班子队伍

做好民族地区乡村工作除了选配好"领头羊"外，也需要建设起一支"能力强，干劲足，信念坚定，能扛事"的基层干部队伍。一是着力扩大民族地区乡村基层干部来源。民族地区空心化严重，农牧民大量外出，健全建强班子队伍并不容易，因此必须拓宽选择乡村干部队伍的范围。注重从下乡产业主、回村退休干部、外出务工返乡农牧民、返乡创业大学生、退伍转业军人、农村致富能手等中选拔村干部，让民族村基层队伍有活力、有干劲，眼界宽、思路活。目前，民族地区还普遍实施了"第一书记""驻村干部"制度，协助配合村两委做好乡村工作。比如凉山斯果觉村第一书记来自国家档案局；博洛村第一书记来自四川省能投集团；建设村第一书记来自凉山州教育局等。他们眼界广、资源足、有想法，在带动乡村发展方面发挥了巨大作用。建设村第一书记同村两委班子共同努力，带领村民纺织"查尔瓦"，并通过直播带货方式营销出去，取得了发展成效。

### 7.5.3.3 强化对民族地区乡村基层干部的教育培训

教育培训目的在于提升基层干部应对乡村发展的能力。要注重教育培训的实效性和针对性，不仅重知识培训，更重治理技能培训。一是近年来国家关于民族地区乡村发展政策和支农政策体系，乡村振兴战略理论和实践等的培训；二是民族地区乡村治理技能，包括生态治理、文化传承与复兴、产业发展等相关内容的培训。在实施培训时，既要重计划，也要重实施质量。一是尽量减少应急式、被动式培训；二是制订培训年度计划，有计划有体系分批次对民族地区乡村基层干部进行培训。培训内容"上接天，下沾地"，既要让乡村基层干部了解顶层设计，又要掌握落实技能，提升培训效果。2021年阿坝州红原县邛溪镇脱贫劳动力职业技能培训开展到第五期，脱贫创业致富带头人培训已举办到第四期，县级各类技能培训也举办数期，当地乡村基层干部积极回应、踊跃参加，在提升自身的技能的同时，也带动同村牧民共同发展。全镇目前已有10余名大学生在本地择业创业。

#### 7.5.3.4　强化对乡村基层干部的监督

当下民族地区涉农资金和项目多，诱惑大，滋生问题的风险也大。防范风险的渠道，一是内部的自我监督。乡村基层干部首先要有公心，有公心，才有公信；有公信，才有带动性。公心是基础，是联动农牧民的前置条件。缺乏公心的乡村基层干部队伍，没法获得农牧民的支持和配合。松潘县八十沟村村支书和村主任都是放下在外的生意，被动员回来带动当地百姓发展产业。这种格局和作为得到了老百姓的赞同和认可，因此村上推进各项事务，比如修建高速服务站征用土地推进完全没有阻碍，乡村治理非常顺滑。二是外部的群众监督。民族地区要加强宣传，让农牧民理解乡村发展自我是主体，对基层干部的监督具有重要性和必要性，知晓监督的渠道和方式，能够经常性、主动地了解乡村相关事务。调研发现，当前农牧民对基层干部的监督较弱，对乡村事务的关注度较低，群众监督作用未能有效显现。

#### 7.5.3.5　完善乡村基层干部的激励和考核机制

这是民族地区乡村基层干部有心有力带动农牧民积极投身乡村建设的基础。不论是在中国特色社会主义建设过程中，还是在乡村振兴战略的推进过程中，正视并有效满足个体对利益（包括经济利益、政治利益）的追求，都是推进相关事务的必要条件。乡村基层干部在推进乡村振兴战略中起着组织带动农牧民的重要作用，必须积极有效作为。但这种作为必须建立在乡村基层干部的经济和政治诉求得到满足的情况下。课题组在某村调研时，听到一句印象非常深刻的话语："几十年村干部，干不过一个贫困户。"他们在任时，村支书、村主任、会计每月收入分别为1 430元、1 290元和1 140元。退职后，一年按十元补贴，十年才100元，所以存在动能不足的问题。当下民族地区一些乡镇已经着手实施对乡村基层干部的激励，并且构建了相应考核机制。比如阿坝州马尔康松岗村推行的党支部书记职业化试点。将村党支部书记纳入乡镇公务员体系，每月固定工资5 000元，而且由政府出60%，个体出40%购买了社保，消除了村党支部书记去职后的顾虑。无独有偶，2022年3月，云南省实施村级组织重大改革，推行"大岗位制"，对村干部定岗、定责、定酬，提高待遇及报酬，激励村干部干事创业。推行"大岗位制"后，村干部正职不低于 4 500 元/月，副职不低于 3 500 元/月，委员不低于 2 500 元/月。这种"经济上有保证，政治上有待遇"的激励机制构建，大大提升了基层干部的作为动能。松岗村党支部书记全职治理乡村，上下班打卡，全部精力投入到乡村事务中，有动力有心力去思考乡村问题，推行治理举措，取得了良好效果。另外，增加民族地区乡村基层专项工作补贴（如通信流量补贴、交通补贴、节假日值班补贴等）具有非常大的必要性，避免基层干部因为工作支出而加大个体负担，进而因个体负担影响工作积极性。比如增加交通补贴已经成为民族地区乡村干部的共同呼声。民族地区地广人稀，乡村干部联系群众、上接乡镇路途遥远，通常需要借助私人交通工具完成，交通花费大。课题组在凉山州调研时，某村第一书记直言村上集体经济薄弱，欠债运行。村干部处理村务的开销往来，基本靠自我贴补。长此以往，大家的积极性受限。

有激励就必须要有考核，在激励的同时，也必须完善考核机制。对于乡村干部队伍的考核，要建立科学的综合考核指标体系，指标设置不仅要考虑硬件建设等显性指标，还要考虑制度建设等隐性指标，以避免考察指标片面性带来的弊端；不仅实施自上而下的考核，还要同步推进自下而上的考核，把农牧民的满意程度、农牧民评价引入考核指标体系，落实农牧民群体的参与权、监督权与建议权。

## 7.6 环境支撑路径：经济、文化、法律与政策施行保障

人是社会化的产物，人的作为效果主要取决于自我能动性，次要受到环境支撑的影响。农牧民要在乡村建设和发展中发挥主体作用，有所作为，除了自我主体意识的激发，自我作为能力的提升外，也需要相关环境的支持作用。据此本书认为，确立农牧民主体地位，保障农牧民发挥主体作用，需要构建包括经济、文化和法律在内的保障体系，构成相应的环境支撑。

### 7.6.1 建构支撑农牧民主体地位的经济保障

产业发展是推动乡村经济社会发展的重要基石，是乡村美好社会构建

的强大基础，更是农牧民发挥主体作用的重要保障。

### 7.6.1.1　完善民族地区乡村基础设施建设，为农牧民生产作为提供保障

靶向供给，大力建设基础设施。完备的基础设施是产业发展的基础。一方面完备的基础设施能更加便捷地为当地种植大户、致富能手提供帮助，使其优势产业做大做强，并进一步提高对优秀资本的招商引资融资能力；另一方面，以基础设施的完善突破民族地区自然地理区位限制，为农业产业和一、二、三产业融合发展提供便利。因此，积极推进和不断完善乡村基础设施建设是民族地区乡村振兴的一个重要任务。在此指的基础设施不仅包括农田水利设施、交通设施、高标准农田建设、能源输送设备设施等，而且包含农业领域科研设施、现代农业科学技术推广设施、农村教育设施、气象预警设施、农村医疗设备设施等服务和保障体系。这些基础设施的建设和完善，不仅可以全方位打造全新的乡村产业价值链，还可以使当地农牧民的生活品质和幸福指数得到一定程度的提升。在制定民族地区乡村基础设施建设规划时必须将以下三方面难点纳入考量：建设资金的筹集、特殊的施工技术以及建成后的日常维护。从这个维度出发，推进民族地区乡村基础设施建设可以考虑三种模式：一是市场化模式，也即在基础设施建设和维护的过程中引入市场主体。这既可以提升资金的使用效率，降低运行成本；也可以实现改善乡村基础设施建设不完全依赖政府的专项资金的情况；同时还可以以股份制经营的形式吸纳更多的社会资本参与到乡村建设中。二是需求导向模式。在基础设施建设项目立项之初，将当地产业发展的现实需求纳入考虑，同时引进第三方评估机制对项目进行评估，确保所建成的公共基础设施使用效率提高，不闲置不短缺。三是协调建设模式。这里的协调，不是建设主体的协调，是指基础设施建设与民族地区乡村实际状况、民俗习惯、农牧民日常生活模式等的协调，甚至包括不同类别基础设施之间的协调，以确保基础设施建设使用效能更高，更符合民族地区乡村发展需要，避免"钱花了，设施不适用"问题。

### 7.6.1.2　着力发展乡村产业，利用产业发展利益黏性，推升农牧民主动作为

不可否认，民族地区农牧民在积极进取上较为欠缺，部分人只有看到现实利益才会有参与积极性。基于此，当地政府要出台产业发展激励政策，建设产业发展基础设施；村两委自治组织积极发展乡村集体产业，利

用现实的产业利益引领带动,激发农牧民的进取意识,调动他们的积极性。一是通过技术指导、市场开拓、资金供给支持等方式,促进乡村产业经营体良性运转,让农牧民看到乡村产业发展带来的切实利益。二是在产业经营体中,构建好确保农牧民利益的分配机制和利益保障机制,建设农牧民和产业经营体"利益共同体",切实破除阻隔农牧民参与产业经营利益分享的藩篱,让农牧民切实感受到产业发展给他们带来的经济利益,而不仅仅是"看着别人赚钱"。只有这样,农牧民才有参与的积极性和能动性,其主体作用才有可能得到发挥。三是延长民族地区乡村产业链条,让农牧民在多元化的产业环节中"愿意干"。延长产业链条,要基于民族地区各乡村特色优势农业产业,并深度挖掘产业的社会功能,增强农牧民参与产业发展的主观能动性和积极性。

1. 突出地域特色,形成优势品牌,延链、补链、强链

首先,将农业生产与当地风土人情、历史文化民俗、本地特色农业种植相结合,以形成具有鲜明地域特色的农业生产。特别是在现代农业生产过程中,将现代技术与传统民俗特色相融合,建设农业特色功能区,扩大种养面积,提升种养质量和产量,以特色性、民族性获得市场认可,形成当地的主营项目。其次,需要不断完善农产品的生产加工、仓储物流等环节,将最新的农业科学技术成果同农业生产紧密结合,进而为特色农产品的行业标准和生产标准流程制定出一套可实行的规范指标,打造出同一品类的质量领航者。重点建设特色农业小镇,助力形成"一镇一业、一村一品"的特色农业发展格局。最后,还需要借助现代优秀营销理念,着力于农业品牌建设,提升农牧民生产经营的质量,以质量立品牌,以品牌提升民族地区特色农产品的市场辨识度和接受度,提高民族地区农产品附加价值。在建设农产品特色品牌过程中,有三个环节需要注意:一是品牌建设必须立足民族地区地域特色和传统优秀文化,同时要以促进农牧民增收为目标。二是品牌建设要注重宣传和品牌推广。可借助多种专业性渠道,例如展销会、农产品博览会等进行品牌推广,同时强化与各相关品类品牌的联合营销,注重于农民生产、生活的融合。比如四川阿坝州着力建设"净土阿坝"特色品牌;凉山州打造"大凉山"特色品牌;甘孜州着力于打造"圣洁甘孜"特色农产品品牌。三是在品牌建设后期要注重注册和保护问题,维护品牌的号召力、影响力,进而保护农牧民利益。

**2. 深度挖掘民族地区乡村产业的社会功能**

随着经济条件不断向好，基础设施不断完善，人民生活水平不断提高，农业的社会功能也不断丰富和拓展。这种丰富和拓展，需要在一、二、三产业的深度融合中实现。首先，需要提升农业生产的工业化、机械化水平，以促进农产品的多元化和高品质。当前人们对生态、有机、无公害的农产品产生了更大需求，对农产品品质和特色化有更高的要求，因此，提升农产品供给品质是必然之义。民族地区要通过培训和探索，实现关键技术在农产品育种、种植、仓储、加工、包装、运输、保险等多环节上的研发与推广力度。其次，充分发挥农业在观光赏游、传统民俗文化体验、果蔬采摘、休闲度假等方面的功能，根据实际情况采取农家乐、乡村旅游、休闲农业旅游等多形式进行经营，实现农业的多元化增值。最后，挖掘民族地区农业农村的历史和文化特色，建设多样化产业，释放农业农村多元价值，让农牧民在多元化产业体系中寻找到合理的自身定位，把推进产业发展由仅仅为了挣钱转变为一种新的生活理念和生活方式。

**7.6.1.3 提高农牧民的经济收入，提升农牧民积极作为的信心**

长期以来民族地区农牧民收入水平较低，在温饱线上挣扎，无心无力思考主体地位，履行主体责任。比如 2020 年昭觉县农村居民人均可支配收入仅为 11 324 元，远低于四川省 2.65 万元的人均收入水平，更只占国家人均收入水平的 35%。在这种收入水平之下，农牧民积极作为只能是一种理想状态，而非现实实践。只有真正提高农牧民的收入水平，才会促使农牧民更加自信、自觉地投身和服务于农业生产，并且更加积极、主动地参与到乡村建设、发展中。因此，需要在以下几个方面做出努力：一是加大对民族地区农业生产的财政投入倾斜，加强国家涉农惠农政策的落地，保障农牧民的基本收入。二是鼓励农牧民创新创业，支持农牧民兴办农村家庭合作社，参与乡村集体经济发展。给予农牧民创新创业技术指导、政策辅导，提升农牧民创业的成功率；加强民族地区乡村金融支持，增强农牧民产业投入的资金底气；健全农牧产品和农业种养业保险制度，削弱农牧民靠天吃饭的自然依赖性。加强农牧产品现代营销方式培训、经营管理信息传播等，畅通农牧产品销售渠道，及时帮助农牧民将农牧产品销售到国内外，促进农牧产品价值的市场化实现。三是通过政府组织或者农牧民自我联系的方式外出务工，增加务工收入，拓展收入渠道。民族地区政府要充分利用东西部对口援助政策，跟东部地区沟通联系，在加强农牧民技能培训的基础上，进行农牧民劳务输出，实实在在解决农牧民亟待解决的难题。总之，只有多措并举，提升农牧民收入，才能鼓励农牧民真正有底气、有信心、有力量参与到乡村振兴建设的事业中去，才能使其主体作用真正得到发挥。

### 7.6.2 建构支撑农牧民主体地位的文化保障

文化渊远流长，影响深远。主体性问题，归根到底属于文化问题。建设积极、健康、奋发的精神品性，营造诚信、自信、良善的文化氛围，是支撑农牧民主体地位确立、发挥主体作用的坚强保障。

7.6.2.1 弘扬和发展民族地区优秀传统原生文化

优秀传统原生文化，承载民族地区历史过往、民俗习惯、乡土风情，承载农牧民情感归属。要在传承优秀传统原生文化基础上发展文化旅游经济，让农牧民更具有自信，更具有归属感；要创新性发展传统原生文化，使之符合时代之需、乡村振兴之要，具有时代活力。

1. 激励农牧民自主保护、展现传统原生文化，赋予农牧民自信与自尊

一是将保护和传承中华优秀传统文化放在乡村治理的首位，培养农牧民在保护中利用的意识。梳理民族地区乡村传统原生文化元素，比如乡村留存较完整、具有历史意义的传统村落、民族村寨、农业遗迹、文物古迹、灌溉工程等，划定历史保护红线，防止破坏、拆改。同时，对民族地区乡村歌舞、曲艺等非物质遗产文化进行传承和发展。此外，还要着力挖掘民族地区乡村值得传承的价值理念及文化精神等，多措施将现代要求融入优秀传统文化，赋予其新的内涵和外延，挖掘其在凝聚农牧民人心、教化农牧民行动、培育民族地区文明乡风等方面的作用，真正成为助推乡村振兴的精神支撑。二是发挥"关键少数"的榜样引领作用。这里的"关键少数"，主要是被称为乡贤的那部分人群。一直以来，中国传统文化中都内含着乡贤文化。乡贤一直以来都是教化乡邻、涵育文明乡风的重要精神力量。现代视域下的乡贤范畴需要扩展，不仅包括耕读故土的贤人志士、德高望重的基层干部、退休返乡的事业单位人员、行为先进的模范人士、反哺桑梓的行业精英，也包括所有愿意为乡村发展贡献力量、推动乡村前进变革的本土或者外来人士。找出瞄准乡贤这个"关键少数"，也就相当于找到了乡村文化振兴的"龙头"和"牛角"，他们的身体力行、身先示

范可以有效地发挥价值引领作用，促进民村地区乡村思想道德建设发展。三是完善民族地区乡村公共文化设施。基础设施短缺一直是民族地区的短板。就公共文化设施来说，新修建的集中安置区，有了极大的丰富和完善；但对于未集中安置的村落，依然是短缺的。这就要求重点保障、集中建设少数尚未建成的空白点；要求集中安置小区的公共文化设施具备实用价值。对资源进行整合，一方面提升使用效率，另一方面提升使用质量。及时更新补充适合农牧民充实生产生活需求的文化产品，如书籍、电子音像产品；持续性开发蕴含新时代精神，具有农牧民互动性的演艺内容，并在乡村广泛展演、传播，丰富农牧民精神生活，也让乡村公共文化设施真正成为传播优秀传统文化的载体和场所。

2. 展现民族地区乡村独有的文化内涵，做大民族地区文化旅游经济

梳理民族地区乡村资源，做好规划定位，以因地制宜的眼光，推行差异性民族乡村文化开发。差异才能赢得市场，获得认可。例如，一些生态环境良好、地方风貌独特、山水资源丰富、配套设施相对完善和便利的地方，可以将文化旅游作为发展的方向。一些民族地区不具备上述条件，则可以从民族风俗文化开发、特色民族风情饮食、手工文化、农牧文化等方面寻找方向和出路，开发充分彰显民族地区特色的文化产品。比如阿坝松潘县发展唐卡文化，壤塘县发展壤巴拉文化，甘孜州稻城县发展康巴文化，丹巴县发展嘉绒文化，具有良好的市场辨识度和吸引力。

3. 以"三风（家风、乡风、民风）建设"为依托，着力凸显民俗规范等非正式制度在乡村振兴中的重要作用

民族地区一向被认为民风彪悍、陋习尚存，需要着力打造优良家风、淳朴民风、文明乡风。要从家风建设开始做起，通过评比和宣传，引导农牧民爱家爱国、良善有为、亲邻友朋，远离不良习惯（诸如懒散、不注重卫生等），建设优良家风。并由家风而民风，由良好的家风汇聚成淳朴民风。这种汇集需要通过多载体多渠道多形式宣传推广，并且要跟农牧民的需求和习惯融合在一起，从而被农牧民接受，并自觉灌入到日常生活中，进而内化于心田。比如凉山州曾有高额彩礼的不良乡风，农牧民苦恼却又不得不从众。为此，凉山州 2022 年 5 月 1 日专门出台了《凉山彝族自治州移风易俗条例》，明确规定遏制高额彩礼。通过出台地方条例形式移风易俗，表明了凉山州建设文明乡风的决心，也从反面体现了进行文明乡风建设的必要性和迫切性。

### 7.6.2.2　丰富农牧民乡村文化生活

丰富多彩的文化生活不单是农牧民群众多样化、多元化精神文化需求的"满足器"，还是农牧民精神世界充实丰盈的"活跃器"，也是农牧民良好情操的"陶冶器"。民族地区丰富乡村文化生活，要求形式多样化，内容丰富化和契合时代性，要从农牧民日常所思所想所谋出发进行文化产品和文化活动开发建设，提升文化活动的针对性、触动性和感召力，从而使农牧民主体性在潜移默化中得到提升。一是在文明卫生生活环境营造方面着力。发动群众以改厨、改厕、改水、改圈和建沼气池、垃圾池等方式，破除陈规陋习，净化、美化、绿化乡村人居环境，引导农牧民采取文明、健康、科学的生活方式。但在凉山州调研发现，这方面还任重道远。尽管农牧民集中安置区修建了厨房，配置了桌椅。但部分农牧民却将厨房紧锁，吃饭依然喜欢蹲在地上。二是在充实群众文化生活方面着力。发动农牧民自编自排自演反映农牧民日常生产生活的文化节目，到各乡村进行展演，触动农牧民的同时，引起他们的反思与改变。另外，要将县级方面的文化活动，如影视展、图书展等下沉、开放，使农牧民有机会得到多元文化的滋养和浸润，得到丰富的文化视听享受，提升农牧民的文化素养。三是经常性开展文化方面评比活动，以评比活动促进乡村建设。比如开展"美好乡村""文明乡村""卫生家庭""美丽庭院"等评比活动，由农牧民自己进行公开公正的评比，县、镇政府对于评比结果给予奖励和宣传，从而促使农牧民知晓应该努力的方向，明白差距，并进行学习和改变。

### 7.6.2.3　建设丰厚的乡村文化载体

民族地区文化资源丰厚，需要相应的载体来承载、展现、传承。比如阿坝州壤塘县民族风情浓郁、文化厚重，安多、嘉绒、康巴三个藏族支系在这里和谐共生，形成了以财神文化、觉囊文化为核心，以觉囊梵音古乐为非遗代表，谱系繁多、门类齐全、交相辉映的壤巴拉文化。有梵音古乐、川西北民歌、藏族挑花刺绣3项国家级非遗项目，有全国重点文物保护单位3处（茸木达乡棒托寺、中壤塘镇措尔机寺、宗科乡日斯满巴碉房），有省州级文化资源上百个；有唐卡、石刻、藏戏、陶艺、雕刻等艺术瑰宝，有壤巴拉节、赛马节、插箭节等丰富的民俗文化活动，有国家级传统保护村落，是藏羌民族风情走廊上的一颗璀璨明珠，先后被评为"中国民间艺术之乡""中国藏族民间文化保护传承基地"。一些民族地区乡村，从文化载体建设方面着手，着力于建设相关文化主题村落。通过修建文化广场、村内氛围设施、风貌改造、微景观打造等为传统优秀文化传播提供承载地。

### 7.6.2.4 嵌入乡村现代文化，重构农牧民文化主体性

传承民族地区优秀传统文化，不意味着固守，而是要在新时代下创新，赋予民族地区乡村文化现代性，激发农牧民内生的主体性文化情感，这样才能重构市场经济环境下的农牧民主体性。

1. 实现民族地区传统文化的现代转型，催生新文化形态

乡村文化伴随现代化社会的转型发展，必然会出现部分落后文化被时代所淘汰替换的现象。乡村振兴背景下的新时代文化是对传统优秀文化的创新、发展与转化，在快速流变的现代文化变迁中，培育出更符合新时代要求的乡村文化精神与文化形态，以筑牢乡村振兴的文化根基。发挥"党建引领文化，凝聚乡村人心"的示范作用，将政府主导与乡村内生活力有机结合，在思想阵地领域建筑根基，不断培育乡土文化新面貌，激发农牧民主体性内在力量与动能。

2. 坚持农牧民为主体，唤醒农牧民文化自觉

工商资本下乡的初衷应是为乡村社会谋利益、促发展、建新园。在发展中一些企业逐渐背离了初心，导致与农牧民争利，侵害乡村利益。因此，必须坚持农牧民利益为先的价值认同，以便在现代农村文化场域中，使农牧民在主观认同与客观社会情景中，坚守主体发展利益的意识主动性。

3. 协同建设乡村共同体文化，提升文化认同

处理好企业、政府与农牧民三者间的共生关系，以农牧民主体参与为源，企业资金建设为辅，政府项目支持为线，将三者主体地位串联在乡村命运共同体的共建共享关系中，打造全面实现乡村振兴、建设美好乡村的基础。某种程度上，乡村衰落可被视为乡村文化无法将个体化、原子化、弥散化、异质化的农牧民群体凝聚成一个紧密的命运共同体①。在一段时期中，我国农牧民的主体性身份还不能被明确定位与认同，相较于城市群体的体面工作与较高的社会地位，农牧民的主体性发展长期受到压制，导致农牧民的心理角色定位愈发自卑，可能会陷入"内卷化"困境。嵌入乡村现代文化的意义正在于，将农牧民的主体权利意识激活，在村庄共同体

---

① 陈学兵. 乡村振兴背景下农民主体性的重构 [J]. 湖北民族大学学报：哲学社会科学版，2020，38 (1)：9.

情景下重塑内在主体意识与发展意识。

### 7.6.3　建构支撑农牧民主体地位的法制保障

民族地区曾一度被认为是"蛮荒之地"，这种称谓在一定程度上反映了民族地区法制体系的非健全性。破解之道在于强化乡村基层民主法制建设，保障农牧民民主权利。农牧民若缺乏民主权利，就谈不上具有主体地位，也没法保障主体作用的发挥，乡村振兴战略的推进也就会受到阻滞。法制建设是法治的前提。政府部门一方面要完善涉农方面的立法建设；另一方面要强化乡村执法队伍的建设，充实法治力量。同时不能忽视乡村法治宣传教育等工作，特别是贯彻好《中华人民共和国宪法》《中华人民共和国村民委员会组织法》（以下简称《村民委员会组织法》）《中华人民共和国农村土地承包法》（以下简称《农村土地承包法》）这三部法律的宣传教育工作，让农牧民知晓自我相关权利，明白保障途径和主张民主作为的具体路径。

#### 7.6.3.1　认真贯彻落实《村民委员会组织法》

衡量农牧民是否是乡村振兴的主体，民族地区乡村是否体现基层民主，关键是落实农牧民的选举权、决策权、管理权和监督权。而这"四权"实现落实的条件是贯彻好《村民委员会组织法》，严格按照其规定处理、应对乡村发展各项事务。一是实现村两委干部的民主选举。要通过村组干部"公推直选"等方式，让农牧民自己选举得民心、有能力、能带动的村两委成员，实现村官民选，民选民拥。二是进一步完善村民村规民约、自治章程和村级事务管理制度等，凡是关系农牧民群众自身利益的事项，都要民主决策，进而有效减少甚至规避乡村事务决策失误，做到村上事务决策由农牧民自定。比如凉山州喜德县某村曾经由村集体养山羊促进农民增收，后来由于种种原因发包给个别村民包养，但随着该村民外出村上养羊事业被中断。2022 年 5 月，村民进行集体决议，成立专合社重新养羊，养羊的品种、饲养数量等都由专合社成员集体决议。三是充分落实农牧民的村务知情权、民主监督权。知情是落实监督的前提和基础。如若对村级事务不了解，监督也就是一句空话。因此，民族地区乡村要以各种形式落实"三务公开"，确保农牧民知晓乡村各项事务，从而进行相关决策和监督。但调研发现，很多民族地区乡村只采取"三务"在村委会张贴公开的形式，触及率和覆盖率有限，不利于农牧民知情权落实，也就不利于对乡村事务进行有效监督。因此探索和拓展民族地区"三务公开"的形式现实而重要，可以采取广播、发送微信、电视开机展示、短信通知、宣传册到户等方式，确保农牧民关注的事，应该知晓的事，乡村热点事务能够及时、全面地被农牧民知晓、了解，为决策和监督奠定基础。

### 7.6.3.2　认真贯彻落实《农村土地承包法》

中国乡村土地不仅是生产资料，更具有社会保障功能。农牧民一方面要依靠土地进行谋生，另一方面通过土地进行投资、财富积累以及进行代际间财富转移。因此，农牧民要在乡村有所作为，能够作为，土地权能的稳定性是前提条件。乡村土地制度既直接影响生产资料的配置效率，也关系到乡村社会的和谐稳定。因此，在民族地区乡村振兴中，要不折不扣地贯彻《农村土地承包法》，保证农牧民依法自主决定是否流转土地承包经营权，如何流转，流转价格以及流转时间，保护农牧民在流转过程中的合法权益和应当获得的合理补偿，并且防止以任何形式强行剥夺农牧民的土地承包权、宅基地使用权，保证在土地利用和经营方式上不会强行违背农牧民意愿，保障农牧民能够在法律规定范围内按照自我意愿进行生产经营，使民族地区乡村焕发生机和活力。

## 7.6.4　建构支撑农牧民主体地位的政策施行保障

### 7.6.4.1　乡村振兴政策的制定及实施要充分尊重农牧民意愿

民族地区乡村振兴该如何做，农牧民最有发言权。需要构建制度充分保障农牧民在乡村振兴中的话语权，通过各种途径培养农牧民的表达意识，让其成为乡村振兴政策的参与者和决策者，从而充分激活其主体意识。首先，在乡村振兴政策制定过程中，要深入群众当中进行耐心细致的调查，倾听农牧民的心声，充分征求农牧民的意见，使农牧民的合理诉求得以政策化。其次，在政策执行过程中，要尊重农牧民的意愿，尊重农牧民的选择。乡村振兴各项政策的实施，都要把农牧民满意与否、高兴与否、认可与否作为工作原则和标准，并努力实现农牧民满意、农牧民高兴、农牧民认可。山东省曾经施行的撤村并居受到了各方面质疑，原因就是在撤村并居过程中，违背了农民意愿，农民被强制背离土地，"上楼"硬化。结果是不仅没有实现初衷，反而引起了农民的不满，造成了不好的社会影响。

### 7.6.4.2　不断增强农牧民的获得感、幸福感和安全感

增强农牧民获得感、幸福感和安全感，是乡村振兴的必然内涵。为

此，首先要继续加大对民族地区乡村的财政转移支付力度，落实城市支持农村、工业支持农业的相关制度，坚持各项政策对民族地区"三农"的倾斜和扶持。其次，保证乡村改革的红利能够被农牧民共享，改革的收益能够更多地分享到农牧民手中。要拓展民族地区乡村产业发展的路径，把握住一、二、三产业融合发展的机遇，尽可能给农牧民创造有利条件，在产业发展、利润获得中提升农牧民的获得感和幸福感。再次，要推进民族地区乡村生态环境治理，审慎稳妥地推进改厕，加快推进垃圾处理和水源地保护，确保农牧民生活用水安全。划定统一区域养猪、养羊、养牛，以减少对农牧民生活区域的环境污染；杜绝河道圈养牲畜现象。最后，通过公共服务和基础设施的完善提升农牧民幸福感。继续推动医疗卫生、公共教育、交通设施等资源重点向民族地区乡村倾斜，让农牧民享受更好的基本公共服务、更丰富的精神文化生活，不断增进农牧民福祉①，让农牧民在设施完善中提升安全感。

### 7.6.4.3　实施让农牧民"动起来"的促推措施

一是推行立体式促推。整合乡村振兴、农业、组织、宣传等部门力量，成立专项促推组，对农牧民行动体系等开展专项梳理和促推工作。搭建移风易俗互联网监督管理平台，建立举报渠道、曝光渠道和奖惩机制，形成齐抓共管的监督合力。二是实行多元化考核。将移风易俗工作效能纳入党员干部考核体系，建立党员干部遵守移风易俗的档案信息库，并作为干部考察和使用的重要依据。将移风易俗工作同评先评优、财政奖补相结合，并作为村（社区）两委干部年度考评的重要内容。三是强化全方位问责。将移风易俗列为全面从严治党主体责任检查重要内容，对违反婚丧喜庆事宜审批制度、违规大操大办等造成不良影响的党员干部及责任人，一律给予严肃处理。

---

① 习近平在中共中央政治局第二十二次集体学习时强调健全城乡发展一体化体制机制，让广大农民共享改革发展成果[EB/OL]. (2015-5-1) (2019-8-20). http://cpc.people.com.cn/shipin/n/2015/0504/c243284-26946706.html.

# 8 研究结论和不足

　　民族地区乡村振兴是建设社会主义现代化国家新征程的重点和关键任务。囿于民族地区发展的相对滞后性，乡村振兴征程将漫长而艰难。乡村振兴任务的推进，已然不能延续脱贫攻坚时期政府打主力的模式，必须唤醒农牧民主体意识，建构农牧民主体力量，乡村振兴才具有磅礴而延绵的支撑力量。但理论的认知缺乏张力，现实的建构才具有实践意义。本书着力于研究民族地区乡村振兴中农牧民主体地位问题，希冀通过对四川民族地区部分乡村的切实调研，准确而全面地了解当前民族地区乡村振兴和农牧民主体地位的真实性状，并通过模型建构进行有效性评价。在此基础上，本书梳理国外发达国家推进乡村建设中凸显农民主体地位的做法，剖析中国乡村建设历程中的农民主体性，希冀从中汲取当前民族地区推进乡村振兴实现农牧民主体地位的可借鉴的经验。最后，本书在现状认知、问题把握、经验借鉴的基础上，进行了体系化的机制设计和路径建构。本章试图对前面章节的研究结论进行总体概括，并梳理存在的局限和下一步研究需要继续深入的方向。

## 8.1 研究结论

　　基于调查和研究，本书就四川民族地区乡村振兴和农牧民主体地位问题形成了如下认知：

　　第一，民族地区乡村振兴需要循序渐进，遵循地域特色，尊重农牧民力量发展阶段性特征。民族地区在国家脱贫攻坚政策大力扶持下，摆脱了贫困深重之状，并且奋力朝前迈进，完成了脱贫攻坚任务。但返贫风险大，巩固拓展脱贫攻坚成果需要高度重视。同时，相对落后的生产生活习惯和文化习俗短期内难以完全改变，因此全面推进乡村振兴不能操之过急，完全建构起农牧民主体力量也不能寄希望于短期，需要循序渐进。政府一方面要自己建构起农牧民主体地位的认知，另一方面要逐步"放手"。换句话说，政府"放手"农牧民是必然的，但不能马上"放手"，需要在农牧民主体意识被激发、能力建构后才能逐渐"隐身"，做好方向引导。

第二，掌握了解了民族地区农牧民主体地位的现状。民族地区农牧民愿意参与到乡村振兴中，但这种参与更倾向于一种被动性、配合性参与。农牧民对乡村振兴自我主体力量认知是欠缺的、陌生的；主体意识是潜藏的。甚至民族地区部分政府人员对乡村振兴中的农牧民主体地位问题也缺乏认知，缺乏意识。民族地区乡村产业发展、生态环境建设、乡村治理、文化传承和保护等，当前主要还是依靠政府的力量。政府不仅需要，而且有必要在乡村振兴中继续担当引领地位，培育主体力量。

第三，进行了促推农牧民确立主体地位、发挥主体作用的机制设计。坚持农牧民主体地位的机制构建，一是以民族地区农牧民特性为基础，从"民族社群文化""经济理性"和"情感诉求"出发，构建农牧民主体地位实现动力机制。二是以短期脱贫和长期振兴为背景，从"现实脱贫"和"长远发展"出发，构建农牧民主体地位赋权机制。三是以农牧民个体和组、村集体为范畴，从匹配主体地位要求的角度出发，构建农牧民主体地位赋能机制。

第四，建构了促推农牧民主体作用发挥的围合路径。乡村振兴中确立农牧民主体地位，发挥农牧民主体作用，要立足问题，考虑农牧民特征，针对性破解，要从短期和长期、内生和外源两组关系上进行考虑。既从农牧民自身出发，也要考虑到文化规制、政府意识与作为等。具体路径构建要从"意愿+能力+组织+文化"的四维角度出发，从培育参与意愿、提升参与能力、架构参与组织、建设社群文化支撑等内外路径入手。

## 8.2 研究的不足

课题研究至此，似乎该画上一个句号。但切实地说，课题研究还存在诸多不足。这些不足有客观的原因，比如突然出现的疫情，以及民族地区的气候状况等，为深度调研增添了障碍；但更多的是主观的原因，比如研究能力的制约，研究方法的相对短缺等，致使课题存在如下不足。而这些不足，也是课题未来需要深入研究的方向。

一是经济学、社会学和民族文化学的融合宽度不够，深度不足。研究民族地区乡村，要达到满意的"深、透"效果，需要多学科的融合和彼此的渗透。但很遗憾，课题主持人和成员在这几门学科知识的融合上还很欠缺，导致在问题把握和问题原因剖析上显得稚嫩。

二是调研的范围和深度还不足。四川民族地区地域广袤，情况复杂，尤其是乡村地区。这导致全面把握民族地区乡村情况难度非常大。课题组在研究期间，对阿坝州和凉山州调研得较为充分，但对甘孜州的调研相对薄弱。这可能导致对农牧民问题的把握缺乏全面性，甚至在农牧民主体性的州域特征上欠缺准确性。

三是在机制设计和路径探索上的深度还不足。激发民族地区农牧民主体意识，发挥农牧民主体作用是一个庞大的工程，需要系统的围合机制和健全的路径。课题组做了相应的努力，但在深度上还不够，而且能否显效，还需要时间和实践检验。

总之，民族地区乡村振兴是一个时间漫长、任务艰巨的过程，确立农牧民主体地位，发挥农牧民主体作用也是一个艰巨的过程。关于此问题的理论研究需要更多的时间，需要更细致、全面的调研。路漫漫其修远兮，我们对此将继续进行研究和探讨，希冀能为民族地区的乡村振兴提供一定的理论支持。

# 参考文献

阿尔蒙德，1987. 比较政治学：体系、过程和政策 [M]. 曹沛霖，译. 上海：上海译文出版社.

安虎森，高正伍，2010. 韩国新农村运动对中国新农村建设的启示 [J]. 社会科学辑刊 (3)：83-87.

毕伶俐，赵元笃，2021. 乡村振兴视域下农民主体性研究 [J]. 当代农村财经 (11)：32-35.

卜桂花，郭建甲，2009. 民族地区新农村政治文化建设探析 [J]. 经济与社会发展，7 (4)：33-38.

陈树强，2004. 增权：社会工作理论与实践的新视角 [J]. 社会观察 (1)：45.

陈锡文，2003. 法国、欧盟的农业政策及其对我国的借鉴作用 [J]. 中南林学院学报 (6)：11-14.

陈学兵，2020. 乡村振兴背景下农民主体性的重构 [J]. 湖北民族大学学报（哲学社会科学版），38 (1)：63-71.

崔猛，2019. 决战脱贫攻坚关键在发挥农民主体作用 [J]. 理论与当代 (10)：20-21.

邓小平，1993. 邓小平文选：第 3 卷 [M]. 北京：人民出版社.

丁志刚，王杰，2019. 中国乡村治理 70 年：历史演进与逻辑理路 [J]. 中国农村观察 (4)：18-34.

董峻，王立彬，2017. 中央农村工作会议在北京举行 [N]. 人民日报，12-30 (01).

董也，镡德山，曾自，2012. 毛泽东和他的秘书田家英：第 1 卷 [M]. 沈阳：辽宁人民出版社.

飞白, 2003. 作为教育家的梁漱溟 [J]. 教育科学论坛 (12): 1.

韩俊, 2018. 实施乡村振兴战略的目标要求 [J]. 中国乡村发现 (6): 6-10.

韩玲梅, 2007. 冲突与协调 [M]. 杭州: 浙江大学出版社.

韩明磊, 2021. 赋权与增能: 后脱贫时代社会工作参与农民主体性构建研究 [J]. 山西农经 (13): 20-21.

亨廷顿, 1989. 变动社会的政治秩序 [M]. 张岱云, 等译. 上海: 上海译文出版社.

黄琳, 2010. 现代性视阈中的农民主体性 [M]. 云南: 云南大学出版社.

乐波, 2005. 法国农业合作组织及其对中国的启示 [J]. 社会主义研究 (5): 69-72.

李建勇, 2022. 在场与出场: 乡村振兴中农民主体性的回归与实现 [J]. 昆明理工大学学报 (社会科学版), 22 (3): 54-62.

李卫朝, 荆玉杰, 2022. 关于农民主体性建设研究的范式思考: 以"马魂、中体、西用"为中心的讨论 [J]. 山西农业大学学报 (社会科学版), 21 (2): 75-81.

李卫朝, 王维, 2019. 依托农民主体性建设, 切实推动乡村全面振兴 [J]. 中国农业大学学报 (社会科学版), 36 (3): 72-80.

李向振, 张博, 2019. 国家视野下的百年乡村建设历程 [J]. 武汉大学学报 (哲学社会科学), 72 (4): 193-200.

李永成, 2010. 新农村法制建设的进路: 以农民主体性与主体地位为中心的分析 [J]. 四川大学学报 (哲学社会科学版) (1): 123-131.

立安, 梁建业, 2020. 乡村振兴战略视角下民族地区传统文化的传播: 基于广西村镇宗族文化的田野调查 [J]. 新闻爱好者 (4): 53-56.

梁漱溟, 1933. 山东乡村建设研究院工作报告 [J]. 教育与职业 (8): 669-672.

梁漱溟, 2006. 乡村建设理论 [M]. 上海: 上海人民出版社.

梁影, 何玲玲, 2021. "赋权理论" 视角下西部民族地区农民社区参与研究 [J]. 安顺学院学报, 23 (4): 11-17.

廖白平, 2011. 对安康城乡基本公共服务均等化的对策建议 [J]. 新西部 (下旬. 理论版) (11): 36, 61.

列宁, 1985. 列宁全集: 第 1 卷 [M]. 中共中央马克思恩格斯列宁斯大林著作编译局, 译. 北京: 人民出版社.

列宁, 1985. 列宁全集: 第 35 卷 [M]. 中共中央马克思恩格斯列宁斯大林著作编译局, 译. 北京: 人民出版社.

刘碧, 王国敏, 2019. 新时代乡村振兴中的农民主体性研究 [J]. 探索 (5): 116-123.

刘福森, 1991. 主体、主体性及其他 [J]. 哲学研究 (2): 53.

刘清敏, 2006. 关键是让农民成为主体: 韩国新村运动的启示 [J]. 求是 (22): 60, 35.

刘庆斌, 2021. 坚持农民在乡村振兴中的主体地位 [J]. 上海农村经济 (10): 33-34.

刘庆乐, 2015. 国家建设视域下"三农"战略的主题转换 [J]. 学海 (5): 170.

刘绍华, 2015. 我的凉山兄弟 [M]. 北京: 中央编译出版社.

刘守和, 1992. 关于主客体和主体性的几个问题 [J]. 理论探讨 (4): 61.

刘小兵, 2021. 夯实高质量发展之基: 甘孜州"十三五"期重大项目建设成就综述 [N], 甘孜日报, 1-4.

刘振, 2013. 民国时期社会工作领域归国留学生的作用 [J]. 中国社会工作 (31): 52-53.

刘振, 徐永祥, 2020. 本土化社会工作还是爱国主义运动?: 乡村建设运动的再认识 [J]. 新视野 (1): 59-64.

罗吉斯, 伯德格, 1988. 乡村社会变迁 [M]. 王晓毅, 王地宁, 译. 杭州: 浙江人民出版社.

罗明新, 2019. 深刻理解农民全面发展 [N]. 学习时报, 2-20.

马恒民, 2007. 基于"道德个人主义"之上的人文关怀 [J]. 道德与文明 (6): 52-54.

马华, 徐勇, 2011. 南农实验 [M]. 北京: 中国社会科学出版社.

马克思, 恩格斯, 1956. 马克思恩格斯全集: 第 1 卷 [M]. 中共中央马克思恩格斯列宁斯大林著作编译局, 译. 北京: 人民出版社.

马克思, 恩格斯, 1957. 马克思恩格斯全集: 第 2 卷 [M]. 中共中央马克思恩格斯列宁斯大林著作编译局, 译. 北京: 人民出版社.

马克思，恩格斯，1958. 马克思恩格斯全集：第 4 卷 [M]. 中共中央马克思恩格斯列宁斯大林著作编译局，译. 北京：人民出版社.

马克思，恩格斯，1965. 马克思恩格斯全集：第 22 卷 [M]. 中共中央马克思恩格斯列宁斯大林著作编译局，译. 北京：人民出版社.

马克思，恩格斯，1971. 马克思恩格斯全集：第 18 卷 [M]. 中共中央马克思恩格斯列宁斯大林著作编译局，译. 北京：人民出版社.

马克思，恩格斯，1972. 马克思恩格斯全集：第 34 卷 [M]. 中共中央马克思恩格斯列宁斯大林著作编译局，译. 北京：人民出版社.

马克思，恩格斯，1974. 马克思恩格斯全集：第 3 卷 [M]. 中共中央马克思恩格斯列宁斯大林著作编译局，译. 北京：人民出版社.

麦克法夸尔，费正清，1992. 剑桥中华人民共和国史：下卷：中国革命内部的革命（1966—1982）[M]. 俞金尧，时和兴，鄢盛明，等译. 北京：中国社会科学出版社.

毛泽东，1953. 论联合政府 [M]. 北京：人民出版社.

孟鑫，2018. 马克思主义利益观在新时代的指导意义 [J]. 人民论坛（27）：99-101.

农村复兴委员会，1933. 本会设立之经过 [J]. "农村复兴委员会"会报（1）：1-4.

潘天舒，2009. 发展人类学概论 [M]. 上海：华东理工大学出版社.

庞超，2014. 当代中国农民政治参与中的主体性特征及其优化 [J]. 求实（7）：72-77.

蒲实，袁威，2019. 乡村振兴视阈下农村居民民生保障、收入增长与幸福感：水平测度及其优化 [J]. 农村经济（11）：60-68.

千家驹，李紫翔，1936. 中国乡村建设批判 [M]. 上海：新知书店.

曲文俏，陈磊，2006. 日本的造村运动及其对中国新农村建设的启示 [J]. 世界农业（7）：8-11.

SALEEBEY D，2015. 优势视角：社会工作实践新模式 [M]. 杜立婕，袁园，译. 上海：华东理工大学出版社.

沙垚，2016. 乡村文化传播的内生性视角："文化下乡"的困境与出路 [J]. 现代传播（6）：22.

沈费伟，2018. 赋权理论视角下乡村振兴的机理与治理逻辑：基于英国乡村振兴的实践考察 [J]. 世界农业（11）：77-82.

斯科特，2004. 国家的视角 [M]. 王晓毅，译. 北京：社会科学文献出版社.

孙波，白永秀，马晓强，2010. 日本城市化的演进及启示 [J]. 经济纵横（12）：84-87.

泰勒，2005. 原始文化 [M]. 连树声，译. 桂林：广西师范大学出版社.

田国强，陈旭东，2016. 中国改革历史、逻辑和未来 [M]. 北京：中信出版社.

涂尔干，2003. 乱伦禁忌及其起源 [M]. 汲喆，译. 上海：上海人民出版社.

王春光，2018. 关于乡村振兴中农民主体性问题的思考 [J]. 社会发展研究，5（1）：31-40.

王国敏，邓建华，2010. 重塑农民主体性是破解"三农"问题的关键 [J]. 现代经济探讨（9）：64-68.

王国勇，2000. 论民族地区的民主政治建设 [J]. 贵州民族研究（4）：13-16.

王进文，2021. 带回农民"主体性"：新时代乡村振兴发展的路径转向 [J]. 现代经济探讨（7）：123-132.

王克，张峭，2009. 国外农民培训的模式及经验启示 [J]. 农业展望（2）：34.

王丽丽，2018. 创造性地运用人民主体性思想 [J] 刊授党校（5）：16-17.

王跑雪，2022. 论毛泽东农民主体性思想在乡村振兴中的价值 [J]. 农村. 农业. 农民（B版）（3）：8-9.

王松，2020. 乡村建设运动与农业现代化：以齐鲁大学为例 [J]. 边疆经济与文化（2）：62-66.

王先明，2016. 民国乡村建设运动的历史转向及其原因探析 [J]. 史学月刊（01）：106-120.

王晓华，2002. 主体性、自由与理想世界的两个维度：兼谈马克思的 communism 概念 [J]. 探索（5）：95-97.

王晓毅，2022. 坚持农民主体地位是实现高质量乡村振兴的保障 [J]. 人民论坛（5）：44-46.

卫小将, 2015. 本土化与土生化: 中国社会工作发展的检视与重构 [M]. 北京: 社会科学文献出版社.

吴得乾, 2021. 农民主体在乡村振兴中面临的困境及解决思路 [J]. 南方农机, 52 (14): 98-100.

吴晓萍, LIU H W, 2017. 论乡村振兴战略背景下民族地区的乡村建设与城乡协调发展 [J]. 贵州师范大学学报 (社会科学版) (6): 54-59.

吴重庆, 张慧鹏, 2018. 以农民组织化重建乡村主体性: 新时代乡村振兴的基础 [J]. 中国农业大学学报 (社会科学版), 35 (3): 74-81.

习近平在湖北考察时强调坚持新发展理念打好 "三大攻坚战" 奋力谱写新时代湖北发展新篇章 [N]. 人民日报, 2018-04-29 (001).

晓巍, 左停, 2008. 国外农民合作组织发展及启示 [J]. 世界农业 (5): 4.

谢治菊, 2014. 西部民族地区乡村治理的逻辑与实践 [M]. 北京: 社会科学文献出版社.

徐宁, 2004. 略论晏阳初的平民教育思想及其现实启示 [J]. 西华大学学报 (哲学社会科学版) (4): 17-19.

徐硕强, 王文彬, 2018. 乡村振兴的主体自觉培育: 一个尝试性分析框架 [J]. 改革 (8): 73-79.

许伟, 2019. 新时代乡村振兴战略实施中 "坚持农民主体地位" 探研 [J]. 湖北大学学报 (哲学社会科学版), 46 (6): 146-153.

阎云翔, 2012. 中国社会的个体化 [M]. 陆洋, 等译. 上海: 上海译文出版社.

杨晨丹妮, 洪名勇, 2022. 土地流转中的农民土地权益实现研究: 基于农民主体性的实证分析 [J]. 农业技术经济 (3): 21-37.

杨虎涛, 2020. 发展乡村产业是乡村振兴的战略支点 [N]. 中华读书报, 03-18 (8).

杨瑞, 2012. 近代中国乡村改造之社会转向 [J]. 中国社会科学 (2): 184-204.

叶敬忠, 张明皓, 豆书龙, 2018. 乡村振兴: 谁在谈, 谈什么? [J]. 中国农业大学学报 (社会科学版), 35 (3): 5-14.

袁建岐, 王俊怡, 2011. 国内外统筹城乡发展的经验及启示 [C]. 陕西统筹城乡发展研究: 286-294.

袁绶，陆志锋，2022. 重塑"家园意识"推动乡村振兴路径探讨[J]. 当代县域经济（1）：50-53.

岳博闻，2007. 论社会主义新农村建设中的农民主体性[D]. 长春：吉林大学.

张广友，韩钢，1998. 万里谈农村改革是怎么搞起来的？[J]. 百年潮（3）：1-9.

张红宇，2007. 对新时期农民组织化几个问题的思考[J]. 农业经济问题（3）：4-10，110.

张力军，2019 培育新时代的新农民[N]. 吉林日报，03-08.

张如科，高君，2022. 乡村文化振兴中农民主体性培育的困境与路径探析[J]. 安徽行政学院学报（1）：66-71.

张姗姗，2019. 民族贫困地区农民主体性发挥现状研究[J]. 兴义民族师范学院学报（4）：56-60.

张雅光，2008. 法国农民培训与证书制度[J]. 中国职业技术教育（3）：27-28.

张友琴，李一君，2004. 城市化政策与农民的主体性[J]. 厦门大学学报（哲学社会科学版）（3）：123-128.

郑永年，2019. 大趋势：中国下一步[M]. 北京：东方出版社.

中共乡村振兴局党组，2022. 抓紧抓好巩固拓展脱贫攻坚成果促进脱贫群众生活更上一层楼[N]. 人民日报，3-15.

中共中央党史和文献研究院，2021. 毛泽东邓小平江泽民胡锦涛关于中国共产党历史论述摘编[M]. 北京：中央文献出版社.

钟曼丽，杨宝强，2021. 再造与重构：基于乡村价值与农民主体性的乡村振兴[J]. 西北农林科技大学学报（社会科学版），21（6）：1-9.

周柏春，2019. 乡村振兴的主体维度分析：以农民为视角的考察[J]. 农村经济（9）：25-32.

周翠，崔章国，曹丁，等，2019. 乡村振兴战略背景下农民主体性缺失及提升路径研究[J]. 开封教育学院学报，39（7）：290-291.

周亮，安会茹，2019. 确权赋能：激活乡村振兴中农民主体性的路径选择[J]. 成都行政学院学报（5）：77-83.

周渝津，2014. 文化农民：重庆民族地区乡村振兴建设主体[J]. 铜仁学院学报，16（2）：67-69.

朱罗敬，桂胜，2019. 欠发达地区农村经济发展路径选择的三重逻辑：基于中部 A 省 Y 县 J 村和 H 村的经验调查 [J]. 湖北社会科学 (1)：46-55.

PUGH R，CHEER B，2010. Rural social work：aninternational perspective [M]. Cambridge：Polity Press.

# 附录

## 乡村振兴中农牧民主体地位调查问卷

尊敬的同志：

您好！为做好国家社科一般项目《乡村振兴中农牧民主体地位实现的机制构建与路径选择》，为党委、政府提供高质量的决策咨询成果，我们特设计了本问卷。本问卷不记名，请根据您所在村的实际情况在合适的选项后面的方框□内画"√"。

乡村振兴，你我同行！感谢您的大力支持和配合！

中共四川省委党校课题组

1. 您的受教育程度：

①文盲□     ②小学□     ③初中□     ④高中□

⑤大专及本科以上□

2. 您对乡村振兴战略了解吗？通过什么渠道了解的？

①了解□（请继续在下面内容勾选）     ②不了解□

村两委通过讲座等形式宣传的□

电视、手机等媒体上看到的□

3. 您认为乡村振兴，谁的作用最关键？

①农牧民□     ②村两委□

③镇及以上政府□     ④外来人口□

4. 您是否愿意参与村里的产业发展、社会治理、传统乡村文化的发掘和保护？

①愿意□　　　　　　　　　　②不愿意□

5. 您当前参与了哪些乡村事务？

①产业发展□　　　　　　　　②环境治理□

③乡村社会建设□　　　　　　④传统文化保护□

⑤完全没有参与，只是做自己的农活、打工□

6. 村里产业组织，是农牧民自己组织的专业合作社多，还是外来公司组织的专业合作社多？

①农牧民自己组织的专业合作社多□

②外来公司组织的专业合作社多□

7. 农牧民在专业合作社中具有什么地位？

①具有决策权□　　　　　　　②打工□

③只流转土地□　　　　　　　④参与组织管理□

8. 村里参与产业经营的农牧民占多大比例？

①10%以下□　　　　②10%~30%□　　　　③31%~50%□

④51%~70%□　　　　⑤71%~90%　⑥91%~100%□　　⑦0□

9. 您所在的村土地流转面积占全村土地面积的比例大致为：

①10%以下□　②10%~30%□　③31%~50%□　④51%~70%□

⑤71%~90%□　⑥90%以上□

10. 您所在的村，外出务工人数占全村劳动力总数的比例大致为：

①10%以下□　②10%~30%□　③31%~50%□　④51%~70%□

⑤71%~90%□　⑥90%以上□

11. 您所在的村，目前在家务农的主体是：

①老人□　　　　　　②妇女□　　　③老人和妇女□

④老人、妇女和儿童□　　　　⑤男性青壮劳动力□

12. 您所在的村的农田撂荒情况：

①普遍撂荒□　　　　　　　　②有一些地块撂荒□

③有个别地块撂荒□　　　　　④完全没有撂荒□

13. 您现在的收入渠道有哪些？（　　　）

①外出务工□　　　　　　　　②自己耕种、养殖□

③到村上的企业务工□　　　　④国家补助□

14. 村两委在乡村治理方面发挥作用的情况：

①能发挥很大作用□　　　　　②能发挥一定作用□

③几乎不能发挥作用□　　　　　　　④完全不能发挥作用□

15. 村上的事务您的知晓情况如何？

①都知道□　　　　　　　　　　②部分事情公开，村民知道□

③完全没有公开，不知道□

16. 您是否参与过村民会议或代表会议进行民主决策？

①每次都参与□　　②偶尔参与□　　③没有参与□

17. 对《中华人民共和国村民委员会组织法》了解程度如何？

①了解□　　　　②不太了解□　　③完全不了解□

18. 在乡村事务中，农牧民有没有发表意见的渠道、方式？

①有渠道，比如＿＿＿＿＿□　　　②没有渠道□

19. 在乡村事务中，农牧民的意见能不能被采纳？

①没必要发表意见□　　　　　　②意见能够被采纳□

③反映了也完全没有被采纳□

20. 您所在的村生态环境状况如何？

①好□　　　　②较好□　　　　③一般□　　　　④生态环境恶劣□

21. 农牧民参与生态环境治理的情况如何？

①参与度很高□　　　　②参与一些技术含量不高的治理工作□

③完全没有参与□　　　　④农牧民自己治理环境□

22. "公司+合作社+农户"模式在带动当地农民致富方面是否有效（如村里没有这种模式可不勾选，下同）？

①有效□　　　　②一般□　　　　③无效□

23. "公司+合作社+基地+农户"模式在带动当地农民致富方面是否有效？

①有效□　　　　②一般□　　　　③无效□

24. "公司+农户"模式在带动当地农民致富方面是否有效？

①有效□　　　　②一般□　　　　③无效□

25. 您所在的村基础设施（水、电、路等）完善情况如何？

①较为完善□　　　　　　　②已通水通电通路，但还不完善□

③尚未实现"三通"，很不完善□

26. 您所在的村公共服务设施中亟待完善的有（可多选）：

①教育□　　　　②文化□　　　　③娱乐□　　　　④卫生□

⑤体育□　　　　⑥其他＿＿＿＿＿□